新时代社会保障机制研究书系

中国政府
卫生支出风险研究

仇蕾洁 著

 西南财经大学出版社
Southwestern University of Finance & Economics Press
中国·成都

图书在版编目(CIP)数据

中国政府卫生支出风险研究/仇蕾洁著.—成都:西南财经大学出版社,
2024.2

ISBN 978-7-5504-5767-6

Ⅰ.①中… Ⅱ.①仇… Ⅲ.①医疗保健事业—财政支出—研究—中国
Ⅳ.①F812.45②R199.2

中国国家版本馆 CIP 数据核字(2023)第 084607 号

中国政府卫生支出风险研究

ZHONGGUO ZHENGFU WEISHENG ZHICHU FENGXIAN YANJIU

仇蕾洁 著

策划编辑:周晓琬
责任编辑:周晓琬
责任校对:邓嘉玲
封面设计:何东琳设计工作室
责任印制:朱曼丽

出版发行	西南财经大学出版社(四川省成都市光华村街 55 号)
网　　址	http://cbs.swufe.edu.cn
电子邮件	bookcj@ swufe.edu.cn
邮政编码	610074
电　　话	028-87353785
照　　排	四川胜翔数码印务设计有限公司
印　　刷	四川五洲彩印有限责任公司
成品尺寸	170mm×240mm
印　　张	20
字　　数	261 千字
版　　次	2024 年 2 月第 1 版
印　　次	2024 年 2 月第 1 次印刷
书　　号	ISBN 978-7-5504-5767-6
定　　价	92.00 元

序

　　健康是基本人权，医疗卫生是关系人民健康的民生问题。政府对医疗卫生领域的发展负有不可推卸的责任，而政府卫生支出是保障国民基本医疗卫生服务安全性和公平性的基础。《"健康中国2030"规划纲要》明确提出，坚持政府主导，健全政府健康领域相关投入机制，加大健康领域投入力度。虽然新医改以来，政府卫生支出逐渐增加，但"看病难、看病贵""因病致贫、因病返贫"等一系列社会问题依旧突出，这种状况日益暴露出政府卫生支出在规模、结构和效率等方面可能存有潜在风险。研究政府卫生支出风险及规避措施，对提高政府卫生支出资源配置及健康生产效率，增强卫生服务利用的可及性和可得性，完善卫生风险防御体系等具有重大理论和现实意义。

　　基于上述背景，本书以风险视角，从政府卫生支出规模风险、结构风险和效率风险三个层面，构建政府卫生支出风险机制体系，并对其进行系统分析、评价和实证研究。

　　首先是政府卫生支出风险理论分析和研究。本书在系统梳理国内外相关研究的基础上，厘清政府卫生支出国内外统计口径，采用狭义政府卫生支出进行后续研究；构建政府卫生支出理论框架和政府卫生支出风险理论逻辑框架，其中，政府卫生支出规模、结构和效率三者相互依赖、彼此支撑。规模是政府卫生支出的基础，结构是核心，效率是目标和终点。同时，从风险识别、风险分析、风险评价和风险处置四个维度对政府卫生支出风险进行研究；从人口、环境、人群健康水平、卫生保健、制度、社会、政策、文化、经济九个维度，构建政府卫生支出风险影响因素指标体系。

其次是政府卫生支出规模风险分析。本书提出政府卫生支出规模是提高人群健康水平、减少因病致贫和因病返贫的重要保障。在政府卫生支出可持续性和充足性风险分析中，本书首先利用灰色预测模型对政府卫生支出规模风险进行识别，发现政府卫生支出暂不存在充足性和可持续性风险；然后利用偏最小二乘回归法，检验政府卫生支出规模影响因素，发现甲乙类法定报告传染病发病率和政府卫生支出占财政支出的比重，可有效抑制政府卫生支出规模的不合理增长。在医疗保障支出超支失衡风险分析中，本书首先使用协整检验和格兰杰因果检验，分别对政府卫生支出、医疗卫生服务支出、医疗保障支出与个人卫生支出之间的均衡因果关系进行分析，发现个人卫生支出分别与政府卫生支出占卫生总费用的比重、医疗保健支出占政府卫生支出比重之间，存在长期平稳的单向负因果关系；然后利用系统动力学模型，对医疗保障支出中的居民医疗保险进行风险识别和风险分析，发现潍坊市居民医疗保障基金存在超支失衡风险；最后通过动态模拟预测，发现个人与政府共同承担医保基金超支风险、控制门诊慢病的就诊次数增长率和大病医保就诊人次增长率、适当降低住院补偿比例、控制住院费用过快增长趋势、改革"一制多档"为"一制一档"缴费方式、推进和实施分级诊疗制度等，是规避医保基金超支风险的关键。

再次是对政府卫生支出结构风险进行分析。本书将政府卫生支出结构风险归纳为供需结构风险、城乡结构风险、层级配置风险和区域结构风险4类风险，其中，层级配置风险又分为功能层级风险和结构层级风险2类风险。另外，将区域结构风险归于区域配置风险中，并在政府卫生支出效率风险分析的部分进行详细分析。在政府卫生支出供需结构效用风险分析中，本书首先利用柯布道格拉斯函数和拉格朗日函数，构建政府卫生支出供需结构效用函数和费用决算约束方程，经测算"供/需"比例风险阈值为1.028，判定政府卫生支出"供/需"存在结构效用风险；其次利用偏最小二乘回归法，检验"供/需"结构效用风险影响因素，发现人口死亡率、每千人口卫生技术人员数、每千人口医疗卫生机构床位数、病床使用率、医师日均担负住院床日、医师日均担负诊疗人次、人均GDP、政府卫生支出占GDP的比重有利于降低供需结构效用风险。在政府卫生支出城乡结构均等性风险分析中，本书首先利用基尼系数和泰尔指数，判定政府卫生支出城乡配置存在均等性风险，且城乡（区域）内部配置结构不均等性是导致城乡结构均等性风险的主要原因；其次利用偏最小二乘回归法，检验城乡结构均等性风险影响因素，发现农村卫生厕所普及率、甲乙类法定报告传染病发病率、每千人口医疗卫生机构床位数、财政支出分权、专项转移支付、城镇化率、基尼系数、农村人均医疗保健支出占消费性支出的比重和人均GDP有利于降低城乡配置结构均等性风险。在政府卫生支出层级配置风险分析中，本书首先使用基尼系数和数据包络分析法进行风险识别，发现基于健康生产效率的政府卫生支出层级配置存在均等性风险和低效率风险，其中，结构层级配置存在高度不均等性风险，而功能层级配置尚处于风险警戒状态。同时，规模效率是导致结构层级和医疗功能层级低效率、预防功能层级无效状态的主要原因。利用偏最小二乘回归法，检验层级风险影响因素，发现婴儿死亡率和政府卫生支出年平均增长速度有利于降低结构层级风险，而基层医疗卫生机构数、农村恩格尔系数、农村人均医疗保健支出占消费性支出的比重，不利于降低功能层级风险。

最后是政府卫生支出效率风险分析。本书提出政府卫生支出包含消费性支出和生产性支出两个维度。政府卫生支出效率风险应包括资源配置效率风险和健康生产效率风险，其中，资源配置效率风险又包含资金配置效率风险和卫生资源配置效率风险（资金转化）。在政府卫生支出区域配置风险分析中，本书首先用基尼系数和泰尔指数、数据包络分析法，分别对区域资金配置和区域资源配置进行风险识别，发现政府卫生支出区域资金配置存在公平性风险，以及次生资源配置公平性风险和低效风险，而技术效率是决定资源配置效率高低的关键；其次利用偏最小二乘回归法，检验区域资源配置公平性风险影响因素，发现人口死亡率和病床使用率可有效降低其风险。在政府卫生支出健康生产低效率风险分析中，本书首先利用数据包络分析法，对 2005 年、2010 年和 2015 年政府卫生支出健康生产效率进行测算，结果显示，政府卫生支出健康生产效率存在低效风险，规模效率是导致健康生产低效率的主要原因；其次采用 Tobit 回归模型，检验健康生产效率风险影响因素，发现盲目扩张医疗卫生机构规模和床位数等不利于健康生产效率提高，同时，需提高人群受教育程度，加强卫生健康教育。

　　基于上述政府卫生支出风险理论分析和实证研究，本书对政府卫生支出规模、结构和效率三个层面进行了风险机制分析，并从以下几个方面提出规避风险的政策建议，为政府卫生支出适度增长和合理配置、完善医疗和公共卫生风险防御机制、增强国民健康水平提供政策理论支撑：①转变观念、解决政府卫生支出缺位和越位问题；②纠正政策偏差，合理划分各级政府卫生责任；③调整和优化转移支付制度，拓宽政府卫生筹资渠道，保障政府卫生支出适度增长；④统筹、完善医疗保险制度；⑤提高医保基金抗风险能力；⑥供需兼顾，关注低收入和患病高风险人群；⑦统筹区域协调发展，缩小政府卫生支出城乡差距；⑧完善政府卫生支出结构层级配置，形成合理"防/治"支出比例；⑨完善政府卫生资源区域规划，提高健康生产效率。

仇蕾洁

2023 年 11 月

摘要

医疗卫生是关系人民健康的民生问题，政府卫生支出是保障国民基本医疗卫生服务安全性和公平性的基础。《"健康中国2030"规划纲要》（2016）明确提出："健全政府健康领域相关投入机制，调整优化财政支出结构，加大健康领域投入力度，科学合理界定中央政府和地方政府支出责任，履行政府保障基本健康服务需求的责任。"2009年3月，中共中央、国务院《关于深化医药卫生体制改革的意见》（下文简称新医改）发布以来，政府卫生支出逐渐增加，"看病难、看病贵""因病致贫、因病返贫"等一系列社会问题有所缓解，但政府卫生支出在规模、结构和效率等方面依然可能存有潜在风险。研究政府卫生支出风险及规避措施，对提高政府卫生支出资源配置及健康生产效率，增强卫生服务利用的可及性和可得性，完善卫生风险防御体系等具有重大理论和现实意义。

【研究目的】

本书从风险管理视角出发，在对政府卫生支出风险进行理论分析的基础上，界定政府卫生支出风险的概念，明确其内涵和外延，构建政府卫生支出风险理论框架和逻辑框架、风险因素维度框架和指标体系；对政府卫生支出在规模（充足性、可持续性、医保运行）、结构（供需、区域、城乡、层级）和效率（资源配置、健康生产）等方面存在的风险进行研究，发现关键风险点和关键风险因素，并提出有效规避政府卫生支出风险的政策建议。

【研究内容】

第一，界定政府卫生支出风险的内涵和外延。明确政府卫生支出风险的定义、本质、根本目的、原则、理论研究范围、功能结构范围、风险维度等。

第二，构建政府卫生支出理论机制框架和风险测量指标体系。通过专家咨询、焦点访谈和头脑风暴等方法，构建政府卫生支出风险理论框架和逻辑框架、政府卫生支出风险维度框架、政府卫生支出风险因素指标体系。

第三，研制政府卫生支出风险测量模型。基于理论研究和文献评述，利用计量经济学，构建不同的风险测量模型，对政府卫生支出风险进行识别、分析、评价和处置。

第四，分析我国政府卫生支出风险现状。使用统计描述和计量经济学方法，从规模、结构和效率三个层次，对政府卫生支出风险进行分析和研究。

第五，分析政府卫生支出风险成因和影响因素。基于政府卫生支出风险因素指标体系，分析政府卫生支出在规模、结构和效率方面的关键风险因素。

第六，提出规避政府卫生支出风险的政策建议。依据研究结果，从政府卫生支出的规模、结构和效率三个层次，对政府卫生支出风险进行机制分析与讨论，并提出规避风险的政策建议。

【研究方法】

1. 理论研究

利用文献评述法、德尔菲法、焦点访谈法、头脑风暴法等，构建政府卫生支出风险理论框架、逻辑框架、风险维度框架、风险因素指标体系、城乡居民医保系统动力学模型边界与指标，确定各类风险评价指标等。

2. 实证研究

首先对各类指标进行描述性分析。运用灰色预测法、协整检验、格兰杰因果检验、系统动力学等进行政府卫生支出规模风险分析；运用柯布道格拉斯函数、拉格朗日函数、基尼系数、泰尔指数、双变量泰尔指数、数据包络分析法、集中指数等进行政府卫生支出结构风险分析；运用基尼系数、泰尔指数、数据包络分析法等进行政府卫生支出效率风险分析。然后应用偏最小二乘回归分析、系统动力学、Tobit 回归模型等进行风险因素实证分析。

3. 调查研究

在研究过程中，对山东省潍坊、青岛、济南等地级市的医保、财政等相关部门专家进行焦点访谈，对各区域、城乡和层级间医疗卫生机构进行问卷调查，全面了解和获取政府卫生支出相关法律法规、政策文件，以及各类机构卫生财政资金配置和使用状况的相关数据。

【资料来源】

1. 定性资料

文献资料：本书的文献主要以维普期刊全文数据库、中国 CNKI 学术文献总库、万方医学网等中文数据库，以及 MEDLINE、PUBMED 等国外数据库作为检索范围。

主要政策文件：通过政府网站、期刊、文件汇编等途径，系统收集我国医疗卫生体制改革的重要政策文件，尤其是政府卫生投入和支出、医疗保障等政策文本，为理论研究和实证研究提供翔实的政策背景。

2. 定量资料

政府卫生支出数据：主要来源于国家有关部门、地方政府历年的政府工作报告、统计年鉴资料、国民经济和社会发展公报、卫生健康事业发展统计公报、卫生服务调查数据等。为消除物价指数影响，上述费用类数据均经国内生产总值平减指数调整（2017 年指数为 1）。

现场调查：走访山东省潍坊、青岛、济南等地级市的医保、财政等相关部门，全面了解和获取政府卫生支出及各类机构卫生财政资金配置和使用状况的相关数据等。

【主要结果】

1. 理论研究

本书对政府卫生支出风险的概念、内涵和外延进行界定，明确了政府卫生支出风险的定义、本质、根本目的、原则、理论研究范围、功能结构范围、风险维度等。本书将政府卫生支出风险定义为政府卫生支出自身及其机制运行过程中发生的损害或损失的可能性。

本书构建了政府卫生支出理论机制框架和风险测量指标体系，包括政府卫生支出风险理论框架（2 个理论基础、2 个目标维度、3 个层次）和逻辑框架（4 个维度）、政府卫生支出风险维度框架（9 个条目），以及政府卫生支出风险因素指标体系（9 个维度、51 个指标）。

2. 政府卫生支出充足性与可持续性风险

政府卫生支出总额呈上升趋势，年平均增长速度波动较大。1997—2017 年政府卫生支出占卫生总费用比重由 16.38% 上升到 28.91%，增长幅度为 43.34%；政府卫生支出占财政支出比重由 5.67% 增加到 7.49%；政府卫生支出占 GDP 比重从 0.66% 增加到 1.84%，增长 1.18 个百分点。2020 年政府卫生支出充足性风险阈值为政府卫生支出增速达到 11.69%，不低于公共财政支出增速；政府卫生支出占 GDP 比重不低于 2%，占卫生总费用比重不低于 32%。灰色预测结果显示，政府卫生支出年平均增长速度为 18.21%，公共财政支出增速为 13.47%，政府卫生支出占 GDP 比重为 2.41%，政府卫生支出占卫生总费用比重为 38.35%，因此，政府卫生支出暂不存在充足性风险。

2020 年政府卫生支出可持续性风险阈值为政府卫生支出占财政支出超过 10%。灰色预测结果显示，2020 年政府卫生支出占财政支出比重约为 8.40%，仍在可持续发展范围内，不存在可持续性风险。影响因素分析结果显示，甲乙类法定报告传染病发病率和政府卫生支出占财政支出比重对自变量解释因变量的重要性较高，且呈负相关关系，可有效抑制政府卫生支出规模的不合理增长。

3. 政府卫生支出结构风险

个人卫生支出和医疗卫生服务支出占政府卫生支出的比例之间，不存在长期平稳关系。个人卫生支出和医疗保健支出占政府卫生支出的比例之间，存在长期平稳的单向负因果关系。医疗保健支出占政府卫生支出的比例每增加 1 个百分点，个人卫生支出将减少 0.744

个百分点。2020 年医保基金年度结余赤字为 23.86 亿元，医保基金存在超支风险。

4. 政府卫生支出供需分配风险

政府卫生支出的"补供方"和"补需方"的支出数值逐年增加，且"补供方"支出比重高于"补需方"，"补需方"支出年均增速快于"补供方"。"供/需"结构比呈"漏斗式"下降趋势，降幅 63.67%，两者支出比例日趋接近；经测算，"供/需"比例风险阈值为 1.028，2015—2017 年供需结构比的数值历史最低，为 1.14～1.17，政府卫生支出供需分配尚存在风险。

人口死亡率、每千人口医疗卫生机构床位数、病床使用率、医师日均担负住院床日、医师日均担负诊疗人次、人均 GDP、政府卫生支出占 GDP 比重对自变量解释因变量的重要性较高，且与政府卫生支出"供/需"支出差异呈负相关，有利于规避供需分配风险。

5. 政府卫生支出城乡分配风险

政府卫生支出城乡支出比大于 1.44，呈"先快速上升、后缓慢下降"的趋势，降幅为 53.73%，资源配置差距显著，城市资源配置约超农村 200.00%，城乡结构存在明显不均等性。

利用基尼系数和泰尔指数判定政府卫生支出城乡分配风险，泰尔指数从 0.03（2016）增加到 0.3（2017），基尼系数超过 0.6，存在均等性风险，特别是在城市地区；通过区域和城乡两维度泰尔指数分析，发现政府卫生支出城乡配置结构不均等程度逐渐缓解，均等化水平不断提高，与政策导向基本一致。同时，城乡（区域）内部配置结构不均等是导致政府卫生支出城乡分配风险的主要原因。

农村卫生厕所普及率、甲乙类法定报告传染病发病率、每千人口医疗卫生机构床位数、财政支出分权、农村人均医疗保健支出占消费性支出比重、人均 GDP，对自变量解释因变量的重要性较高，且与政府卫生支出城乡结构差异呈负相关，有利于降低政府卫生支出城乡分配均等性风险。

6. 政府卫生支出层级分配风险

基于生产效率的政府卫生支出结构层级分配，集中指数为 0.630，存在均等性风险，其中，三级医疗卫生机构集中指数为 0.746，处于高风险状态，而基层医疗卫生机构集中指数为 0.591，尚在风险警戒范围内。而在政府卫生支出功能层级分配方面，集中指数为 0.518，处于风险警戒状态，其中，医疗和预防的集中指数分别为 0.697 和 0.788，均处于高风险状态。

婴儿死亡率和政府卫生支出年平均增长速度对自变量解释因变量的重要性较高，且与结构层级生产效率比呈负相关关系，可有效降低不合理的三级医疗卫生机构与基层医疗卫生机构生产效率差值。

在风险因素方面，财政补助收入占医疗卫生机构总收入比例、15 岁及以上人口受教育程度、农村人均医疗保健支出占消费性支出比重，对自变量解释因变量的重要性较高，是促使医疗与预防功能层级生产效率差值变大的主要原因。

7. 政府卫生支出区域分配风险

政府卫生支出区域资金分配基尼系数为 0.47~0.50，泰尔指数与基尼系数测算结果基本一致，存在公平性风险，且处于风险警戒状态，尤其是东部和西部地区。进一步分析发现，区域资金分配存在公平性风险、间接次生资源配置公平性风险和低效风险。其中，综合效率和规模效率以无效状态为主，技术效率呈现低效率，技术效率是决定综合效率高低的主要原因；各类效率的区域差异较大，中西部地区是提高资源配置效率、降低配置公平性风险的主要区域。

风险因素分析显示，人群健康水平是影响区域资源配置的主要维度，人口死亡率和病床使用率对自变量解释因变量的重要性较高，且呈负相关关系，可有效降低区域资源配置风险。

8. 政府卫生支出健康生产效率风险

政府卫生支出健康生产效率存在低效率风险，规模效率是影响综合效率的主要原因。西部地区综合效率大于东部地区和中部地区，中部地区效率最低，说明区域间政府卫生支出健康生产效率不公平性尚存，政府卫生支出健康生产效率与经济发展状况无明确关联，中部地区是导致政府卫生支出健康生产低效风险的主要区域。

每千人口床位数与政府卫生支出健康生产效率呈显著负相关关系，而15岁及以上人口受教育程度与政府卫生支出健康生产效率呈显著正相关关系。盲目扩张医疗卫生机构规模和床位数等，不利于政府卫生支出健康生产效率的提高。

【主要结论与政策建议】

1. 主要结论

①政府卫生支出风险：政府卫生支出在医保支出（规模）、结构分配、资源配置效率、健康生产效率等方面存在风险。

②政府卫生支出风险因素：政府卫生支出风险，主要受人口、环境、人群健康水平、卫生保健、制度、社会、政策、文化、经济

9 个维度 51 个风险因素指标影响。

③风险关键点：政府卫生支出风险，主要由组织内部机制运行造成，而非外部因素次生。

④风险防控：政府卫生支出风险，可通过规避主要风险因素和风险关键点进行有效防控。

2. 政策建议

①合理划分各级政府卫生支出责任，优化转移支付制度。

②拓宽政府卫生筹资渠道，确保政府卫生支出逐年适度增加。

③完善全民医疗保险制度，增强医保基金抵御风险能力。

④兼顾政府卫生支出供需双方适度均衡，特别关注低收入人群。

⑤统筹区域协调发展，缩小政府卫生支出城乡差距。

⑥完善政府卫生支出结构层级分配，形成合理防治支出比例。

⑦完善政府卫生资源区域规划，提高政府卫生支出的健康生产率。

目录

1 绪论

1.1 研究背景

1. 保障人民健康是各级政府的责任

1978 年《阿拉木图宣言》[1]中明确指出，健康是基本人权，政府应通过医疗卫生服务及社会措施，对人民健康负责。健康是决定一个国家人力资本的关键，良好的国民健康水平能够有效增加社会健康资本存量、提高社会劳动生产率，进而促进经济增长，改善社会福利。而卫生服务作为国家基本保障服务，通过完整的体制和机制运行，以提供卫生服务和产品的形式，满足人群医疗卫生服务需求。卫生服务是切实关系到社会公平及人群健康的民生问题，世界上绝大多数国家政府对卫生服务起主导和调节作用。2016 年中共中央、国务院印发《"健康中国 2030"规划纲要》，提出"把健康融入所有政策"，坚定了从国家战略层面促进健康事业变革的决心，强调"全方位、全周期维护和保障人民健康"。

2. 政府卫生支出是保障人民健康的重要举措

卫生资源作为一种稀缺性资源，按属性分类，可以分为公共产品、准公共产品和私人卫生服务产品。公共产品的非竞争性和非排他性、准公共产品的一定外部效应，使医疗卫生资源在市场机制下，资源供给不足。因此需要政府通过卫生财政补贴等形式，降低卫生服务边际成本，鼓励卫生投资和生产，以达到社会有效卫生服务提供量。其次，由于卫生服务信息的不对称性，造成卫生市场缺陷，产生需方"道德风险"、供方"逆向选择"和"诱导需求"等一系列问题。而政府卫生支出作为具有"正外部性"和"社会福利性质"的公共财政支出，通过社会医疗保险等形式，可有效提高卫生产品质量及服务水平，保障基本医疗卫生服务的安全性和公平性。同时，政府卫生支出规模和结构分配，决定卫生资源配置效率和健康生产效率，关系到卫生服务可得性和可及性的实现。政府卫生支出对提高国民健康水平，促进经济发展和社会福利具有重要作用。

3. 政府卫生支出风险不容忽视

计划经济时代（1949—1978），医疗卫生事业主要由卫生财政拨款。政府十分重视基本医疗卫生服务和预防性公共卫生服务，用仅占GDP3%的政府卫生支出，解决了几乎涵盖全体国民的基本卫生服务需求，其中，一些国民健康衡量指标达到中等收入国家水平，堪称卫生改革的典范。但20世纪80年代后，随着（计划—市场）经济体制改革的不断推进，政府将"GDP增长"作为首要目标，忽略了医疗卫生事业的同步发展，政府在医疗卫生领域的主导地位逐渐弱化。同时，受传统医保制度（1988）[2]、分税制度（1994）和医疗服务市场化改革（1994）影响，政府卫生支出相对减少，占卫生总费用比重逐年下降，从1988年的29.79%一路下滑到2000年的15.47%，政府在医疗卫生领域职责有所缺失。由此导致，各项国民健康指标上升缓慢。《2000年世界卫生报告——卫生系统：改善绩效》[3]中指出，我国在"卫生体系（健康）绩效""费用支出公平性"评价中，分别名列全球144位和188位，政府卫生支出分配呈现不公平和不均等。同时，由于医疗卫生资源配置的不公平，导致居民"看病难、看病贵""因病致贫、因病返贫"等社会风险问题日益突出。2000 年后，SARS（2003）、禽流感（H_5N_1 亚型，2004；甲型 H_1N_9，2009）等一系列突发性公共卫生事件逐渐暴露出我国公共卫生防控机制较为薄弱，难以承受大规模公共卫生风险/危机事件的暴发。因此，若有政府卫生支出风险及其次生风险，会造成严重的后果，不容忽视。

4. 政府卫生支出风险亟待研究

我国政府深刻认识到自身在卫生领域，尤其是公共卫生领域的职责，以及系统解决政府卫生支出规模、结构和效率问题的重要性。《中共中央 国务院关于深化医药卫生体制改革的意见》（2009）[4] 中明确提出要强化政府在基本医疗卫生制度中的职责，确立政府在提供公共卫生和基本医疗服务中的主导地位，并首次提出"政府卫生投入增长幅度要高于经常性财政支出的增长幅度"，这意味着政府在医疗卫生领域中筹资主导地位回归。随后，《医药卫生体制改革近期重点实施方案（2009—2011）》[5] 中提出，2009—2011 年各级政府需要投入 8 500 亿元，并调整政府卫生支出结构、转变投入机制、改革补偿办法，这进一步强化了政府卫生筹资主导地位和支出的结构性调整。同时，《关于完善政府卫生投入政策的意见》（2009）[6] 中对政府卫生支出的责任、原则、范围、方式和管理监督等方面进行了详细补充和完善。并在《"十二五"期间深化医药卫生体制改革规划暨实施方案》（2012）[7] 中明确提出："政府卫生投入占经常性财政支出的比重逐步提高，群众负担明显减轻，个人卫生支出占卫生总费用的比例降低到 30% 以下，看病难、看病贵问题得到有效缓解。"

随着"医药卫生体制改革"（2013）的持续深化，虽然政府筹资主导地位日渐明确，政府卫生支出规模不断加大，"十二五"期间政府卫生支出达到 48 496.48 亿元，较"十一五"期间增加 1.62 倍，年平均增长速度为 13.70%，占 GDP 比重由 1.53%（2011）提高到

1.81%（2015），占财政支出比重由 6.83%（2011）增加到 7.10%（2015）[8]。但政府卫生支出仍存在着相对规模不足（GDP/财政支出/卫生总费用/个人卫生支出占比）、结构配比失衡（"重东部、轻中西部""重城市、轻农村""重医疗、轻预防""重三级、轻基层"）、资源配置低效（资源短缺与浪费并存）、健康产出水平较低等一系列风险问题，尚未从根本上解决"看病难、看病贵""因病致贫、因病返贫"等社会次生风险。经过上述分析，政府卫生支出风险研究极为重要，而现有研究中仅极少数文献涉及该主题，均未从风险视角对政府卫生支出进行系统分析和综合评价。因此，政府卫生支出风险亟待研究。

基于上述背景，本书站在风险视角，从政府卫生支出规模、结构和效率三个层面，构建起"政府卫生支出风险"机制框架，并对其进行系统分析、评价和实证研究。这对有效规避政府卫生支出风险及其次生风险极为重要，也能为促进政府卫生支出适度增长和合理配置、改善医疗和公共卫生风险防御体系，增强国民健康水平奠定一定的基础。

1.2 研究目的

本书在"公共产品与公共支出""社会福利与风险"理论梳理和"政府卫生支出风险"文献评述基础上，首先界定政府卫生支出风险的概念，明确内涵和外延，构建政府卫生支出风险理论框架和逻辑框架、风险因素维度框架和指标体系。然后对政府卫生支出在规模（充足性、可持续性、医保运行）、结构［供需、区域、城乡、层级（功能和结构）］和效率（资源配置、健康生产）等方面存在的风险进行研究，发现关键风险点和关键风险因素。最后提出有效规避风险的政策建议。具体研究目标如下：

①明确政府卫生支出风险的内涵和外延，构建政府卫生支出风险理论框架；

②构建政府卫生支出风险评价指标体系和分析模型；

③探索政府卫生支出关键风险点和关键风险因素；

④基于上述理论和实证研究，提出规避风险的政策建议和措施。

1.3 研究意义

1. 理论意义

关于政府卫生支出绝对规模和相对规模（GDP 占比）、结构配比、效率评价（基于健康视角）、费用测算与风险防控等方面，国外研究已均有涉及并取得较多成果，而国内鲜有类似文献，且尚未涉及系统且全面的政府卫生支出风险理论研究。

本书从"公共产品与公共支出"理论和"社会福利与风险"理论出发，以规避因病致贫和因病返贫风险、提高人群健康水平作为根本目的，对政府卫生支出风险的概念、内涵和外延进行界定，构建政府卫生支出风险理论框架、政府卫生支出风险逻辑框架、政府卫生支出风险维度框架、政府卫生支出风险因素指标体系，在一定程度上为后续相关研究丰富理论内容。

2. 现实意义

在新医改和深化医药卫生体制改革的背景下，政府卫生支出力度持续走强。政府卫生支出从 4 816.26 亿元（2009）增加到 15 205.87亿元（2017），占 GDP 比重也相应地由 1.38% 提高到 1.84%，增幅为 33.33%。虽取得诸多成绩，但"看病难、看病贵"问题尚存，"基本医疗卫生服务均等化"和"构建公共卫生应急防控机制"的目标仍未实现，政府卫生支出在规模、结构和效率方面仍尚存风险。合理且有效的政府卫生支出是解决上述问题的关键，政府卫生支出风险研究仍是社会各界持续关注的重点。

本书从风险角度出发，利用经济学研究方法，对政府卫生支出规模风险、结构风险和效率风险进行多角度、多方法的实证研究，构建政府卫生支出风险测量模型和政府卫生支出风险测量指标体系，对政府卫生支出风险进行识别、分析、评价，寻找政府卫生支出风险成因和影响因素，并提出规避风险的政策建议。这对于加强政府卫生支出合理分配，改善医疗和公共卫生风险防御体系，增强人群健康水平具有重大现实意义。

1.4　研究思路

本书以政府卫生支出风险为研究视角，运用"公共产品与公共支出"理论和"社会福利与风险"理论，结合社会福利学、公共经济学、卫生经济学、高级计量经济学和卫生应急管理学等理论和方法，构建政府卫生支出风险机制框架并对其进行实证研究。通过对政府卫生支出规模风险、结构风险和效率风险进行系统分析和评价，寻找政府卫生支出风险的成因和影响因素，力图为政府卫生支出合理分配，规避相关风险等提出可行性政策建议。研究思路如图1-1所示。

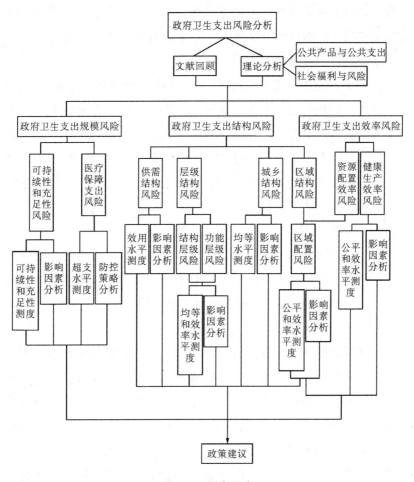

图 1-1 研究思路

1.5 研究内容

1. 界定政府卫生支出风险的内涵和外延

基于"公共产品与公共支出"理论和"社会福利与风险"理论

分析、政府卫生支出及风险内涵分析，明确了政府卫生支出风险的定义、本质、根本目的、原则、理论研究范围、功能结构范围、风险维度等。

2. 构建政府卫生支出理论机制框架和风险测量指标体系

基于"组织管理""风险管理"等理论，通过专家咨询、焦点访谈和头脑风暴等方法，构建政府卫生支出风险理论框架（2个理论基础、2个目标维度、3个层次）和逻辑框架（4个维度）、政府卫生支出风险维度框架（9个条目）、政府卫生支出风险因素指标体系（9个维度、51个指标）。

3. 研制政府卫生支出风险测量模型

基于理论研究和文献评述，利用计量经济学，构建灰色预测模型、系统动力学模型、结构效用函数模型、效率评价模型等，对政府卫生支出风险进行识别、分析、评价和处置。

4. 分析我国政府卫生支出风险现状

使用统计描述和计量经济学方法，从规模、结构和效率三个层次，对政府卫生支出风险进行分析和研究。其中，政府卫生支出规模风险研究，分为充足性、可持续性和（结构）机制运行3类风险分析；政府卫生支出结构风险研究，分为政府卫生支出层级结构（功能层级和结构层级）、供需结构、城乡结构和区域结构4类风险分析；政府卫生支出效率风险研究，分为卫生资源配置效率和健康生产效率2类风险分析。区域结构风险和卫生资源配置效率风险合称为区域分配风险。

5. 探索政府卫生支出风险的成因和影响因素

基于计量经济学模型，探求政府卫生支出风险关键点、关键区域。例如，使用双变量泰尔指数，进行政府卫生支出城乡分配风险分解，利用系统动力学仿真模型，寻找医保超支风险关键防控点；基于政府卫生支出风险因素指标体系，探求政府卫生支出在规模、结构和效率方面的关键风险因素。

6. 提出规避政府卫生支出风险的政策建议

依据前文实证研究结果，从政府卫生支出规模、结构和效率三个层次，对政府卫生支出风险进行机制分析与讨论，并提出规避风险的政策建议。

1.6　资料来源与研究方法

1.6.1　资料来源

根据研究目的，结合政府卫生支出风险相关理论，对定性资料进行收集和整理；同时，根据数据的可靠性、可得性、可操作性，获取相应的定量数据。

1.6.1.1　定性资料收集

1. 文献资料

文献检索的目的在于佐证选题合理性，并对研究提供理论支撑和方法学依据。本书的文献主要以维普期刊全文数据库、中国 CNKI 学术文献总库、万方医学网等中文数据库，以及 MEDLINE、PUBMED 等国外数据库作为检索范围。

2. 主要政策文件

2000 年《关于卫生事业补助政策的意见》（国办发〔2003〕3 号）；2009 年《中共中央　国务院关于深化医药卫生体制改革的意见》（中发〔2009〕6 号）；2009 年《国务院关于印发医药卫生体制改革近期重点实施方案（2009—2011 年）的通知》（国发〔2009〕12 号）；2009 年《关于完善政府卫生投入政策的意见》（财社〔2009〕66 号）；2012 年《国务院关于印发"十二五"期间深化医

药卫生体制改革规划暨实施方案的通知》（国发〔2012〕11 号）；2014 年《关于进一步做好基本医疗保险异地就医医疗费用结算工作的指导意见》（人社部〔2014〕93 号）；2015 年财政部《关于印发〈中央对地方专项转移支付绩效目标管理暂行办法〉的通知》（财预〔2015〕163 号）；2017 年《国务院关于印发"十三五"深化医药卫生体制改革规划的通知》（国发〔2016〕78 号），等等。

1.6.1.2 定量资料收集

基于研究目的，结合数据的可靠性、可及性、可操作性等原则，主要从以下资料中收集相关定量数据：

①政府卫生支出风险因素分析：2008—2018 年《中国卫生统计年鉴》《中国统计年鉴》《中国财政统计年鉴》《国民经济和社会发展公报》《卫生健康事业发展统计公报》《国家卫生服务调查》《中国家庭健康大数据报告》以及各地区统计年鉴等。

②政府卫生支出充足性和可持续性风险分析：2008—2018 年《中国卫生总费用研究报告》《中国财政统计年鉴》和《中国社会统计年鉴》等。

③政府卫生支出结构风险分析：1993—2018 年《中国统计年鉴》和《中国卫生统计年鉴》；2014—2018 年《山东统计年鉴》《山东省卫生计生统计年鉴》《潍坊市政府统计公报》《潍坊市社会发展统计公报》《潍坊市统计年鉴》《潍坊市医疗保险统计报表》，及部分潍坊市各县市区居民医保类调研数据等。

④政府卫生支出供需分配风险分析：1991—2018 年《中国卫生总费用研究报告》《中国卫生统计年鉴》和国研网数据研究中心；2014—2018 年《中央财政预算》《中国财政统计年鉴》和《国家卫生健康委部门决算》等。

⑤政府卫生支出城乡分配风险分析：1999—2018 年《中国卫生

总费用研究报告》《中国财政统计年鉴》《中国卫生统计年鉴》《人口就业统计年鉴》，以及卫生统计信息中心信息、部分地区统计局网站信息、部分省（区、市）的政府工作报告等。

⑥政府卫生支出层级分配风险分析：2011—2018 年《中国统计年鉴》《中国卫生统计年鉴》《中国卫生健康事业发展统计公报》《国民经济和社会发展统计公报》《政府工作报告》《中国财政年鉴》《中国癌症报告》《中国家庭健康大数据报告》《中国居民营养与慢性病状况报告》《全国高血压（糖尿病）控制状况调查》，以及第五次国家卫生服务调查数据、卫生统计信息中心数据等。

⑦政府卫生支出区域分配风险分析：2006 年、2011 年和 2016 年《中国卫生总费用研究报告》《中国财政统计年鉴》《中国统计年鉴》《中国卫生统计年鉴》《国民经济和社会发展公报》《卫生健康事业发展统计公报》，以及部分地区的统计年鉴、统计局网站数据和政府工作报告等。

⑧政府卫生支出健康生产效率风险分析：2006 年、2011 年和 2016 年《中国卫生总费用研究报告》《中国财政统计年鉴》《中国统计年鉴》《中国卫生统计年鉴》《中国卫生健康事业发展统计公报》《国民经济和社会发展统计公报》《政府工作报告》，各省各地区的《财政统计年鉴》《卫生统计年鉴》，以及统计局网站数据和政府工作报告等。

同时，为消除物价指数影响，上述费用类数据均经国内生产总值平减指数调整（2017 年指数为 1）。

1.6.2 研究方法

1.6.2.1 主要研究方法

本书研究方法主要以理论研究为基础，调查研究和实证研究相结合。详见图 1-2。

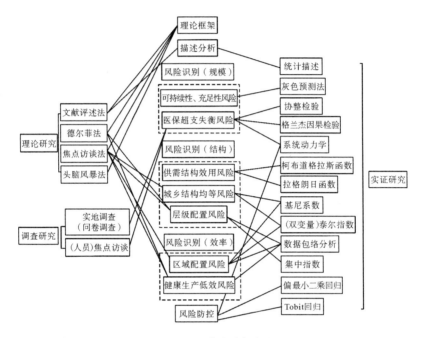

图 1-2　研究方法框架图

第一，理论研究。本书运用文献评述法、德尔菲法、焦点访谈法、头脑风暴法等，构建政府卫生支出风险理论框架、逻辑框架、风险维度框架、风险因素指标体系、城乡居民医保系统动力学模型边界与指标，确定各类风险评价指标等。

第二，实证研究。本书使用统计描述对各类指标进行描述性分析；运用灰色预测法、协整检验、格兰杰检验、系统动力学等进行政府卫生支出规模风险分析；运用柯布道格拉斯函数、拉格朗日函数、基尼系数、泰尔指数、双变量泰尔指数、数据包络分析、集中指数等进行政府卫生支出结构风险分析；运用基尼系数、泰尔指数、数据包络分析等进行政府卫生支出效率风险分析；同时，应用偏最小二乘回归分析、系统动力学、Tobit 回归模型等进行风险因素实证分析。

　　第三，调查研究。政府卫生支出风险研究的相关数据的获取，基于大量实地问卷调查和人员焦点访谈等。笔者在研究过程中走访山东省潍坊、青岛、济南等各地级市的医保、财政等相关部门进行专家焦点访谈，深入各区域、城乡和层级间医疗卫生机构进行问卷调查，全面了解和获取政府卫生支出相关法律法规、政策文件，以及各类机构卫生财政资金配置和使用状况的相关数据，例如潍坊市各县市区居民医保类数据等，为本书提供了大量且有效的基础性调研数据和资料。

1.6.2.2　方法学基础

1. 理论研究部分——德尔菲法

德尔菲法，主要应用于政府卫生支出风险因素分析。德尔菲法（Delphi Method），又称征询专家意见法，是一种综合多名专家经验和主观判断的方法，通过信函的方式，利用一系列简明扼要的征询表对专家征得意见，并进行有控制的反馈，从而获得一组最可靠的专家统一意见。该方法具有匿名性、反馈性、统计性三大特性，能够有效规避社会心理因素对调查研究的干扰，使调查结果更加准确地反映专家集体意见。

2. 风险分析部分

（1）灰色预测模型

灰色预测模型 GM（1，1），主要应用于政府卫生支出充足性和可持续性风险分析。灰色预测，是指对既含有已知信息又含有不确定未知信息的"小样本"数据系统的行为发展变化进行预测，即对与时间序列有关、在一定范围内发展变化的"灰过程"进行预测。"灰过程"表象看似随机且杂乱无章，实则有序且有界，数据具有潜在规律。灰色预测法就是利用该规律建立灰色模型，对灰色系统进行相关预测。

目前，GM（1，1）灰色预测模型因可减少时间序列随机性和具有较高预测精准度等优点，被广泛应用于样本量较小或原始时间序列呈指数变化规律的相关预测，例如费用预测。GM（1，1）是基于随机性较强的原始时间序列，经时间累计后形成新的时间序列，新序列所呈现的变化规律可用一阶线性微分方程的解来逼近和拟合。GM（1，1）灰色预测模型的参数 a 为发展系数[9]。当｜a｜≤0.30时，模型可应用于长期费用预测；当0.30＜｜a｜≤0.50时，模型可应用于短期费用预测；当0.50＜｜a｜≤0.80时，模型可应用于短期费用预测，但需谨慎；当0.80＜｜a｜≤1.00时，应使用残差修正GM（1，1）灰色预测模型；当｜a｜＞1.00时，不宜用GM（1，1）灰色预测模型进行预测。平均模拟相对误差"△"，间接反映出模型预测精度，相对精准度为"1－△"，平均模拟相对误差小于35%，即模型的拟合优度等级高[177]。

（2）协整检验和格兰杰因果检验

协整检验（Granger，1987）和格兰杰因果检验（Granger，1969）主要应用于研究政府卫生支出（组成部分）与个人卫生支出之间的长期均衡因果关系。协整理论和方法，常用以避免非平稳序列建模引起的"伪回归"现象，可以对拥有"共同随机趋势"的经济变量做适当线性组合，以消除随机趋势，从而得到平稳性序列。协整检验可以用来反映多个单位根变量之间，由于某种经济变量而存在的"长期均衡关系"，但并不能验证变量之间的因果关系，需使用格兰杰因果检验进一步分析变量从 x 到 y、从 y 到 x，或双向因果关系。因此，相关研究常将两者结合使用，以判断变量之间的长期均衡因果关系。

（3）系统动力学模型

系统动力学的理论和方法，主要应用于医疗保障支出超支风险分析。系统动力学（system dynamics，SD），由福瑞斯特（Forrester

J. W.）（1956）提出，是一种以反馈控制理论为基础，以仿真技术为手段，从系统内部机制寻找问题根源，定量和定性研究相统一的系统科学方法。系统动力学，常用以研究复杂的社会经济系统，尤其是对系统的行为趋势和政策变化影响进行长期预测[10]。

系统动力学模型的建立过程一般分为以下步骤：

第一步，设立研究目标。通过明确研究目的，来确定研究目标，再通过研究目标，来界定研究的范围。

第二步，选定关键因素。在众多的影响因素中，筛选出关键的影响因素，分析各类影响因素之间的层次关系和影响方向。

第三步，构建数学模型。利用系统动力学软件系统，构建社会系统运行机制仿真模型。

第四步，设定参数模拟。对待定的参数进行合理的设定，对系统的结果进行模拟分析。

第五步，系统结果分析。根据模拟的结果进行参数调整，再根据系统仿真的结果进行分析。

第六步，调整政策靶点。根据构建的仿真系统的结果，对政策运行机制中的关键靶点进行调整，给政策制定者提供科学参考。

（4）泰尔指数和基尼系数

因收入和支出是经济学中体现"生产要素生产产品的货币价值"的对立维度，本书将支出替代为收入，选取泰尔指数和基尼系数共同判定政府卫生支出城乡、层级、区域分配风险。

泰尔指数（Theil index），由荷兰经济学家泰尔（Theil）（1967）提出，是衡量地区收入不平等度、资源配置差异的指标。它具有样本逐层分解的特点，能够弥补基尼系数仅能反映"总体差异程度"的缺陷。在本书中，泰尔指数使用收入作为权重，泰尔指数数值越大，政府卫生支出不均等性程度越高。同时，泰尔指数可分为单变量泰尔指数和双变量泰尔指数 2 类，在政府卫生支出城乡分配风险中，使用单变量泰尔指数进行风险识别，双变量泰尔指数进行风险分解。

基尼系数（Gini coefficient），由意大利统计与社会学家基尼（Corrado Gini）（1912）提出，是国际上通用的衡量区域收入差距的指标。其根据洛伦茨曲线，计算和判断收入分配的公平程度。基尼系数最大值为 1，最小值为 0，越接近 0 表明收入分配越公平。联合国开发计划署等组织规定，基尼系数若低于 0.2 表示指数等级极低（高度平均）；0.2~0.29 表示指数等级低（比较平均）；0.3~0.39 表示指数等级中（相对合理）；0.4~0.59 表示指数等级高（差距较大）；0.6 以上表示指数等级极高（差距悬殊）。国际惯例，通常把基尼系数 0.4 作为收入差距的警戒值，超过则极易引起社会动荡。本书使用基尼系数分析政府卫生支出分配差异，将政府卫生支出代替收入值，其含义变成按照人口或地域分布所形成的政府卫生支出平均差距，相对于政府卫生支出总体期望值的相对偏离程度。基尼系数 0.4~0.6，为政府卫生支出分配差异的警戒线和风险临界点。

（5）集中指数

集中指数，是改进的基尼系数法，是瓦格斯塔夫（Adam Wagstaff）（1998）在分析医疗卫生服务公平程度时引入的方法，目前，常被用于评价与收入相关的健康相关变量分布的公平性研究。集中指数可以反映某社会经济特征在量化参照标准的条件下，对变量不公平性的影响程度。本书使用集中指数，分析政府卫生支出层级资金分配风险。集中指数取值范围为 -1~1，数值越接近 -1 和 1，不均等程度越高。如取值为 0，资金层级分配绝对公平；如取值小于 0，资金层级分配倾向于生产效率低的层级，存在不均等性；如取值大于 0，资金层级分配倾向于生产效率高的层级，存在不均等性。

（6）数据包络分析

数据包络分析，主要应用于政府卫生支出资源配置、健康生产效率风险分析。数据包络分析（data envelopment analysis，DEA），由美国运筹学家查恩斯和库伯（A. Charnes & W. W. Cooper）（1978）提出，是运筹学、数学、数理经济学和管理科学交叉研究的新领域。DEA是一种对政府卫生支出健康效率进行相对比较的非参数分析方法，运用数学规划模型评价同类决策单元（具有多产出多投入）间的相对有效性。

DEA由于原理简单，无须测算权重，无量纲要求，客观性好，具有分析"多投入与产出"的特殊优势，因此，适用范围广，被广泛应用于医疗卫生服务的各类效率评价。换言之，DEA是一种可以让具有稀缺性的医疗卫生资源实现"最小投入、最大产出"的评价模式。

DEA中最常使用的模型包括规模报酬可变模型（variable return scale，VRS）和规模报酬不变模型（constant return scale，CRS）。基于"投入和产生"两个角度，DEA效率核算可以分为投入导向型和产出导向型。投入导向型是在控制产出水平不变的条件下，达到投入最小化；而产出导向型是指在控制投入水平不变的条件下，考察如何产出最大化。由于政府卫生支出具有较强的社会公益性和价格刚性，以及医疗卫生服务需求弹性小等特点，本书采用VRS投入导向型测算各类效率，分析在现有国民健康水平下，政府卫生支出配置是否合理。

VRS模型通常测算综合效率、技术效率和规模效率。综合效率表示决策单元实现产出不变、投入最少，或投入不变、产出最多的能力；技术效率表示技术配置能否符合总体要求（综合效率）并发挥最大效益；规模效率表示由靠近最优生产规模而引发的生产率增加量。三者函数关系：综合效率＝技术效率×规模效率。DEA测算结果，若效率值为1，则决策单元资源配置为有效；若效率值小于1，则资源配置无效。同时，依据DEA效率分类方法，若效率值为1，则决策单元资源配置为有效，若效率值小于 1，则资源配置无效。无效值小于 0.7 为低效率，无效值介于 [0.7，0.9) 为中效率，无效值介于 [0.9，1) 为高效率。

3. 实证研究部分——偏最小二乘回归和 Tobit 回归模型

现有政府卫生支出风险因素分析，主要采用传统多元回归模型（如逐步回归法），通过数据相关系数和共线性诊断分析，发现某些自变量间存在高度相关，相关系数超过 0.9，如使用一般多元回归模型，可能出现多重共线性问题，无法准确判断单个自变量对因变量的影响是否显著，而偏最小二乘回归作为研究方法优势明显，既有效避免了自变量之间的多重共线性，又保留了所有变量，使风险因素分析整体性研究更强、结论更可靠；同时，DEA 效率模型测算出的政府卫生支出健康生产效率取值在 "0" 到 "1" 之间，属于因变量为 "片段" 和 "切割" 数值，如果使用普通最小二乘法，会导致参数估计的信息偏移。而遵循 "最大拟然法则" 的 Tobit 回归模型，可以有效规避这类问题。因此，本书主要采用偏最小二乘回归和 Tobit 回归模型，对政府卫生支出风险因素进行分析。

1.6.3　技术路线

本书的技术路线图如图 1-3 所示。

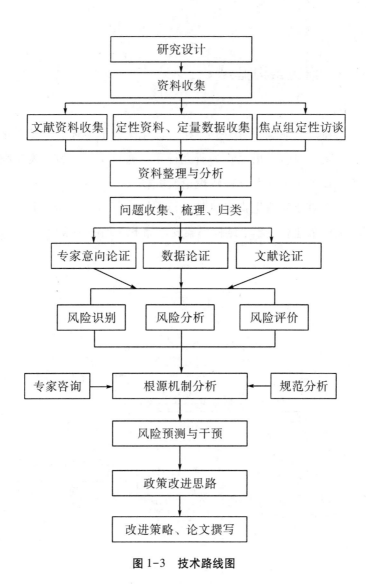

图 1-3 技术路线图

1.7 研究结构框架

本书在"看病难、看病贵"和"深化医药卫生体制改革"的背景下，以政府卫生支出风险为研究视角，通过文献研究，发现研究空白点、提出研究问题，构建理论研究框架，从规模、结构和效率三个层次，对政府卫生支出风险进行识别、分析和评价，并提出规避风险的政策建议。本书结构框架安排如下（见图1-4）。

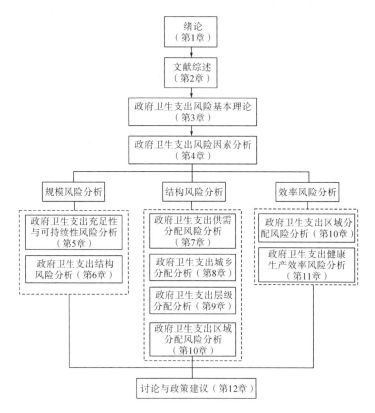

图1-4 本书结构框架图

绪论（第1章）：主要对研究背景、研究目的、研究意义、研究思路、研究内容、资料来源、研究方法、论文结构框架、主要创新点进行简述。

理论研究（第2~4章）：基于政府卫生支出（风险）文献梳理和评述，运用"公共产品与公共支出"理论、"社会福利与风险"理论，进行政府卫生支出风险理论分析、风险因素分析，构建政府卫生支出风险理论框架和逻辑框架、风险因素维度框架和指标体系，为后续研究提供理论支撑。

结果分析（第5~11章）：此部分共7章。从政府卫生支出规模、结构和效率风险三个层次，对政府卫生支出风险进行识别，分析和评价。第5~6章，是政府卫生支出规模风险分析，涉及政府卫生支出充足性与可持续性风险、结构风险分析；第7~10章，是政府卫生支出结构风险分析，涉及政府卫生支出供需分配风险、城乡分配风险、层级分配风险、区域分配风险分析；第10~11章，是政府卫生支出效率风险分析，涉及政府卫生支出资源配置效率风险和健康生产效率风险分析。

讨论与政策建议（第12章）：根据研究结果，得出相应研究结论，并在此基础上，对政府卫生支出各类风险进行机制分析与讨论，并提出规避风险的政策建议。

1.8 主要创新点

本书在结合社会福利学、公共经济学、卫生经济学和卫生应急管理学等已有研究成果的基础上，对政府卫生支出风险进行系统理论分析和实证研究，取得了一定研究成果，并尝试在理论、技术、实践方面有所创新。

第一，理论创新。界定政府卫生支出风险的内涵和外延，构建政府卫生支出理论机制框架和风险测量指标体系。

现有研究，很少关注政府卫生风险的概念、内涵和外延界定，以及政府卫生支出风险机制框架构建，对其机制运行的根本目标不明确，理论分析相对零散，尚未系统。本书基于"公共产品与公共支出"和"社会福利与风险"的理论分析，以及"政府卫生支出及风险"的内涵分析，明确了政府卫生支出风险的定义、本质、根本目的、原则、理论研究范围、功能结构范围、风险维度等；并通过文献归纳、专家咨询、焦点访谈和头脑风暴等方法，系统构建政府卫生支出风险理论框架和逻辑框架、政府卫生支出风险维度框架、政府卫生支出风险因素指标体系，为后续相关研究奠定理论基础。

第二，技术创新。构建政府卫生支出风险评价模型，对政府卫生支出进行定量性风险识别、分析和评价。

虽然社会各界对政府卫生支出风险研究关注较高，但仅极少数文献涉及该主题，都局限于理论和描述性分析，尚未通过实证研究，对政府卫生支出（规模、结构和效率）进行风险识别和分析。本书通过构建灰色预测模型、系统动力学模型、结构效用函数模型、效率评价模型等计量经济学模型，对政府卫生支出规模风险、结构风险和效率风险进行定量性研究，使研究更贴近风险防范需要。

第三，实践创新。通过对我国政府卫生支出风险的实证研究，明确了成因和机制，提出了风险防范措施和政策建议。

通过文献分析发现，关于政府卫生支出的相关研究分为规模、结构和效率三类，以政府卫生支出规模分析为主，定性研究较多于定量研究。同时，涉及政府卫生支出结构风险和效率风险的研究较为缺乏，主要集中于政府卫生支出规模风险：医疗保障基金风险研究。因此，对政府卫生支出风险进行全面、系统的实证研究具有其必要性。本书从政府卫生支出"规模风险、结构风险、效率风险"

3 个层次、"充足性和可持续性、（结构）机制运行、供需分配、城乡分配、层级分配、区域分配、资源配置效率、健康生产效率" 8 个具体维度进行政府卫生支出风险识别、分析和评价，探索政府卫生支出风险成因和影响因素，并提出规避政府卫生支出风险的政策建议。对科学全面认识政府卫生支出风险问题，加强政府卫生支出合理分配具有重要实践参考价值。

2 文献综述

目前，关于政府卫生支出的相关研究相对较少，主要分为规模、结构和效率三类，其中，政府卫生支出效率又分为资源配置效率和健康生产效率两个方面。通过文献梳理发现，涉及政府卫生支出风险的研究较为少见，主要集中于政府卫生支出医疗保障基金风险研究，属于政府卫生支出规模研究的重要组成部分。当前，尚未有相关研究从规模、结构和效率三个层面，对政府卫生支出进行风险分析，存在研究空白，具有研究的必要性。为了研究的全面性，本书将政府卫生支出分为规模、结构和效率三个层次，进行相应文献综述。

2.1 政府卫生支出规模研究

国外一般将政府卫生支出增长速度和占 GDP 比重作为研究政府卫生支出规模的重点，而国内对政府卫生支出绝对数量和占卫生总费用、公共财政比重的研究相对较多，同时，国际和国内政府卫生支出测算口径不同，国内口径测算结果小于国际口径，加之不同国家政治、经济、文化和医疗卫生服务体制存在差异，使那些通过比较国际，来评价国内政府卫生支出的研究的结论略显粗糙和偏颇[11]。目前，国内关于政府卫生支出的研究大多集中于定性研究，鲜有研究能够明确提出具有很好实践性的政策建议，主要研究结论是：政府卫生支出总量不足、增速偏慢、水平偏低。例如，李淑霞等认为政府卫生支出数量不足，占卫生总费用比重偏低[12]；代英姿发现政府卫生支出明显总量不足，结构失衡[13]；苗俊峰认为政府卫生支出长期滞后于财政支出和 GDP 增长[14]。同时，赵郁馨等研究认为政府卫生支出规模不足，导致农村卫生投入与农民健康存在潜在危机[15]。在少量定量研究中，何平平分析发现政府卫生支出占财政支出比重的弹性为负，而政府占卫生总费用比重增加可以有效抑制卫生总费用过快增长[16]；苗俊峰认为政府卫生支出与经济增长之间存在长期均衡关系[14]；李梦娜估算出政府卫生支出占 GDP 的最优比重为 1.07%，而现实政府卫生支出投入不足，比例偏低[17]。

在政府卫生支出规模的影响因素方面，国际上公认 GDP 与政府卫生支出之间存在明确且显著的正相关关系，基勒（E. Keeler）发现人均 GDP 能够解释卫生总费用 90% 以上的差异[18]，且与克莱曼（E. Kleiman）的研究结论一致[19]。20 世纪 90 年代后，随着对政府卫生支出面板数据的分析不断深入，研究者发现人口老龄化、人口增长率、医疗服务价格、门诊量、住院率、住院分娩率、传染病发病率[20,21]等均与政府卫生支出有关。而国内研究发现，人口因素、经济因素、社会因素和制度因素等是影响政府卫生支出的主要因素[22]。例如，15 岁以下人口比例、65 岁及以上人口比例、人口自然增长率（人口因素）[23-25]；城镇化率（社会因素）[26]；政府卫生支出占卫生总费用比重、政府卫生支出占 GDP 比重、政府卫生支出占财政支出比重（经济因素）[27]；财政支出分权、财政自给率（制度因素）[28,29]等。

目前，关于政府卫生支出风险的研究，主要集中在医疗保障基金风险研究。医疗保障基金风险是政府卫生支出规模风险的重要组成部分，是指在医疗保险基金筹集、支付和投资的过程中，基金发生损失的可能性及其损失发生的不确定性[30,31]。目前，政府卫生支出医疗保障风险研究按运行过程分类，分为筹资风险、支付/使用风险、投资风险；按性质分类，分为操作风险、体制风险、金融风险和道德风险。在筹资风险方面，统筹层次一直是研究重点。邓洪夫认为政府卫生支出医疗保障基金虽总体结余，但仍存在潜在风险，需提高统筹以增强基金抗风险能力[32]。徐宁等和任志强进一步提出条块分割、过低统筹层次已对医保制度运行和发展产生一系列不利影响，导致基金规模有限，抵御疾病风险的能力较弱，应逐步提高统筹层次[33,34]。同时，随着医疗保障制度的不断完善，医疗卫生服务刚性需求得到全面且过快释放，导致医疗保障基金支付风险逐渐显现。吴群红等利用 ProModel 仿真模拟分析发现，根据黑龙江省目前人口增长、医保参保、住院费用变化等情况，如不施加干预措施，将面临政府卫生支出医疗保障基金亏空风险[35,36]。马桂峰等（2017）根据时间序列 ARIMA 模型预测结果，提出如不改变筹资支付政策，2021 年城镇职工和居民医疗保险基金将出现超支风险[37]。

政府卫生支出医疗保障基金风险的影响因素研究，主要从人口结构、支付方式、科学化管理和道德风险等方面展开。例如，李亚青认为人口结构等动态变化因素，将导致人均筹资和财政补贴增长加快[38,39]；仇雨临进一步论述人口老龄化将增加医疗保险基金支出风险发生的可能性[40]；孟庆跃提出医疗保险支付制度改革对费用控制具有正向作用，但作用具有局限性[41]；Huang Y 等认为总额预付可有效降低医保基金支出[42]；李晓斌和霍琛琛将医疗保险中的道德风险分为医疗卫生服务供方道德风险和需方（参保人）道德风险[43,44]；吴传俭对医保基金中道德风险产生的根源和机制进行研究[45]；郭永松等认为道德风险已引起医疗资源浪费和医保负担加重等一系列不良后果[46]。

在医疗保障基金风险预测与预警、防控策略研究等方面，国内学者较多运用单因素趋势预测、保险精算预测和仿真模拟预测等进行基金风险预测。其中,单因素趋势预测,以时间序列模型、马尔可夫模型和灰色模型等预测方法为主;而仿真模拟预测,主要包括系统动力学、ProModel 仿真模拟和 BP 神经网络等。在单因素趋势预测研究中,谭宇利用时间序列 ARIMA 模型,对深圳市医疗保障基金进行分析预测,发现到 2012 年 11 月,医疗总费用将超过医保缴费,存在基金超支风险[47]。蔡文泳等发现灰色马尔可夫模型适用于新农合基金风险预测,且预测精度高,预测结果显示番禺区新农合系统在未来 5 年间将不会出现破产情况[48]。吴彬等采用灰色系统 GM (1,1) 模型对福建省各统筹区域的城镇职工医保基金收支进行预测,发现从 2013 年开始,各地统筹基金将陆续出现超支风险[49]。保险精算学在保险行业蓬勃发展中逐渐成熟且应用广泛,其对保险基金筹资水平有较好预测效果。李镒冲等使用 ILO 筹资模型与核密度估计方法对 2005 年成都市城镇职工住院医疗保险的筹资比例进行预测,测算比例为 4.7%[50]。同时,王晓燕利用系统动力学建立社会医疗保险费用控制模型,预测发现 2021 年我国城镇职工医疗保险基金将出现年度超支风险[51]。齐新业利用 ProModel 仿真建模思想,对黑龙江省新农合、城镇居民医疗保险和城镇职工医疗保险进行系统模拟,发现黑龙江省医保基金将存在超支风险[36]。而钟邃则利用 BP 神经网络构建城镇职工医疗保险风险预测模型,预测和判别季度性医保基金运行效果[52]。当前,政府卫生支出医疗保障基金风险预警研究,主要集中于保险统筹基金的风险预警体系和预警机制建立[52]。例如,陈明霞利用风险预警原理,从明确警意、寻找警源、分析警兆和预报警度等多个步骤对社会保障基金风险预警进行分析[53]。路云等对我国社会医疗保险基金的运行平衡能力进行风险预警,初步构建风险预警体系[54]。张晓等将医保基金风险预警系统分为风险识别、风险评价和风险预警三个子系统,并提出建立基金风险预警机制，是风险防范的主要途径[55]。而高广颖等进一步根据住院补偿金使用情况建立基金预警系统，采取预警区间（红、黄、蓝）分级预警方法，降低医保基金运行风险[56]。在医疗保障基金风险防控策略研究中，提出具有实质性和可操作性策略建议的文献相对较少。仅邓大松等对我国基本医疗保险筹资费率增长进行测算，提出如果人均工资增长速度低于人均医药费用支出，医药费率将因人口老龄化加剧而加速增长，导致医保筹资风险[57]。曾益认为若将个人账户和统筹账户基金合并，可以缓解统筹账户基金支付压力，并降低参保人员门诊自费部分的费用[58]。同时，刘兴会（2015）对上海2010—2012 年城镇职工基本医疗保险基金实际运行情况进行风险实证评估分析，提出了提高基金使用效率、完善医疗保险个人账户制度和建立多层次医疗保险体系等具有针对性的风险防控策略[59]。而齐悦力通过分析山东省基本医疗保险现行制度，发现在仅考虑制度本身所产生的收支情况下，2018 年山东省职工基本医疗保险统筹基金将出现较大收支缺口，并针对基金筹资和支付机制等方面提出具体对策建议[60]。

2.2 政府卫生支出结构研究

目前，国内对政府卫生支出结构研究主要从政府卫生支出的区域和城乡分布、供需结构、层级结构（功能层级和结构层级）不均衡等方面进行分析，主要研究结论是：政府卫生支出资金配置东部地区大于中西部地区、城市大于农村、供大于需、重医疗轻预防、重三级轻基层。龚向光提出政府卫生支出投入不足，且投入体制和结构不合理[61]。在政府卫生支出区域和城乡配置方面，乐虹等从医疗卫生服务供给和利用分析，发现政府卫生支出存在区域不平衡性[62]。谭华伟等认为东、中、西部地区政府卫生支出对总体均等化的贡献程度存在差异[63]。袁菁华提出政府卫生支出是城乡卫生不公平的制度性原因，且政府在卫生筹资机制中的作用减弱[64]。冯占春进一步发现地方政府间财政不均，是导致城乡投入不公平的主要原因[65]。俞卫认为政府卫生支出中的医疗保障筹资水平，造成了城乡间医疗卫生服务差异，同时，政府转移支付是缩小城乡差异最行之有效的方式[66]。在政府卫生支出供需结构研究方面，大部分文献更倾向于政府卫生支出以补需方或供需兼顾为主。孙晓鸥等指出政府卫生支出不合理的供需结构，是导致医疗卫生资源配置不均衡的主要原因[67]。顾欣认为补需方可以节约成本、促进竞争，并需要有效推动全民医保的实施[68]。刘军民提出政府通过战略性购买医疗卫生的方式，来实现补需方[69]。但李玲认为补需方诱导需求会导致过度医疗，应供需兼顾[70]。林巧珠等分析政府卫生支出补供方和补需方存在的主要问题，并为供需兼顾提出了可行方案[71]。同时，在政府卫生支出层级研究方面，毛晖等认为政府卫生支出层级结构不合理，经费使用效率低[72]。刘民权建议加大政府卫生支出，将卫生财政补助向基层医疗卫生机构倾斜[73]。林菊红提出政府卫生支出在公共预防和妇幼保健方面资金配置不足，效率和公平性较差[74]。而阎坤等进一步指出政府卫生支出资金配置"重医疗、轻预防"，公共卫生预防体系尚未完善，现有财政支持力度不足以支撑公共卫生发展的需要[75]。

在政府卫生支出结构的影响因素研究中，宏观性影响评价较多，而涉及具体影响因素指标的研究较少。其中，仅陈春辉等提出财政分权是影响政府卫生支出区域结构的最重要因素[76]。张启良等认为在城镇化率方面，通过减少城乡收入差距，可以间接影响政府卫生支出城乡结构[77]。肖海翔发现每千人口医疗卫生机构床位数对政府卫生支出供需结构的解释程度高[78]。刘军民、李齐云等认为财政分权和转移支付对政府卫生支出层级结构均衡性有较大影响[79,80]。

2.3　政府卫生支出效率研究

目前，关于政府卫生支出绩效研究的文献较多，主要以定性论述为主，缺乏对政府卫生支出效率的定量研究，且具有可操作性和建设性的政策建议较少。通过文献梳理，发现政府卫生支出效率研究主要包括政府卫生支出资源配置效率和政府卫生支出健康生产效率两类。资源配置是健康产出的物质前提，而健康产出是资源配置的必然结果。吴石等认为政府卫生支出结构的不合理，是造成医疗卫生资源配置不均衡的主要原因[81]。李淑霞等提出政府卫生支出所获得的资源配置效率较低，是一种高成本、低收益的制度设计[82]。而赵颖波等指出政府卫生支出医疗卫生资源配置存在"东高西低"的区域分布特点[83]。王俊使用 DEA 方法，将政府卫生支出作为投入变量，将卫生机构数、卫生机构床位数和卫生技术人员数作为产出变量，对政府卫生支出资源配置效率进行测算，发现配置效率与健康需求不一致，存在卫生资源配置不合理，闲置和浪费并存等问题[84]。申一帆等进一步认为大中型医院享有大部分政府卫生支出资源配置，但医疗卫生资源质量和服务效率比较低[85]。国内外关于政府卫生支出健康生产效率的相关文献，大多从格罗斯曼的健康需求理论[86]出发，运用健康生产函数开展实证研究。在健康产出指标选取方面，现有研究主要采用世界卫生组织确认的三大健康指标：期望寿命、婴儿死亡率和孕产妇死亡率[87]，并常结合 5 岁以下儿童死亡率、人口死亡率、健康寿命年和伤残调整生命年等使用。例如，阿顿（R. Atun）等利用婴儿死亡率、孕产妇死亡率、5 岁以下儿童死亡率等指标对土耳其（政府）全民健康保险进行研究[88]。博哈里（F. A. Bokhari）等使用计量经济学方法，进行政府卫生支出健康产出（孕产妇死亡率和 5 岁以下儿童死亡率）研究，结果表明政府卫生支出是影响健康产出的最重要因素[89]。阿金库格毕（O. Akinkug-be）等采用婴儿死亡率、5 岁以下儿童死亡率和期望寿命指标，研究政府卫生支出对居民健康状况的影响[90]。国内，张宁等利用 DEA 方法，对 1982 年、1990 年和 2000 年全国 31 个省的政府卫生支出健康生产效率进行测算与分析，发现健康生产效率在东、中、西部，东部和中部，东部和西部区域间差异显著[91]。而孙菊采用孕产妇死亡率和 5 岁以下儿童死亡率的省际面板数据，测算分析政府卫生支出区域健康不公平程度，及政府卫生支出与区域健康差异之间的相关关系。结果显示，政府卫生支出可以有效缩小区域健康差异，且对（欠发达）内陆省份人群健康状况改善影响显著，而对（发达）沿海省份影响相对较小[92]。

关于政府卫生支出效率影响因素的研究文献相对较少。国外，仅格罗斯曼（M. Grossman）认为收入对健康需求和消费具有积极作用[93]；桑提亚哥（H. Santiago）等发现收入的不合理分配是导致政府卫生支出低效率的原因，而城镇化与效率呈正相关关系[94]；格鲁鲍（S. G. Grubaugh）等指出医疗卫生条件（医生数量和医院床位数）直接影响政府卫生支出健康生产效率[95]；而罗尔夫（F. Rolf）等则认为技术变革是影响健康效率的最主要原因[96]；巴勃罗（G. Pablo）等进一步提出从部门管理和政策制定等方面提高政府卫生支出效率[97]。国内，王俊等认为经济因素对政府卫生支出健康效率有促进作用，而教育因素促进效果更为显著[98]；韩华为等利用 DEA-Tobit 分析政府卫生支出效率影响因素，发现受教育水平、人均 GDP、财政分权等变量是导致政府卫生支出效率区域不均衡的主要原因[99]；同时，贾智莲等提出财政转移支付和人口密度对政府卫生支出资源配置效率有负面作用和影响[100]。

2.4 文献评述

现有政府卫生支出研究可以分为政府卫生支出规模、结构和效率三类，但偏重于政府卫生支出规模的实证分析。同时，涉及政府卫生支出规模、结构和效率风险的研究较为缺乏，主要集中于政府卫生支出医疗保障基金风险研究，属政府卫生支出规模研究的重要组成部分。因此，存在对政府卫生支出进行规模、结构和效率风险分析的必要性。

就具体内容来看，对政府卫生支出规模的实证研究，主要集中于政府卫生支出绝对规模、相对规模、增长速度和发展水平等方面，而政府卫生支出医疗保障基金风险研究更侧重保险基金超支风险研究；对政府卫生支出结构研究主要从政府卫生支出的区域和城乡分布、供需结构、层级结构配置的公平性和均等性等方面进行研究；在政府卫生支出效率研究中，已有文献常忽略政府卫生支出的根本目的（减少"因病致贫、因病返贫"，提高国民健康水平），主要以医疗卫生资源作为产出变量，较少涉及健康产出指标。同时，相关定量研究说明政府卫生支出效率存在不公平和低效率等问题，但尚未提出有针对性的效率阈值等级。

由上述文献评述可知，对政府卫生支出的研究相对较多，主要从规模、结构和效率三个层面进行分析，而对政府卫生支出风险进行研究的相对较少，仅限于政府卫生支出医疗保障基金风险研究。尚未有相关研究从规模、结构和效率三个层面，对政府卫生支出进行风险分析，其存在研究空白、具有研究必要性。政府卫生支出确定了财政对医疗卫生事业的资金支持力度，是保障基本医疗卫生服务安全性和公平性的基础，如果其自身发生风险，则会导致一系列次生风险，间接影响人群健康水平。同时，政府卫生支出的规模和结构配置，决定了（政府卫生支出）卫生资源配置效率和健康生产效率，关系到医疗卫生服务可得性和可及性的实现。基于此，有效规避政府卫生支出（规模、结构和效率）风险，具有研究重要性和急迫性。因此，需对政府卫生支出风险进行全面且深入的研究。

3 政府卫生支出风险基本理论

医疗卫生服务一直是社会关注的热点，同时，也是公共产品理论研究的重要内容。而政府在减少"因病致贫"和"因病返贫"，提高国民健康水平方面，具有不可推卸的责任和义务，应在医疗卫生服务中起主导作用。事实上，政府卫生支出源于公共支出，公共支出是社会福利的基本产物，而风险与福利并存，福利是防范风险的必然结果。据此，本章将从"公共产品与公共支出""社会福利与风险"两条研究主线进行理论回顾，并基于理论分析，厘清政府卫生支出风险的内涵和外延，构建政府卫生支出风险理论框架，为后续研究奠定理论和框架基础。

3.1 理论基础

3.1.1 公共产品与公共支出理论

3.1.1.1 公共产品理论

萨缪尔森在《公共支出的纯理论》中，利用二分法将产品分为公共产品和私人产品，并将公共产品定义为，任何一个人对某种物品的消费，不会导致他人对该物品消费的减少[101]，即任何一个消费者都可支配公共产品总量的 X_{n+1}，强调公共产品的"非竞争性"。

同时，奥尔森的搭便车理论[102]，表明公共产品的"非排他性"。因此，公共产品具有在生产和消费方面的非竞争性和非排他性的特征。其中，非竞争性使得每增加一位消费者的边际成本为零，如按成本定价，则为无偿提供，而非排他性表示无法排除他人对该产品的消费，利用市场机制，无法对供方提供产品成本补偿。同时，公共产品效用的"不可分割性"，决定了公共产品不能按劳分配和按生产要素分配，即市场运行机制失灵。例如，医疗卫生产品作为一种典型的公共产品，在市场失灵的情况下，则需要公共部门如政府发挥"看不见的手"的作用，替代市场来配置医疗卫生产品和资源。

3.1.1.2　外部性理论

外部性，又被称为外部效应和外部经济，是指某行为主体的某项经济活动或决策给其他行为主体带来的受损（负外部性）或受益（正外部性）的影响。马歇尔在《经济学原理》中首次提出"外部经济"概念[103]。后来"福利经济学之父"庇古从福利经济学的角度，在"外部经济"概念的基础上，扩充了"外部不经济"的概念和内容[104]。庇古指出，外部性实际上就是边际私人成本与边际社会成本、边际私人收益与边际社会收益的不一致。其中，边际私人成本与边际外部成本之和为边际社会成本，而边际私人收益与边际外部收益之和就是边际社会收益。当边际社会收益大于边际私人收益时，生产者的某种生产活动带给社会的影响是有利的，即外部经济，亦称为正外部性；当边际社会收益小于边际私人收益时，生产者的某种生产活动带给社会的影响是不利的，即外部不经济，亦称为负外部性。同时，庇古认为，当外部性存在，依靠自由竞争市场，无法实现社会福利最大化，需要政府通过征税和补贴等形式来进行干预，以实现外部效应的内部化。而公共产品和外部效应常被联系在一起。萨缪尔森在《经济学》中，提出"正外部性的极端情况就是公共产品"[105]，即公共产品具有强烈的正外部性。同时，医疗卫生产品作为一种典型的公共产品，基于布坎南、塔洛克在《同意的计算》[106]中结合帕累托最优[107]对外部性的补偿理论分析，可将外部性对医疗卫生产品供给的影响分解如下（详见图3-1）：医疗卫生服务的边际社会收益（MSB）与医疗卫生服务的边际收益（D）的差值为边际外部收益；医疗卫生服务供给者根据医疗卫生服务的边际成本（MC）和边际收益（D）的交点，决定医疗卫生服务供给数量（Q）；低于社会有效率的服务提供量（Q^*），就需要政府通过卫生财政补贴等形式，将医疗卫生服务边际成本从P下降到P^*，鼓励医疗卫生服务供给者进行投资和生产，弥补因外部性而产生的服务量（Q^*-Q），以达到社会有效率的服务提供量（Q^*）。

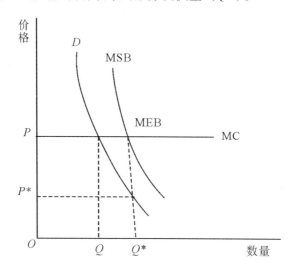

图3-1　外部性对医疗卫生产品供给的影响

注：P为医疗卫生服务价格；Q为医疗卫生服务数量；D为医疗卫生服务的边际收益；MC为医疗卫生服务的边际成本；MSB为医疗卫生服务的边际社会收益。

3.1.1.3 公共支出理论

公共支出，亦被称为财政支出、政府支出，是以政府为主体，以"财政事权"为依据进行的一种财政资金分配活动，集中反映了政府的职能活动范围及其所造成的耗费。其本质是满足社会公共需要的社会资源配置活动，以实现政府的各项职能服务。

古典经济学创始人亚当·斯密在《国富论》中指出，公共支出属非生产性支出，不会带来国家财富增长，应加以限制，但又不可或缺，是政府赖以生存的经济基础[108]。但经过 20 世纪 30 年代末—40 年代初的资本主义经济危机，传统自由放任政策（古典理论）逐渐被政府经济干预政策（凯恩斯主义经济理论）所取代。约翰·凯恩斯在《就业、利息和货币通论》中，认为政府不仅是"守夜人"角色，还应发挥"看不见的手"的作用，通过增加政府公共支出，提高社会有效需求，进而对市场进行相应干预[109]。在 19 世纪前期，卡尔·迪策耳已在《从人民经济关系观察国家公债法》中提出，政府的经济消费具有彻头彻尾的生产性[110]。阿道夫·瓦格纳在《财政学》中进一步认为，公共支出是有形财富（财政——货币）向无形财富（公共福利）转移的一种强制经济生产和创造[111]。20 世纪 40年代，阿巴·勒纳在《控制经济学》中主张将税收和财政支出作为调节经济的杠杆，并通过转移支付的手段，来增加个人收入，从而拉动社会消费[112]。同时，以萨缪尔森为代表的新古典综合派（后凯恩斯主流派经济学）认为，以政府税收和公共支出为手段的财政政策，对经济增长、生产和稳定价格等具有积极作用[113]。20 世纪 80年代中期，新增长理论指出，公共支出尤其是公共投资（如国防、教育、卫生等），具有很强的生产性特质，并能促进经济增长[113]。其中，保罗·罗默在《收益递增经济增长模型》中提出资本不仅包括物质资本还包括人力资本，资本是经济增长的关键[114]。因此，政府卫生支出作为公共支出的重要组成部分，对公共产品（如医疗卫生产品）的公共投资，其本质是在稳定社会秩序和市场生产秩序的前提下，以货币的形式对人力资本质量（健康资本存量）的一种生产性投入，进而促进经济增长。

3.1.2 社会福利与风险理论

3.1.2.1 社会福利理论

社会福利，不仅是政府构建和稳定社会秩序的基础，也是最行之有效的社会管理形式。社会福利的本质是统治阶级对抗阶级"贫困化"后的妥协产物。马克思在《马克思主义政治经济学》中，明确指出健康效用溢出的部分即为福利，健康福利是资本的一种表现形式[115]。威廉·贝弗里奇在《社会保险报告书》中提出，社会福利是基于国家利益，以国家和个人合作的形式，从人群基本需要出发，形成的完整福利体系，政府应该承担涵盖公共卫生服务和基本医疗卫生服务在内的基本福利责任[116]。官房学派的尤斯蒂最早提出"福利国家"思想，其在《国家经济学》中主张，通过国家的行政权力实现福利国家，国家的财政支出是社会福利的基础[117]。基于社会福利最大化的原则，20世纪40年代，伯格森和萨缪尔森的社会福利函数理论认为社会福利的改善不仅与资源配置效率有关，而且也受收入分配的影响[118]。约瑟夫·斯蒂格利茨在《经济学》中认为政府干预是有"正当理由"的，通过收入分配实现公平、资源配置提高效率、集体选择增进社会福利[119]，与政府介入医疗卫生领域的目的一致。同时，赫尔利将福利主义、效用最大化、结果主义和个人主权定义为福利经济学在医疗卫生领域规范性分析的四大原则[120]，为医疗资源配置和医疗卫生服务均等化提供了相关理论依据。基于上述理论推导，政府干预医疗卫生服务，应以提高人群健康水平和减少"因病致贫、因病返贫"为根本目的，以财政卫生支出机会均等和结果均等为原则，通过政府卫生支出的形式，"购买"医疗卫生资源、服务及产品，提高社会福利。图3-2清晰地体现了这一逻辑主线。

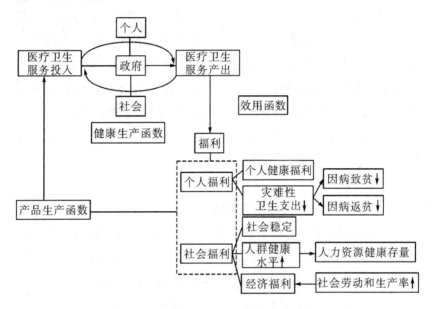

图3-2　政府卫生支出与社会福利关系框架

3.1.2.2　福利均等理论

福利均等是福利最大化的重要体现，是福利经济学功利主义的公平观。约翰·罗尔斯在《正义论》中阐述了公平和正义的两条基本原则，即自由平等原则和机会平等原则[121]。根据罗尔斯理论，社会均等的功能结构由起点均等、过程均等和结果均等构成。庇古在《福利经济学》中根据边际效用基数论，提出两个基本福利命题：国民收入总量愈大，社会经济福利就愈大；国民收入分配愈是均等化，社会经济福利就愈大[104]。如增加社会经济福利，一方面需改善资源配置，增加社会总支出；另一方面需改善收入再分配，实现收入分配均等化[122]。维弗雷多·帕累托在《政治经济学讲义》中分析经济效率和收入分配时首次提到的帕累托最优定理，是新福利经济学的核心命题，其本质是通过优化资源配置增进社会福利，从效率维度改进社会公平程度[123]。在此基础上，补偿原则论和社会福利函数论对帕累托最优标准进一步完善，认为在兼顾效率和公平的前提下，逐步提高政府用于公共服务的财政支出比例和合理的公共服务配置，是实现福利最大化的重要手段[124]。上述理论为公共财政的资源配置、经济稳定和收入再分配三个主要职能，提供了理论依据。同时，设定了政府卫生支出的理论研究范围（规模、结构和效率）和功能结构（起点、过程和结果）。

3.1.2.3 福利与风险并存理论

风险与福利并存，福利是防范风险的必然结果，风险是福利均等和福利刚性的间接产物。乌尔里希·贝克在《风险社会》中，提出风险伴随现代性产生，后工业社会风险是科技和经济决策的产物，同时，风险被纳入福利国家范畴具有强烈政治色彩，风险防范是福利国家发展的动力之一[125]。而维恩霍文认为风险后果可能会直接或间接耗费公共资源，社会政策的重要性愈发明显[126]。泰勒-古柏在《新风险、新福利：欧洲福利国家的转变》中进一步阐述在后工业社会，欧美福利国家的风险类型具有时代特性，政府应对风险的政策和措施，是对经济和社会变化的反应[127]。在此基础上，斯克鲁格斯和艾伦通过宏观社会支出状况，判断由社会制度类型产生的社会风险和政策干预效果[128]。庇古在《福利经济学》中提到当国民收入总量愈大，社会经济福利就愈大；国民收入分配愈是均等化，社会经济福利就愈大[104]。当发生经济危机时，福利进入下行期，受福利均等和福利刚性影响，社会福利制度缺乏下调弹性，政策风险及次生风险随即产生[129]。

3.1.2.4　风险与公共风险管理理论

海恩斯在《风险：一项经济因素》中最早提出风险概念，并对风险加以分类和本质分析，风险被定义为损害或损失的可能性，不确定性是风险性质划分的标准，其为风险管理奠定了理论基础[130]。罗伯特·梅尔所著的《保险原理》将风险定义为损失的不确定性[131]。风险是事件发生的可能性及后果的组合，通常具有不利性、不确定性和复杂性[132]。奥特温·伦内则以跨学科视角归纳总结了风险的概念和评估方法[133]，在此基础上对风险进行分类，从数理统计角度看，风险是一种概率；而从"经济—社会—文化"价值角度看，风险是一种社会后果，计算公式为 R（风险）$= P$（概率）$\times H$（伤害）。在后工业时代，除政策带来的风险外，人们逐渐开始关注政策体系和实施过程的社会风险。乌尔里希·贝克阐述了风险的现代性本质[125]，社会风险不仅具有物质特征，而且是一种社会构建，具有政治反思性。罗杰·E. 卡斯帕森在《风险的社会扩大效应：一个概念框架》中提出社会风险可能因机构行为而被放大[134]。上述观点为社会公共风险管理提供了理论依据。公共风险理论认为，公共风险管理模式是政府通过各类公共政策、法律法规、规章制度安排，对公共领域的宏观性和微观性风险进行全面监测和管理。公共领域相较于商业领域，风险类型更繁多、形式更复杂、危害更为严重。因此，对以政府为代表的公共部门来说，及时发现、识别、分析、评价和防范处置政策自身风险，以及政策体系和实施过程中产生的社会风险至关重要[132]。

3.2 政府卫生支出风险的概念

基于上述理论分析，本书发现政府卫生支出是一种生产性投入，是政府干预卫生事业的手段和途径，其应以提高人群健康水平和减少因病致贫、因病返贫为根本目的，以机会均等和结果均等为原则，以降低医疗卫生服务边际成本、达到有效社会供给率为经济本质，以规模、结构和效率为理论研究范围，以起点、过程和结果为功能结构范围。

政府卫生支出风险的实质是，在社会福利进入下行期时福利均等和福利刚性的间接产物，当社会福利制度缺乏下调弹性时，政府卫生支出自身风险及次生风险随即产生。因涉及规模、结构和效率三个层次，政府卫生支出具有从资金转换为卫生资源和健康的特性，其风险类型繁多、形式复杂、危害更为严重。因此，应及时发现、识别、分析、评价、防范处置政府卫生支出风险。

20 世纪 80 年代，我国开始进行卫生总费用核算，已形成筹资来源法、机构流向法和实际使用法[8]三类核算方法。其中，筹资来源法是利用三分法分析卫生筹资的主要特征和公平合理情况[135]。自 1996年起，卫生总费用筹资来源法由六分法变为三分法，即政府卫生支出、个人现金卫生支出和社会卫生支出。其中，政府卫生支出起主导协调作用，即各级政府用于医疗卫生服务、医疗保障补助、卫生和医疗保险行政管理事务和人口与计划生育事务支出等各项事业的经费支出[8]。目前，政府卫生支出包括国内和国际两种测算口径。国际口径主要以世界卫生组织（WHO）和经济合作与发展组织（OECD）测算口径为主要依据，一般将卫生总费用分为广义政府卫生支出和私人卫生支出。广义政府卫生支出，主要包括狭义政府卫生支出和社会保障卫生支出，反映了政府组织在卫生筹资中所发挥的重要作用。其中,狭义政府卫生支出是"以税收为基础的卫生支出",即国内筹资来源法测算的政府卫生支出,主要指中央政府、省级政府以及其他地方政府对卫生的支出,不包括对其他筹资部门的转移支付[8]。而社会保障支出是指由政府举办和控制的社会保险项目所筹集的卫生资金,主要包括政府财政社会保障投入、社会医疗保险实施中单位和居民的缴费,以及其他收入[8]。具体到我国,社会保障支出一般包括行政事业单位医疗经费、企业职工医疗卫生费、城镇职工基本医疗保险费、城乡居民基本医疗保险费、城镇居民基本医疗保险费、新型农村合作医疗经费以及其他社会保险医疗卫生费[8]。

通过对广义政府卫生支出(国际口径、ICHA-HF① 分类法)和狭义政府卫生支出(国内口径、筹资来源法)构成进行差异比较分析发现,在我国,广义政府卫生支出应为狭义政府卫生支出与社会医疗保障支出、社会办医支出、行政事业性收费收入之和,详见图 3-3。同时,如图 3-4 所示,国际与国内口径下的政府卫生支出占卫生总费用的比重差异较大。1997—2017 年广义政府卫生支出占卫生总费用比重均值约为狭义政府卫生支出占比的 2 倍,狭义政府卫生支出约占广义政府卫生支出的 47.95%。因此,不宜使用广义政府卫生支出对我国政府卫生支出的相关数据和资料进行分析,本书采用狭义政府卫生支出进行后续研究。同时,在卫生应急管理中,风险常被界定为事件发生的可能性及后果的组合,通常具有不利性、不确定性和复杂性。因此,基于狭义政府卫生支出及风险内涵分析,政府卫生支出风险,应定义为政府卫生支出自身及其机制运行过程中发生的损害或损失的可能性。

---

① 即 International Classification for Health Accounts, Health Care Founding, 卫生保健筹资方案分类。

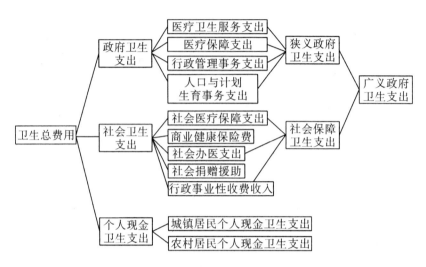

图 3-3 广义与狭义政府卫生支出分类

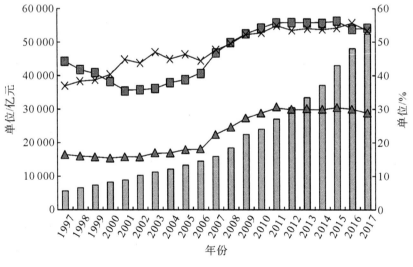

图 3-4 国际与国内口径下的政府卫生支出

3.3 政府卫生支出风险研究框架

3.3.1 理论框架

通过查阅国内外政府卫生支出研究的文献资料，将"卫生支出""政府卫生支出""规模""结构""健康效率""配置效率""政府卫生财政""财政支出""卫生支出评价/评估"等作为关键词，以这些关键词的不同组合作为文献检索表达式进行文献检索，去除重复和与本书无关的文献，实得文献 1 098 篇，按照文献可参照性和合理性得分，筛选出 235 篇、438 个条目进行文献归纳分析。同时，结合专家咨询和焦点访谈的意见和建议，最终总结构建政府卫生支出风险理论框架，包含了"2 个理论基础（福利与风险）、2 个目标维度（减少'因病致贫、因病返贫'、提高人群健康水平）和 3 个层次（规模、结构和效率）"，详见图 3-5。

世界卫生组织在《阿拉木图宣言》中指出"实现一定程度的健康水平，是各国政府在全球范围内应承担的最基本社会责任"[136]。维护生命和健康是社会公认的基本人权，而疾病传播具有不确定性和随机性，这些特性决定了医疗卫生服务具有非完全竞争性、非完全排他性、外部效应、供需特殊性等特点，进而使基本医疗保障具有明显的社会福利性质。同时，国家财政源于税收，使用"纳税人的钱"提高人民健康福利，是国家和政府应尽的社会责任。政府卫生支出不仅是财政支出的重要组成部分，而且是实现财政卫生决策的重要手段。因此，政府应在医疗卫生服务中起主导作用，同时，受"福利刚性"原则和医疗卫生服务市场信息不对称性等的影响，福利和风险并存，应规避政府卫生支出风险，实现社会健康福利最大化。本书将围绕政府卫生支出风险逐级展开研究。

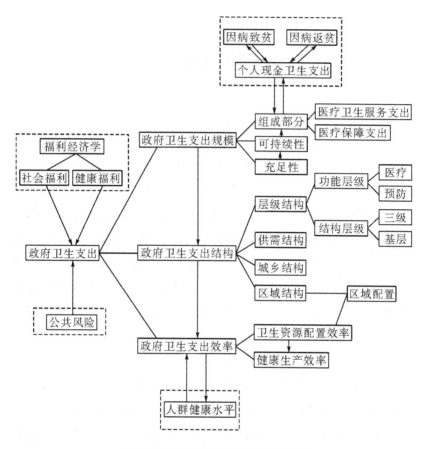

图 3-5 政府卫生支出风险理论框架

　　政府卫生干预，是政府补救医疗卫生市场"失灵"（表现为"因病致贫、因病返贫"）的一种方式和手段。而福利是某种社会经济活动（如政府卫生支出）对社会福利（如健康、社会价值）状况产生的影响及带来的变化。基于此，社会福利经济学将政府卫生干预的范畴界定为减少"因病致贫和因病返贫"、提高人群健康水平两个主要目标维度。世界卫生组织研究发现，降低个人现金卫生支出比例是降低居民医疗卫生经济负担的必要途径，在其他条件不变的情况下，个人卫生支出占卫生总费用的比重越高，越容易发生灾难性卫生支出，"因病致贫和因病返贫"风险主要由政府卫生支出承担。

政府卫生支出源于公共财政支出，而公共财政支出从经济支出演化而来，其本质是一致的。从经济学角度出发，财政支出包括配置和生产两个方面，前者是总量和结构的问题，后者是具体的组织管理问题[137]。因此，本书将政府卫生支出划分为规模、结构和效率三个层次进行风险研究。

政府卫生支出规模是指政府为履行其职责，满足国民医疗卫生服务需求，在特定时期内，用于医疗卫生事业发展的财政资金总量。政府卫生支出规模的充足性和可持续性，是提高人群健康水平，减少"因病致贫和因病返贫"的重要保障。政府卫生支出结构是指政府根据卫生财政预算约束，在各支出层次的数量配比与组合状态。目前，相关研究主要将政府卫生支出结构分为政府卫生支出层级结构、供需结构、城乡结构和区域结构4类。其中，层级结构又包括功能层级和结构层级2类。政府卫生支出效率是指在医疗卫生产品/服务的生产和提供过程中，政府卫生支出资金的使用效率，分为卫生资源配置效率和健康生产效率2类，两者均基于"投入既定最大产出"或"产出既定最小投入"的生产效率评价理论。

上述三者相互依赖、相互支撑，规模是政府卫生支出的基础，结构是核心，而效率是目标。没有政府卫生支出规模的"充足性和可持续性"的资金保障，必然制约政府卫生支出的结构组合状态；同时，规模的缺失和结构的不合理，又必然间接导致政府卫生支出在卫生资源配置和健康生产方面的低效率状态。因此，规模、结构和效率缺一不可，不可分割，三者共同构成政府卫生支出。

3.3.2 逻辑框架

基于上述理论框架分析，政府卫生支出风险应包括政府卫生支出规模风险（充足性、可持续性、医保运行）、结构风险（供需、区域、城乡、层级：功能和结构）和效率风险（资源配置、健康生产）3 个主要组成部分。同时，参照澳大利亚/新西兰风险管理标准（Risk Management，AS/NZS 4360：2004），构建政府卫生支出风险理论逻辑框架，从风险识别、风险分析、风险评价和风险处置四个维度对政府卫生支出规模风险、结构风险和效率风险进行研究，为各章节后续从"提出问题、分析问题、解决问题"三个层面展开论述，提供了相应的风险理论逻辑支撑，如图 3-6 所示。

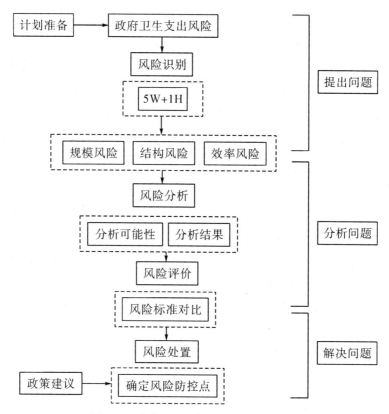

图 3-6 政府卫生支出风险理论逻辑框架

注：5W+1H 表示，是什么风险（what）、为什么发生（why）、怎样发生的（how）、何时/何地发生（when/where）、主要受影响对象（whom）。

3.4　小结

本章节基于"公共产品与公共支出"理论和"社会福利与风险"理论，对政府卫生支出风险的概念、内涵和外延进行界定，将政府卫生支出风险定义为政府卫生支出自身及其机制运行过程中发生的损害或损失的可能性；并厘清其（风险）本质、根本目的、原则、范围和结构等；进而，通过文献归纳分析、专家咨询和焦点访谈等方法，构建起包含"2 个理论基础（福利与风险）、2 个目标维度（减少'因病致贫和因病返贫'、提高人群健康水平）、3 个层次（规模、结构和效率）"的政府卫生支出风险理论框架，以及 4 个维度（风险识别、风险分析、风险评价和风险处置）的政府卫生支出风险逻辑框架，为后续研究奠定了理论基础。

4 政府卫生支出风险因素分析

政府卫生支出风险因素分析，应基于对整个政府卫生支出（风险）因素指标体系的构建和分析。目前，政府卫生支出风险因素指标体系的构建方法主要包括：文献复习法、焦点访谈法、头脑风暴法和专家咨询法等。本书主要采用文献复习法、头脑风暴法和专家咨询法。

4.1 指标筛选

一方面，检索、收集我国卫生总费用、政府卫生支出相关的政策文件、法律法规等，全面了解、掌握我国政府卫生支出的现状，系统梳理政府卫生支出中存在的问题和风险、可能的原因以及改进策略和措施等；另一方面，复习国内外关于政府卫生支出风险研究的文献资料，以"卫生支出""政府卫生支出""卫生总费用""个人卫生支出""卫生财政""财政支出""卫生支出评价/评估""规模""结构""效率""风险"等词作为关键词，并以这些关键词的不同组合作为文献检索表达式进行文献检索，检索国内外相关文献 1 243 篇，去除重复和与本书无关的文献，实得文献 478 篇，按照文献参照性得分，筛选出 90 篇文献进行归纳分析。最终，按照（文献）数据可得性和指标合理性得分，选取 42 篇文献、365 个相关指标进行指标选取。

4.2 维度框架

基于《卫生事业管理学》中"卫生组织体系的开放性特点""卫生组织体系的内部和外部环境因素"的相关理论[87]，通过个别的专家咨询和小范围的头脑风暴，最终拟定政府卫生支出风险因素维度框架（见图4-1）。

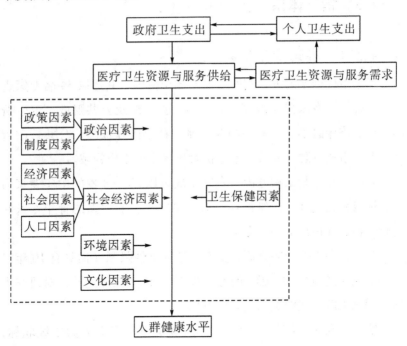

图4-1 政府卫生支出风险因素维度框架

政府卫生支出的根本目的在于，通过直接或间接提供医疗卫生资源与服务，提高人群健康水平；同时，及时调节医疗卫生资源的供需矛盾，减少"因病致贫和因病返贫"问题的产生。基于该目标，政府卫生支出必然会受到政治因素、社会经济因素、环境因素、文化因素和卫生保健因素等外力因素影响。因此，政府卫生支出风险因素理论框架展现了一种"多维度、彼此互动"的（因素）关系状态，主要涵盖人口因素、环境因素、人群健康水平因素、卫生保健因素、制度因素、社会因素、政策因素、文化因素、经济因素9个条目。

4.3 指标体系

4.3.1 咨询专家选择

根据指标框架的大小和所需要的知识范围，共选取34名专家进行相关咨询，专家覆盖国家、省、市、县，涉及公共财政、卫生费用测算、临床医学、疾病预防与控制、社会医疗保障、公共行政管理、卫生事业管理、公共卫生危机管理等多个工作领域。

第一，在年龄结构方面，专家组成员以33~48岁的中年专家为主，配以精力充沛、思维敏捷、对新事物接受能力强的青年专家和经验丰富、知识渊博的老专家。

第二，在工作年限方面，受专家选入条件限制（需具有10年以上相关工作经验），87.00%的专家有17年以上工作经验，对研究内容有深刻见解，能够提出建设性意见。

第三，在职称结构方面，专家组成员中只有2人为中级职称，其余均为高级职称，高级职称共占职称总数74.11%。

第四，在职务结构方面，部门正职或科室主任共22人，占68.75%。

第五，在学历结构方面，具有硕士、博士学位者共占总数的95.6%，60.80%为博士学位。

第六，在学术水平方面，博士生导师占 65.50%，硕士生导师占 18.80%。

因此，专家成员几乎均接受过良好的高等教育，具有广博的知识面，能透彻分析研究内容，保证了咨询结果的权威性。

4.3.2 风险因素确定

本章节将 365 个相关指标按上述拟定的影响因素维度框架进行分类，并进行两轮专家咨询。

1. 第一轮专家咨询

在第一轮专家咨询中，专家结合专业知识、工作经验和对政府卫生支出（风险）的理解，给出对各项候选指标的评价意见和建议。专家咨询表回收率为 100%，说明专家积极性很好。利用 SPSS 软件进行 Kendall's W 检验，协调系数 W 为 0.89。经过 χ^2 显著性检验，$\chi^2 = 33.29$，$P < 0.05$，具有统计学意义，咨询问卷协调程度高。专家权威系数 $Cr = 0.87$，专家对咨询问题具有较高权威性，结果可靠。

同时，根据因子分析中指标特征根（尽可能>1）和累积贡献率（≥80%），挑选能够代表和描述所属层级的二级指标，并结合百分比法和专家意见，按照 51.78% 的比例删减指标，最终确定 197 个相关指标进入第二轮专家咨询，其中，适当增加 3 个经济因素、3 个卫生保健因素和 2 个人群健康水平的指标。

2. 第二轮专家咨询

第二轮专家咨询，专家参照"重要性""敏感性"和"可得性"指标解释和"0-5"赋分原则，对 197 个候选指标进行遴选和评分。将每个指标的评分结果结合各位专家的权威系数进行转换和计算，最终确定政府卫生支出（风险）影响因素指标。

专家咨询表回收率为 100%，说明专家积极性很好。KMO 检验和 Bartlett 检验结果显示，KMO 检验统计量为 0.79，说明变量之间的偏相关性较强；Bartlett 检验 $P<0.05$，说明各个指标间信息重叠程度高，存在相关性，指标框架完善。指标筛选参照方差最大旋转后的特征根和累计贡献率结果，留取特征根尽可能>1 且累积贡献率≥80%的部分指标，并结合指标在相关文献中的出现频率，和专家的进一步修改意见，确定 51 个政府卫生支出（风险）影响因素指标。其中，添加"甲乙类法定报告传染病死亡率"指标，将"转移制度"指标分解为"一般性转移支付"和"专项转移支付"，"恩格尔系数"指标分解为"城市恩格尔系数"和"农村恩格尔系数"。指标删减添加结果见表 4-1。同时，对指标框架进行内部一致性信度检验，Cronbach's Alpha 统计量为 0.93，基于标准化项的 C's A 统计量为 0.94，均大于 0.9，表明指标框架可靠性高。最终，基于政府卫生支出风险因素维度框架，确立政府卫生支出风险因素指标体系，如表 4-2 所示。

表 4-1　第二轮指标删减结果

维度	删减 比例/%	指标(删减后)	相关文献
人口因素	62.50	65 岁及以上人口比例	［25］［158］［24］［172］
		总抚养比	［25］［154］［174］
		15 岁以下人口比例	［149］
		人口自然增长率	［154］
		人口密度	［78］［154］［149］
环境因素	78.75	农村卫生厕所普及率	［145］［155］［161］
		SO_2 排放量	［146］［173］［78］［24］

表4-1(续)

维度	删减比例/%	指标(删减后)	相关文献
人群健康水平	66.67	人均期望寿命	[142]
		婴儿死亡率	[142][144][145]
		5岁以下儿童死亡率	[142]
		孕产妇死亡率	[141][161]
		人口死亡率	[25][150][154][158][161]
		甲乙类法定报告传染病发病率	[161][141][25][149][24]
卫生保健因素	81.03	每千人口卫生技术人员数	[140][139][161][147]
		每千人口医疗卫生机构床位数	[167][147][158][173]
		医院数	[167][159]
		基层医疗卫生机构数	[167][141][147]
		入院人数	[25][174][154][161][141]
		出院人数	[141][157]
		病床使用率	[141][138][153][157][161][24]
		医师日均担负住院床日(医疗卫生机构)	[161]
		医师日均担负诊疗人次(医疗卫生机构)	[141][140][157][161][154][158]
		妇幼机构诊疗人数	[157][154][158]
		门诊诊疗人数	[25][154]

表4-1(续)

维度	删减比例/%	指标(删减后)	相关文献
制度因素	75.00	财政支出分权	[149] [141] [24] [164][172]
		转移支付	[139] [165]
		财政自给率	[78][172][29]
		财政补助收入占医疗卫生机构总收入比例	[141] [172]
社会因素	79.31	城镇化率	[142] [144] [78] [154] [158] [164] [172][24]
		基本医疗保险年末参保人数	[140] [159] [174] [154] [161]
		基本医疗保险基金结余率	[141][154][166]
		基尼系数	[145][138][159]
		恩格尔系数	[144] [164] [173] [138]
		城镇人均医疗保健支出占消费性支出比重	[138] [173] [154] [164]
		农村人均医疗保健支出占消费性支出比重	[138] [173] [154] [164]
		社会医疗保障总额占卫生总费用比重	[144]
政策因素	83.33	政策虚拟变量	[139]
文化因素	81.81	民族因素	[172]
		15岁及以上人口受教育程度	[25] [145] [174] [147]

表4-1（续）

维度	删减比例/%	指标（删减后）	相关文献
经济因素	76.47	人均GDP	［24］［164］［158］［151］［112］［139］
		医疗卫生服务价格	［149］［161］［162］
		政府卫生支出占卫生总费用比重	［27］
		失业率（城镇）	［151］［24］
		人均卫生总费用	［138］［154］
		政府卫生支出占GDP比重	［138］［27］［156］［169］
		政府卫生支出占财政支出比重	［139］［24］［167］［141］［152］［144］［150］［156］［157］［169］［161］［172］［158］［27］
		政府卫生支出年平均增长速度	［153］［27］［166］［156］［169］
		卫生消费弹性系数	［152］

表4-2　政府卫生支出风险因素指标体系及变量说明

变量分类	变量	单位	定义及解释说明
人口因素	65岁及以上人口比例	%	（65岁及以上人口/总人口）×100
	总抚养比	%	（老龄人口+未成年人口）/劳动力人口
	15岁以下人口比例	%	（14岁及以下人口/总人口）×100
	人口自然增长率	‰	（年内出生人数-年内死亡人数）/年平均人口数×1 000
	人口密度	人/平方公里	总人口÷土地面积

表4-2(续)

变量分类	变量	单位	定义及解释说明
环境因素	农村卫生厕所普及率	%	(累计达标农村户厕数÷当地农村总户数)×100
	SO_2排放量	万吨	在国民生产过程中排入大气的二氧化硫总质量
人群健康水平	人均期望寿命	岁	在当年死亡水平下,预期每个人出生时平均可存活的年数
	婴儿死亡率	‰	某年内死亡的婴儿数÷相应的同地区活产儿数×1 000
	5岁以下儿童死亡率	‰	同年5岁以下儿童死亡数÷同年活产儿总数×1 000
	孕产妇死亡率	1/10万	每10万例活产中孕产妇的死亡数
	人口死亡率	‰	年死亡人数÷年平均人数×1 000
	甲乙类法定报告传染病发病率	1/10万	甲、乙类法定报告传染病发病数÷人口数×100 000
	甲乙类法定报告传染病死亡率	1/10万	甲、乙类法定报告传染病死亡数÷人口数×100 000

表4-2(续)

变量分类	变量	单位	定义及解释说明
卫生保健因素	每千人口卫生技术人员数	人	年末卫生技术人员数÷年末常住人口数×1 000
	每千人口医疗卫生机构床位数	张	年末医疗卫生机构床位数/年末常住人口数×1 000
	医院数	个	包括综合医院、中医院、中西医结合医院、民族医院、各类专科医院和护理院
	基层医疗卫生机构数	个	包括社区卫生服务中心(站)、街道卫生院、乡镇卫生院、村卫生室、门诊部和诊所(医务室)
	入院人数	人	报告期内所有住院的人数
	出院人数	人	报告期内所有住院后出院的人数
	病床使用率	%	实际占用总床日数÷实际开放床日数×100
	医师日均担负住院床日(医疗卫生机构)	天	实际占用总床日数÷平均医师数÷365
	医师日均担负诊疗人次(医疗卫生机构)	人次	诊疗人次÷平均医师数÷250
	妇幼机构诊疗人数	人次	妇幼保健机构中门诊诊疗工作的总人次数
	门诊诊疗人数	人次	医疗卫生机构中门诊诊疗工作的总人次数

表4-2(续)

变量分类	变量	单位	定义及解释说明
制度因素	财政支出分权	—	地方财政支出÷中央财政支出
	一般性转移支付	亿元	中央政府对有财力缺口的地方政府,按照规范办法给予的补助
	专项转移支付	亿元	中央政府对委托下级政府代理的一些事务进行补偿而设立的专项补助资金
	财政自给率	—	地方财政收入÷地方财政支出
	财政补助收入占医疗卫生机构总收入比例	%	财政补助收入÷医疗卫生机构总收入×100
社会因素	城镇化率	%	城镇人口÷总人口×100
	基本医疗保险年末参保人数	万人	指报告期末参加职工基本医疗保险和城乡居民基本医疗保险人员的合计数
	基本医疗保险基金结余率	%	基本医疗保险基金收支相抵后的期末结余金额÷基金筹资总额×100
	基尼系数	—	用以衡量一个国家或地区居民收入差距的指标
	城市恩格尔系数	%	城市居民家庭中食物支出÷消费总支出×100
	农村恩格尔系数	%	农村居民家庭中食物支出÷消费总支出×100
	城镇人均医疗保健支出占消费性支出比重	%	城镇人均医疗保健支出占人均消费性支出比重
	农村人均医疗保健支出占消费性支出比重	%	农村人均医疗保健支出占人均消费性支出比重
	社会医疗保障总额占卫生总费用比重	%	社会医疗保障经费÷卫生总费用×100

表4-2(续)

变量分类	变量	单位	定义及解释说明
政策因素	政策虚拟变量	—	2009 年之前取"0",之后取"1"(2009 年新医改)
文化因素	民族因素	%	少数民族人口占总人口的比例
	15 岁及以上人口受教育程度	%	15 周岁及以上不识字或识字很少的人数÷15 周岁及以上人口数×100
经济因素	人均 GDP	元	GDP÷人口数
	医疗卫生服务价格	—	医疗保健指数(2011＝100)
	政府卫生支出占卫生总费用比重	%	政府卫生支出/卫生总费用×100
	失业率(城镇)	%	城镇登记失业人员/城镇单位就业人员×100
	人均卫生总费用	元	卫生总费用÷人口数×100
	政府卫生支出占 GDP 比重	%	政府卫生支出÷GDP×100
	政府卫生支出占财政支出比重	%	政府卫生支出÷财政支出×100
	政府卫生支出年平均增长速度	%	衡量政府卫生支出各年平均增长变化程度和趋势(1997 年为基期)
	卫生消费弹性系数	—	卫生总费用年平均增长速度÷GDP 年平均增长速度

4.3.3 指标统计描述

本书选用的 51 个政府卫生支出风险因素指标,共涉及 31 个省(区、市)2007—2017 年的相关面板数据,时间跨度 11 年,共 17 391 条数据。本书对各个指标进行基本统计描述,包括均值、标准差、最小值和最大值。见表4-3。

表 4-3　指标变量的统计描述

指标/单位	均值	标准差	最小值	最大值
65 岁及以上人口比例/%	9.52	1.08	8.10	11.40
总抚养比/%	36.46	1.62	34.20	39.20
15 岁以下人口比例/%	17.22	1.14	16.40	19.40
人口自然增长率/‰	5.08	0.31	4.79	5.86
人口密度/人/平方公里	141.09	2.34	138.00	145.00
农村卫生厕所普及率/%	70.82	8.34	57.00	81.80
SO_2 排放量/万吨	1 918.08	553.55	840.00	2 468.10
人均期望寿命/岁	74.87	1.74	71.00	76.70
婴儿死亡率/‰	10.94	3.04	6.80	15.30
5 岁以下儿童死亡率/‰	13.88	3.39	9.10	18.50
孕产妇死亡率/1/10 万	24.60	6.35	13.90	34.20
人口死亡率/‰	7.10	0.07	6.93	7.16
甲乙类法定报告传染病发病率/1/10 万	239.72	19.86	215.68	272.39
甲乙类法定报告传染病死亡率/1/10 万	1.17	0.14	0.94	1.42
每千人口卫生技术人员数/人	4.99	0.93	3.72	6.47
每千人口医疗卫生机构床位数/张	4.20	1.01	2.63	5.72
医院数/个	24 862.64	3 197.51	20 918.00	31 056.00
基层医疗卫生机构数/个	747 923.91	291 745.42	283 273.00	933 024.00
入院人数/万人	17 300.00	4 776.00	9 827.00	24 436.00
出院人数/万人	17 200.00	4 725.00	9 777.00	24 316.00
病床使用率/%	78.93	3.51	70.86	82.80
医师（医疗卫生机构）日均担负住院床日/天	1.75	0.22	1.32	2.00
医师（医疗卫生机构）日均担负诊疗人次/人次	7.93	0.55	7.00	8.60

表4-3(续)

指标/单位	均值	标准差	最小值	最大值
妇幼机构诊疗人数/万人次	19 800.00	5 359.00	12 108.00	28 370.00
门诊诊疗人数/万人次	633 000.00	178 000.00	284 282.00	818 311.00
财政支出分权	5.10	0.99	3.35	5.89
一般性转移支付/亿元	21 389.39	10 806.46	3 467.57	35 145.59
专项转移支付/亿元	18 180.55	4 088.70	9 541.09	22 761.72
财政自给率	0.56	0.03	0.53	0.61
财政补助收入占医疗卫生机构总收入比例/%	13.26	1.29	10.63	14.69
城镇化率/%	52.32	4.22	45.89	58.52
基本医疗保险年末参保人数/万人	55 818.29	25 462.20	22 311.10	117 681.40
基本医疗保险基金结余率/%	21.79	5.58	15.78	32.10
基尼系数	0.48	0.01	0.46	0.49
城市恩格尔系数/%	33.46	3.52	29.30	37.90
农村恩格尔系数/%	37.51	4.72	31.18	43.70
城镇人均医疗保健支出占消费性支出比重/%	6.73	0.36	6.15	7.27
农村人均医疗保健支出占消费性支出比重/%	8.26	1.10	6.52	9.66
社会医疗保障总额占卫生总费用比重/%	36.56	3.14	29.84	40.10
政策虚拟变量	0.82	0.40	0.00	1.00
民族因素/%	8.47	0.04	8.41	8.49
15岁及以上人口受教育程度/%	5.69	1.41	4.08	8.40
人均GDP/元	43 566.69	10 435.43	28 396.34	59 660.00
医疗卫生服务价格	114.76	8.40	108.01	130.54
政府卫生支出占卫生总费用比重/%	28.48	2.68	22.31	30.66

表4-3（续）

指标/单位	均值	标准差	最小值	最大值
失业率（城镇）/%	4.08	0.10	3.90	4.30
人均卫生总费用/元	2 360.83	847.38	1 213.07	3 783.83
政府卫生支出占 GDP 比重/%	1.52	0.29	0.96	1.87
政府卫生支出占财政支出比重/%	6.63	0.69	5.19	7.49
政府卫生支出年平均增长速度/%	15.78	0.82	14.17	16.91
卫生消费弹性系数	1.20	0.06	1.07	1.28

4.4 小结

本章节根据"卫生组织体系的开放性特点""卫生组织体系的内部和外部环境因素"等相关理论，通过个别的专家咨询和小范围的头脑风暴，最终拟定政府卫生支出风险维度框架，主要涵盖人口因素、环境因素、人群健康水平因素、卫生保健因素、制度因素、社会因素、政策因素、文化因素、经济因素9个条目；进而基于该维度框架，通过德尔菲专家咨询等方法，构建含有9个维度和51个指标的政府卫生支出风险因素指标体系，为后续政府卫生支出规模、结构和效率风险因素分析提供了相关依据。

5 政府卫生支出充足性
与可持续性风险分析

政府卫生支出规模是指政府为履行其职能，满足国民医疗卫生服务需求，在特定时期内，用于医疗卫生事业发展的财政资金总量。政府卫生支出（规模）的充足性和可持续性，是减少"因病致贫和因病返贫"、提高人群健康水平的重要保障；规模是政府卫生支出的基础，没有政府卫生支出规模的"充足性和可持续性"资金保障，必然制约政府卫生支出的结构组合状态，从而间接影响政府卫生支出卫生资源配置和健康产出效率。因此，本章节将对政府卫生支出的绝对规模和相对规模进行描述性分析，利用灰色预测模型对政府卫生支出可持续性和充足性进行风险分析，以规避"十三五"期间政府卫生筹资偏离既定目标，并寻找影响政府卫生支出规模的主要影响因素。

5.1 政府卫生支出规模分析

5.1.1 绝对规模分析

在不变价格水平下，政府卫生支出总额呈上升趋势，年平均增长速度波动较大。1997—2017 年政府卫生支出由 949.68 亿元增加到 15 205.87 亿元，增加了约 15 倍，1998—2017 年政府卫生支出年平均增长速度均值为 14.03%，以 2007 年为时间分界点，1998—2006

年，增速小于均值，在 11% ~ 12% 上下浮动；2007—2017 年，政府卫生支出增速变化相对平稳，呈缓慢下降趋势，增速达到均值 15.78%，并于 2009 年（新医改）达到增长峰值 16.91%。20 年间，人均政府卫生支出保持持续增长的发展趋势，实际值从 1997 年的 76.82 元上升到 2017 年的 1 093.88 元，增长约 13 倍。同时，人均政府卫生支出的年均增速与政府卫生支出变化趋势一致，均值为 13.18%，2009 年达到增速峰值 16.17%。

5.1.2　相对规模分析

通过查阅文献发现，虽然世界各国卫生体制和机制运行模式不同，但评价政府卫生支出相对规模的量化指标一致，通常使用政府卫生支出占卫生总费用比重、政府卫生支出占财政支出比重和政府卫生支出占 GDP 比重三个指标进行评价[84]。其中，政府卫生支出占卫生总费用比重，反映了政府对医疗卫生服务的支持力度和资金投入程度，体现了政府在医疗卫生领域的重要职能和作用。政府卫生支出占财政支出比重，是评价各级政府对医疗卫生服务工作支持力度的重要指标，体现了一定时期内，社会公共资源在医疗卫生服务方面的分配情况。而政府卫生支出占 GDP 比重，则反映出医疗卫生服务所享有的公共资源与社会经济产出之间的关系，是全社会对居民健康重视程度的体现。因此，本小节将围绕这三个指标展开描述性分析。

1. 政府卫生支出占卫生总费用比重分析

1997—2017 年政府卫生支出占卫生总费用比重呈缓慢增长趋势，由 1997 年的 16.38% 上升到 2017 年的 28.91%，并于 2000 年出现短暂回落，至 15.47%。同时，1997—2017 年个人卫生支出占卫生总费用的比重均值约为 45.07%，1996 年超过 50%，2001 年达到峰值

59.97%，"看病难、看病贵"和"因病致贫、因病返贫"等一系列社会问题随即产生。世界卫生组织在《2006—2010年西太区和东南亚地区卫生筹资策略分析》中明确指出，如个人现金卫生支出占卫生总费用比重超过50%，将造成医疗卫生服务利用和人群健康的绝对不公平[175]。因此，受国内现状和国际策略影响，2006—2017年政府卫生支出占卫生总费用比重开始逐渐回升，由2006年的18.07%增加到2011年的30.66%，后回落到2017年的28.91%，共增长10.84个百分点。

2. 政府卫生支出占财政支出比重分析

1997—2017年政府卫生支出占财政支出比重呈"先降后升"的增长趋势，由1997年的5.67%增加到2017年的7.49%，均值5.71%。1998—2017年财政支出年平均增长速度略大于政府卫生支出，均值为16.07%，但变化方向相反。其中，财政支出年均增速逐步下降，从1998年的17.99%下降到2017年13.29%，而政府卫生支出缓慢增长，由13.71%（1998）增加到14.87%（2017），增幅达8.46%。两者增速变化趋势，可分为1998—2003、2004—2007和2008—2017年三个阶段。1998—2003年，财政支出"先升后降"，且政府卫生支出"先降后升"，各降1.2个百分点；2004—2007年，政府卫生支出受2003年SARS事件影响，增速单边快速上升，而财政支出变化相对平稳；2008—2017年，财政支出与政府卫生支出增速变化趋于一致，呈平稳下降趋势，降幅分别为13.30%和3.78%。

3. 政府卫生支出占GDP比重分析

1997—2017年政府卫生支出占GDP比重经历了"先平稳、后快速"的增长变化，与财政政策调整一致，分税改革和支出责任分权是影响政府卫生支出占GDP比重的重要因素。政府卫生支出占GDP比重从1997年的0.66%增加到2017年的1.84%，增长1.18个百分点。随着政府收入增加和医疗保险制度完善，以2006年为增长转折点，政府卫生支出占 GDP 比重在 2006—2017 年迅速上升，2016 年达到峰值，为 1.87%。

4. 政府卫生支出对卫生总费用、财政支出和 GDP 的弹性变化分析

弹性系数，反映了政府卫生支出与卫生总费用、财政支出和 GDP 增长速度之间的关系。弹性系数大于 1，表示政府卫生支出增长速度快于卫生总费用、财政支出和 GDP 增长；弹性系数小于 1，表示政府卫生支出增长速度慢于卫生总费用、财政支出和 GDP 增长。一般情况下，弹性系数略大于 1，反映政府卫生支出与卫生总费用、财政支出和 GDP 之间基本保持适度增长[8]。1998—2017 年政府卫生支出对卫生总费用弹性分为两个阶段。1998—2002 年，受医疗卫生服务市场化改革和卫生服务需求刚性释放的影响，政府卫生支出增长速度低于卫生总费用；2003—2017 年，受 SARS、新医改、新农合等事件影响，这一时期政府卫生支出快速增长，超过卫生总费用增长速度，2011 年到达峰值，弹性系数为 1.44，之后增长趋势缓慢下降。1998—2017 年政府卫生支出对财政支出弹性变化呈缓慢平稳上升趋势，以 2007 年（医疗体制改革）为时间分界点。1998—2007 年，政府卫生支出增长速度低于财政支出，2008—2017 年，两者增速趋于一致，政府卫生支出略高于财政支出增长速度，两者比值在 1 和 1.12 间波动。1998—2017 年政府卫生支出一直保持不低于 GDP 的增长速度，但两者发展速度极不协调。1998—2006 年，受"分税制"影响，政府卫生支出对 GDP 弹性略有下降，大于 1.20；2007—2017 年，弹性曲线表现出"先快速上升、后平稳减缓"的发展变化，其中，2009 年政府卫生支出增长速度是 GDP 增长速度的 1.71 倍。

5.2　政府卫生支出充足性风险分析

国家卫生健康委卫生发展研究中心，根据"十三五"时期政府卫生支出需求测算指出，政府卫生支出在"十三五"期间保持费用充足性的标准，应包括两个方面：第一，2016—2020 年政府卫生支出增速应达到11.69%，不应低于公共财政支出增速；第二，2020 年政府卫生支出占 GDP 比重不应低于2%，且占卫生总费用比重不低于32%[176]。

本小节将使用上述结果作为政府卫生支出充足性风险阈值，进行相关预测研究。1997—2017 年政府卫生支出年平均增长速度均值为 14.02%，占 GDP 和卫生总费用比重均值分别为 1.15% 和 22.79%，经 GM（1，1）灰色预测（见表 5-1、图 5-1），结果显示，相关指标可以进行长期费用预测，具有较高模型拟合优度。2020 年政府卫生支出年平均增长速度为 18.21%（a 为 −0.02，相对误差为 7.74%），高于官方测算结果 11.69%，且高于公共财政支出增速 13.47%（a 为 0.02，相对误差为 4.49%）；同时，政府卫生支出占 GDP 比重高于 2%，占比达到 2.41%（a 为 −0.06，相对误差为 7.26%），且政府卫生支出占卫生总费用比重为 38.35%（a 为 −0.04，相对误差为 8.85%），不低于 32%。因此，可认为政府卫生支出暂不存在充足性风险。

5.3 政府卫生支出可持续性风险分析

2020 年是我国实现"全面小康社会"和建设"健康中国"的关键年，所以将其作为风险预测年，结合国际"全民健康覆盖"风险阈值设定，分析政府卫生支出可持续性风险。世界卫生组织在《亚太地区卫生筹资战略 2010—2015 年》中，明确指出广义政府卫生支出占 GDP 的比重为 5% 左右，更易实现全民健康覆盖[178]。

广义政府卫生支出，主要包括狭义政府卫生支出和社会保障卫生支出两部分。1997—2017 年狭义政府卫生支出（国内口径）与广义政府卫生支出（国际口径）的占比均值约为 47.95%，对"狭义政府卫生支出占广义政府卫生支出比重"进行 GM（1，1）灰色预测（见表 5-1、表 5-2），结果显示，发展系数 a 为 -0.02，可用于长期费用预测，平均模拟相对误差为 3.34%，模型预测精度高达96.66%。2020 年狭义政府卫生支出约占广义政府卫生支出的 60%，如保持该筹资结构不变，2020 年政府卫生支出占 GDP 的理想比重应达到 3%。1997—2017 年财政卫生支出占 GDP 比重均值为 19.60%，灰色预测 2020 年约为 28.66%（a 为 -0.03，相对误差为 3.89%），如财政支出占 GDP 比重保持在 25%～30%，则政府卫生支出占财政支出的比例应为 10%～12%，因此，可认为政府卫生支出占财政支出比重不超过 10%，政府卫生支出尚在可持续发展范围内，如超过10%，则即为风险警戒。对"政府卫生支出占财政支出比重"进行灰色预测，2020 年政府卫生支出约占财政支出的 8.40%（a 为 -0.03，相对误差为 7.31%），未超过 10%，可认为政府卫生支出仍在可持续发展范围内，尚未存在可持续性风险。

表 5-1 GM（1，1）灰色预测检验表

指标	发展系数 a	灰色作用量 b	平均模拟相对误差/%
政府卫生支出占财政支出比重	-0.03	3.86	7.31
政府卫生支出年平均增长速度	-0.02	10.99	7.74
财政支出年平均增长速度	0.02	19.80	4.49
政府卫生支出占 GDP 比重	-0.06	0.55	7.26
政府卫生支出占卫生总费用比重	-0.04	14.00	8.85
财政支出占 GDP 比重	-0.03	14.27	3.89
狭义政府卫生支出占广义政府卫生支出比重	-0.02	39.57	3.34

表 5-2 GM（1，1）灰色预测结果

指标	2018 年	2019 年	2020 年	2021 年	2022 年	2023 年	2024 年	2025 年
政府卫生支出占财政支出比重/%	7.87	8.13	8.40	8.68	8.97	9.26	9.57	9.88
政府卫生支出年平均增长速度/%	17.42	17.81	18.21	18.62	19.04	19.46	19.90	20.35
财政支出年平均增长速度/%	15.07	14.25	13.47	12.74	12.05	11.39	10.77	10.19
政府卫生支出占 GDP 比重/%	2.13	2.27	2.41	2.57	2.74	2.91	3.10	3.30
政府卫生支出占卫生总费用比重/%	35.22	36.75	38.35	40.02	41.76	43.58	45.47	47.45
财政支出占 GDP 比重/%	26.99	27.81	28.66	29.53	30.42	31.35	32.30	33.28
狭义政府卫生支出占广义政府卫生支出比重/%	58.38	59.45	60.54	61.65	62.78	63.93	65.10	66.29

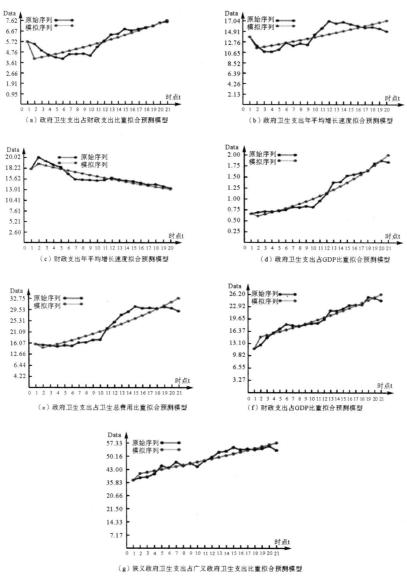

图 5-1 GM (1, 1) 拟合预测模型

5.4　政府卫生支出规模因素分析

5.4.1　影响因素确定

经过专家焦点访谈等方法，聘请 15 名专家从已建立的政府卫生支出因素指标体系中，筛选与政府卫生支出规模相关的影响因素，共 16 个指标。涉及人口因素、人群健康水平、卫生保健因素、制度因素、社会因素、文化因素、经济因素 7 个维度，被解释变量为政府卫生支出规模，使用人均政府卫生支出的实际值来衡量。详见表 5-3。

表 5-3　政府卫生支出规模影响因素

变量	变量分类	变量指标	变量代称
被解释变量	政府卫生支出规模	人均政府卫生支出（实际值）	num
解释变量	人口因素	65 岁及以上人口比例	old
		15 岁以下人口比例	fif
		人口自然增长率	grow
	人群健康水平	甲乙类法定报告传染病发病率	infec
	卫生保健因素	每千人口卫生技术人员数	perp
		每千人口医疗卫生机构床位数	perb
	制度因素	财政支出分权	fdec
		财政自给率	fself

表5-3(续)

变量	变量分类	变量指标	变量代称
解释变量	社会因素	城镇化率	urban
		城镇人均医疗保健支出占消费性支出比重	cper
		农村人均医疗保健支出占消费性支出比重	vper
	文化因素	15岁及以上人口受教育程度	edu
	经济因素	医疗卫生服务价格	price
		政府卫生支出占卫生总费用比重	gthe
		政府卫生支出占GDP比重	gGDP
		政府卫生支出占财政支出比重	gfin

5.4.2 指标相关性分析

由表5-4可知,某些自变量之间存在高度相关性,相关系数超过0.9。例如,城镇化率与65岁及以上人口比例、每千人口医疗卫生机构床位数的相关系数分别为0.989和0.998;农村人均医疗保健支出占消费性支出比重和每千人口医疗卫生机构床位数、每千人口卫生技术人员数、城镇化率、财政支出分权呈正相关关系,相关系数大于0.950,属高度相关。因此,为有效避免自变量间的多重共线性问题,选择偏最小二乘回归作为实证研究方法。

表 5-4 指标变量相关系数

	num	old	fif	grow	infec	perp	perb	fdec	fself	urban	cper	vper	edu	price	ghe	gGDP	gfin
num	1.000																
old	0.990	1.000															
fif	-0.733	-0.689	1.000														
grow	0.510	0.536	0.007	1.000													
infec	-0.932	-0.910	0.897	-0.368	1.000												
perp	0.994	0.997	-0.707	0.530	-0.924	1.000											
perb	0.994	0.991	-0.746	0.490	-0.938	0.997	1.000										
fdec	0.875	0.834	-0.933	0.198	-0.938	0.856	0.883	1.000									
fself	-0.567	-0.531	0.391	-0.100	0.457	-0.513	-0.528	-0.381	1.000								
urban	0.996	0.989	-0.772	0.479	-0.951	0.995	0.998	0.901	-0.526	1.000							
cper	0.112	0.171	0.537	0.587	0.201	0.126	0.072	-0.357	-0.292	0.045	1.000						
vper	0.955	0.938	-0.841	0.336	-0.942	0.951	0.965	0.965	-0.445	0.972	-0.138	1.000					
edu	-0.658	-0.631	0.963	0.057	0.847	-0.642	-0.680	-0.833	0.443	-0.703	0.521	-0.751	1.000				
price	-0.858	-0.819	0.934	-0.215	0.939	-0.843	-0.874	-0.992	0.339	-0.888	0.380	-0.947	0.839	1.000			
ghe	0.732	0.658	-0.947	-0.029	-0.843	0.685	0.733	0.920	-0.518	0.753	-0.481	0.829	-0.876	-0.914	1.000		
gGDP	0.969	0.932	-0.824	0.363	-0.941	0.944	0.960	0.921	-0.644	0.967	-0.038	0.955	-0.746	-0.903	0.864	1.000	
gfin	0.949	0.915	-0.841	0.333	-0.930	0.923	0.943	0.922	-0.659	0.951	-0.062	0.948	-0.780	-0.906	0.882	0.988	1.000

5.4.3 实证结果分析

表 5-5 为潜在因子对自变量（x）和因变量（y）的方差解释比例，政府卫生支出规模影响因素的偏最小二乘回归模型提取 t_1、t_2、t_3、t_4 和 t_5，共 5 个潜在因子，用于综合解释变量变异信息。从结果来看，它们能够解释自变量（x）98.60% 的信息、解释因变量（y）100.00% 的信息，其中，t_1 具有很好信息提取效果，其可以解释因变量（y）94.50% 的信息，对自变量（x）的信息利用率为 74.70%。t_1 和 t_2 累积解释因变量（y）和自变量（x）信息的 99.40% 和 90.50%。

表 5-5　潜在因子已解释的方差比例

潜在因子	X 方差	累积 X 方差	Y 方差	累积 Y 方差（R^2）	调整后 R^2
t_1	0.747	0.747	0.945	0.945	0.939
t_2	0.158	0.905	0.049	0.994	0.992
t_3	0.030	0.935	0.004	0.997	0.996
t_4	0.047	0.982	0.001	0.998	0.997
t_5	0.004	0.986	0.001	1.000	0.999

表 5-6 为潜在因子的系数估计和变量投影重要性分析，因变量关于自变量的偏最小二乘回归结果为

$$num = -370.914 + 39.467\ old - 6.423\ fif - 1.389\ grow - 2.883\ infec + 49.180\ perp + 32.076\ perb + 14.912\ fdec - 442.528\ fself + 9.512\ urban + 53.404\ cper + 16.200\ vper + 19.224\ edu + 0.127\ price - 1.194\ gthe + 153.397\ gGDP - 4.637\ gfin \qquad (5-1)$$

其中，15 岁以下人口比例、人口自然增长率、甲乙类法定报告传染病发病率与人均政府卫生支出呈负相关关系，且系数偏小，说

明人口年龄结构对政府卫生支出影响显著，同时我国医疗卫生服务更具有治疗性，而相对缺少预防保健。而其他自变量（x）与因变量（y）的参数估计均为正值，即自变量越大，人均政府卫生支出（实际值）越大。例如，65 岁及以上人口比例与人均政府卫生支出呈正相关关系，系数为 39.467。

VIP（variable importance in the projection）值大于 1，其在解释因变量时作用相对越大。在 t_1、t_2、t_3、t_4 和 t_5 潜在因子情况下，65 岁及以上人口比例、甲乙类法定报告传染病发病率、每千人口卫生技术人员数、每千人口医疗卫生机构床位数、财政支出分权、城镇化率、农村人均医疗保健支出占消费性支出比重、医疗卫生服务价格、政府卫生支出占 GDP 比重和政府卫生支出占财政支出比重的自变量数值均大于 1，对政府卫生支出规模解释能力相对较强。如从潜在因子 t_1 进行分析，按自变量大于 1、且对因变量的解释重要性进行排序，排名前 10 的自变量依次是城镇化率（1.192）、每千人口医疗卫生机构床位数（1.190）、每千人口卫生技术人员数（1.189）、65 岁及以上人口比例（1.185）、政府卫生支出占 GDP 比重（1.160）、农村人均医疗保健支出占消费性支出比重（1.143）、政府卫生支出占财政支出比重（1.136）、甲乙类法定报告传染病发病率（1.116）、财政支出分权（1.046）和医疗卫生服务价格（1.027）。因此，如果要实现政府卫生支出规模适度增长，保证费用的充足性和可持续性，应重视上述 10 个自变量因素，尤其从提高人均医疗卫生资源配置、改革财政分权制度、制定合理的预防保健策略等方面进行政策调整。

表 5-6 系数估计和变量重要性

自变量	因变量	变量投影重要性				
x	y（num）	t_1	t_2	t_3	t_4	t_5
常数	-370.914	—	—	—	—	—
old	39.467	1.185	1.173	1.172	1.172	1.171
fif	-6.423	0.878	0.894	0.893	0.893	0.892
grow	-1.389	0.610	0.711	0.722	0.729	0.729
infec	-2.883	1.116	1.088	1.086	1.085	1.090
perp	49.180	1.189	1.175	1.174	1.174	1.173
perb	32.076	1.190	1.169	1.168	1.168	1.167
fdec	14.912	1.046	1.025	1.024	1.024	1.023
fself	-442.528	0.678	0.666	0.672	0.674	0.673
urban	9.512	1.192	1.170	1.168	1.168	1.167
cper	53.404	0.134	0.551	0.550	0.550	0.550
vper	16.200	1.143	1.115	1.115	1.115	1.115
edu	19.224	0.788	0.821	0.826	0.827	0.827
price	0.127	1.027	1.008	1.006	1.006	1.007
gthe	-1.194	0.876	0.888	0.887	0.887	0.887
gGDP	153.397	1.160	1.133	1.131	1.130	1.131
gfin	-4.637	1.136	1.108	1.107	1.106	1.107

5.5 小结

本章节对政府卫生支出充足性与可持续性风险进行分析，发现政府卫生支出总额呈上升趋势，年平均增长速度波动较大。1997—

2017年政府卫生支出占卫生总费用比重由16.38%上升到28.91%，增长幅度为43.34%。政府卫生支出占财政支出比重由5.67%增加到7.49%，均值为5.71%。政府卫生支出占GDP比重从0.66%增加到1.84%，增长1.18个百分点。灰色预测结果显示，2020年政府卫生支出规模尚不存在充足性和可持续风险；规模影响因素实证结果显示，甲乙类法定报告传染病发病率和政府卫生支出占财政支出比重对自变量解释因变量的重要性较高，且呈负相关关系，可有效抑制政府卫生支出规模的不合理增长。

6 政府卫生支出结构风险分析

世界卫生组织研究发现，在其他条件不变的情况下，个人卫生支出占卫生总费用的比重越高，越容易发生灾难性卫生支出。个人卫生支出占卫生总费用的比重每增加 1 个单位，发生灾难性卫生支出的可能性将增加 2.2 个单位[161]，降低个人卫生支出比重是减轻居民医疗卫生经济负担的必然途径，而"因病致贫和因病返贫"风险主要由政府卫生支出承担，个人卫生支出与政府卫生支出之间存在必然联系。这种联系是否存在长期均衡因果关系，如果存在，个人卫生支出受政府卫生支出哪个组成部分的影响较大，该部分是否自身存在风险，如果存在风险，必将间接造成灾难性卫生支出的发生，应如何进行防控。因此，本书首先使用协整检验和格兰杰因果检验来判别政府卫生支出与个人卫生支出、医疗卫生服务支出与个人卫生支出、医疗保障支出分别与个人卫生支出之间的均衡因果关系，进而利用系统动力学对政府卫生支出中影响个人卫生支出的组成部分（医疗保障支出）进行风险分析，并提出防控策略。

6.1 政府卫生支出与个人卫生支出均衡因果分析

6.1.1 协整检验

1. 时序变化和单位根检验

为了消除异方差，对两个变量分别取对数值；设 PHE 表示个人卫生支出占卫生总费用的比例，GHE 表示政府卫生支出占卫生总费用的比例。如图 6-1 所示，Ln GHE 和 Ln PHE 具有相同增长趋势，趋势变动比较一致。在 5% 和 1% 的显著水平上，均表现出不平稳，经一阶差分后，采用 ADF 单位根检验，两个变量的时间序列为平稳序列，可能存在协整关系。检验结果见表 6-1。

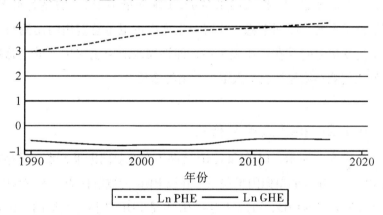

图 6-1　Ln GHE 和 Ln PHE 时序变化

表 6-1　Ln GHE 和 Ln PHE 单位根检验

变量	ADF 统计量	临界值 （5%）	临界值 （1%）	结论
Ln PHE	−3.488	−4.380	−3.600	不平稳
Ln GHE	−2.583	−3.750	−3.000	不平稳

表6-1(续)

变量	ADF 统计量	临界值 （5%）	临界值 （1%）	结论
△Ln PHE	-4.378	-3.736	-2.994	平稳
△Ln GHE	-9.506	-3.742	-2.970	平稳

2. EG 两步法

EG 两步法，常被用于两个变量的协整检验，包括 OLS 回归和残差稳定性检验两个步骤。首先，使用 OLS 回归估计 GHE 和 PHE 的协整参数向量，通过估计得到 GHE = 0.238 - 0.482 PHE，其中，GHE 对 PHE 的弹性为-0.482，符合经济理论和实际情况。从长期来看，GHE 每增加一个百分点，PHE 将减少 0.482 个百分点。然后，检验残差值稳定性，检验结果显示，t 统计量小于 5% 的显著水平，有统计学意义，序列平稳。政府卫生支出占卫生总费用的比例与个人卫生支出之间存在负相关关系，即提高政府卫生支出占卫生总费用的比例能够明显抑制个人卫生支出的增长。

6.1.2　格兰杰因果检验

如表 6-2 所示，PHE 和 GHE 之间不存在双向因果关系，只存在从 PHE 到 GHE 的单向因果关系。在以 PHE 为被解释变量的方程中，$\chi^2 = 1.539$，$P > 0.05$，可以认为 GHE 不是 PHE 的格兰杰原因；而在 GHE 作为被解释变量的方程中，$\chi^2 = 9.644$，$P < 0.05$，可以认为 PHE 是 GHE 的格兰杰原因，即个人卫生支出的减少，是政府卫生支出占卫生总费用的比例增加的格兰杰原因。

表 6-2　格兰杰因果检验

Equation	Excluded	Chi2	df	Prob>Chi2
个人	政府	1.539	2	0.463
个人	All	1.539	2	0.463
政府	个人	9.645	2	0.008
政府	All	9.645	2	0.008

6.1.3　小结

通过上述理论验证，个人卫生支出和政府卫生支出占卫生总费用的比例之间，存在长期平稳的单向负因果关系。个人卫生支出的减少，是政府卫生支出占卫生总费用的比例增加的格兰杰原因。即提高政府卫生支出占卫生总费用的比例能够明显抑制个人卫生支出增长。政府卫生支出占卫生总费用的比例每增加 1 个百分点，个人卫生支出将减少 0.482 个百分点，同时，反映出政府卫生支出资金使用效率低，可能存在规模和结构配比问题。

6.2　政府医疗医保支出与个人卫生支出均衡因果分析

通过上述论述，发现个人卫生支出和政府卫生支出占卫生总费用的比例之间，存在长期平稳的单向因果关系，本节进一步研究政府卫生支出各组成部分与个人卫生支出之间的关系。

目前，政府卫生支出主要分为医疗卫生服务支出、医疗保障支出、行政管理事务支出、人口与计划生育事务支出四个部分，其中，2017 年医疗卫生支出和医疗保障支出占比共为 89.20%。因此，本节选取了医疗卫生服务支出占政府卫生支出的比例（2017 年占政府卫生支出 43.10%）、医疗保健支出占政府卫生支出的比例（2017 年占政府卫生支出 46.10%），以及个人卫生支出三个指标进行检验分析。

6.2.1 协整检验

1. 时序变化和单位根检验

设 PHE 表示个人卫生支出占政府卫生支出的比例，YHE 表示医疗卫生服务支出占政府卫生支出的比例，BHE 表示医疗保健支出占政府卫生支出的比例。为了消除异方差，对三个变量分别取对数值。如图 6-2 所示，Ln BHE 和 Ln PHE 具有相同增长趋势，趋势变动比较一致。Ln YHE、Ln BHE 和 Ln PHE 在 5% 和 1% 的显著水平上，均表现出不平稳，经一阶差分后，采用 ADF 单位根检验，三个变量的时间序列均为平稳序列，可能存在协整关系。见表 6-3。

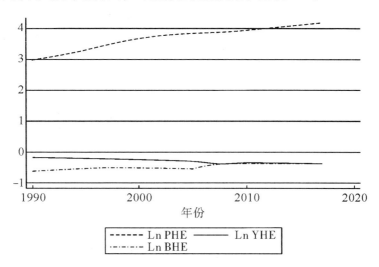

图 6-2　Ln YHE、Ln BHE 和 Ln PHE 时序变化

表6-3 Ln YHE、Ln BHE 和 Ln PHE 单位根检验结果

变量	ADF 统计量	临界值（5%）	临界值（1%）	结论
Ln PHE	-3.488	-4.380	-3.600	不平稳
LnYHE	-8.821	-3.750	-3.000	不平稳
LnBHE	-9.123	-3.750	-3.000	不平稳
△Ln PHE	-4.378	-3.736	-2.994	平稳
△Ln YHE	-2.415	-4.380	-3.600	平稳
△Ln BHE	-2.148	-4.380	-3.600	平稳

2. 协整秩检验

如表6-4所示，含有常数项和时间趋势项的协整秩迹检验结果表明，有两个线性无关的协整向量；同时，最大特征值检验显示，可以在5%的显著水平下，拒绝"协整秩为0"的原假设，但无法拒绝"协整秩为2"的原假设。同时，协整滞后阶数为1阶，见表6-5。

表6-4 协整秩检验

rank	parms	LL	eigenvalue	Trace		max	
				statistic	5% critical value	statistic	5% critical value
0	15	212.548	–	37.789	34.550	19.329	23.780
1	20	222.212	0.525	18.460	18.170	15.817	16.870
2	23	230.121	0.456	2.643 *	3.740	2.643	3.740
3	24	231.443	0.097	–	–	–	–

表6-5 协整滞后阶数

lag	LL	LR	df	p	PFE	AIC	HQIC	SBIC
0	98.095	–	–	–	7.3e-08	-7.925	-7.886	-7.777
1	203.652	211.110 *	9	0.000	2.3e-11 *	-15.971 *	-15.815 *	-15.382 *
2	211.617	15.930	9	0.068	2.7e-11	-15.885	-15.611	-14.854
3	217.717	12.199	9	0.202	3.8e-11	-15.643	-15.252	-14.171
4	225.543	15.653	9	0.074	5.3e-11	-15.545	-15.037	-13.631

3. 误差修正与协整方程

由表6-6误差修正模型结果可知，三个变量 P 值均小于5%的显著水平，同时，各差分项的结果表明，变量 Ln BHE 和 Ln YHE 联合决定了 Ln PHE 的变动方向和幅度。而在协整检验（见表6-7）中，变量 Ln YHE 与 Ln PHE 协整，P 为 0.267，大于5%，未通过显著性检验。变量 Ln BHE 与 Ln PHE 协整，P 小于5%的显著水平，两者之间存在长期均衡关系，根据表6-8中信息，可将 Ln BHE 与 Ln PHE 协整方程写为：Ln BHE = -0.744 Ln PHE - 3.674，其中，BHE 对 PHE 的弹性为 -0.744，符合经济理论和实际情况。见表6-7和表6-8。

表6-6 误差修正模型结果

Equation	parms	RMSE	R-sq	chi2	P>chi2
医疗	4	0.018	0.391	14.122	0.007
个人	4	0.021	0.850	124.644	0.000
医保	4	0.024	0.322	10.453	0.033
个人	4	0.019	0.876	155.717	0.000

表6-7 协整方程显著性检验

Equation	Parms	chi2	p>chi2
医疗	1	1.234	0.267
医保	1	26.075	0.000

表6-8 协整方程（Ln BHE）

beta	Coef.	Std. Err.	Z	P>|Z|	95% Conf. Interval	
医保	1	–	–	–	–	–
个人	0.744	0.146	-5.110	0.000	-1.029	-0.458
cons	3.674	–	–	–	–	–

4. 诊断性检验

表6-9残差自相关检验结果显示，可以接受 Ln BHE 和 Ln PHE "无自相关"的原假设，同时残差正态性检验，拒绝了在5%的显著水平上，Ln BHE、Ln PHE 与残差项服从正态分布的原假设。VECM 系统稳定判别图（见图6-3）显示，伴随矩阵的所有特征值均落在单位圆内，故是平稳过程。所以 Ln BHE 和 Ln PHE 存在长期均衡关系。

表6-9　残差自相关检验

lag	chi2	df	Prob>chi2
1	2.315	4	0.678
2	2.858	4	0.582

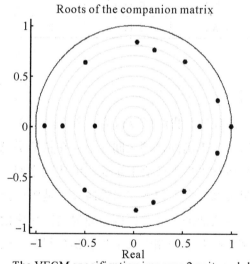

图6-3　VECM 系统稳定性判别

6.2.2 格兰杰因果检验

如表 6-10 所示，BHE 和 PHE 之间不存在双向因果关系，只存在从 PHE 到 BHE 的单向因果关系，在以 PHE 为被解释变量的方程中，$\chi^2 = 4.210$，$P > 0.05$，可以认为 BHE 不是 PHE 的格兰杰原因。而在 BHE 作为被解释变量的方程中，$\chi^2 = 7.866$，$P < 0.05$，可以认为 PHE 是 BHE 的格兰杰原因，即个人卫生支出的减少，是医疗保健支出占政府卫生支出比例增加的格兰杰原因。

表 6-10 格兰杰因果检验

Equation	Excluded	Chi2	df	Prob>Chi2
个人	医保	4.205	2	0.122
个人	All	4.205	2	0.122
医保	个人	7.866	2	0.020
医保	All	7.866	2	0.020

6.2.3 小结

通过上述理论验证，我们可以认为，个人卫生支出和医疗卫生服务支出占政府卫生支出的比例之间，不存在长期平稳关系。个人卫生支出和医疗保健支出占政府卫生支出的比例之间，存在长期平稳的单向负因果关系。个人卫生支出的减少，是医疗保健支出占政府卫生支出的比例增加的格兰杰原因，即提高医疗保健支出占政府卫生支出的比例能够明显抑制个人卫生支出的增长。医疗保健支出占政府卫生支出的比例每增加 1 个百分点，个人卫生支出将减少 0.744 个百分点。同时，反映出政府卫生支出对个人卫生支出的影响主要通过医疗保健支出体现，而当前，我国医保基金利用效率较低，尚未有效缓解个人卫生支出快速增长的问题。

6.3 医疗保障支出风险分析

通过上述论证，我们发现医疗保障支出与个人卫生支出之间存在长期均衡单向负因果关系。如果医疗保障支出自身存在风险，则会减弱其规避"因病致贫和因病返贫"风险的能力，因此，本书进一步利用系统动力学模型对医疗保障支出进行风险分析。

目前，我国医疗保险主要包括城镇职工医疗保险、居民医疗保险、补充医疗保险、企业职工医疗保险和其他社会医疗保险补助等，其中，居民医疗保险的医保受益覆盖面最广，最具代表性。由于全国医疗保障相关数据不可得，本书采用潍坊市居民医疗保障支出的相关数据，进行风险分析。

6.3.1 城乡居民医保基金描述性分析

6.3.1.1 城乡居民医保基金收支分析

1. 2015 年城乡居民医保基金收支分析

2015 年潍坊市城乡居民医保筹资分为两档，一档个人筹资水平为 110 元，缴费人口占比为 86.01%，二档个人筹资水平为 200 元，缴费人口占比为 13.99%。通过分档补偿情况来看，仅有昌乐县的一档筹资出现超支，其他县（市、区）都未出现一档超支现象。但二档超支现象比较普遍。城乡居民医保基金总体未出现超支的县市仅有峡山区、青州市和高密市，其他县（市、区）二档参保人群，不仅用完了自己的筹资总额，而且用完了一档筹资总额，出现基金超支现象。见表 6-11。

表 6-11　2015 年各县（市、区）各档次基金余额

单位：万元

各县市区	一档	二档	合计
潍城区	3 232	−3 985	−753
寒亭区	1 871	−3 247	−1 375
坊子区	1 492	−2 987	−1 495
奎文区	1 733	−4 246	−2 513
临朐县	3 655	−4 380	−725
昌乐县	−1 128	−3 168	−4 297
滨海区	222	−935	−713
高新区	1 344	−1 456	−112
峡山区	1 899	−1 744	155
经济区	20	−818	−799
青州市	2 545	−223	311
诸城市	5 711	−6 114	−404
寿光市	1 846	−5 089	−3 243
安丘市	1 552	−4 237	−2 685
高密市	6 132	−5 267	866
昌邑市	3 303	−4 145	−842
合计	35 429	−52 041	−18 624

根据全市 2015 年费用收支情况，若按据实结算全年应支出 344 577.11 万元，与筹资总额 326 348.27 万元相比，存在18 228.84 万元的缺口，人均应支出 528.56 元与人均筹资额 500.54 元相比，存在人均 28.02 元的缺口，详见表 6-12。从各县（市、区）情况来看，居民医保人均筹资与支出差值比较，除峡山区、青州市和高密市，其他地区均存在人均支出缺口，奎文区、滨海区和昌乐县差值

最大，分别为−243.73 元，−137.66 元和−90.59 元，见表 6−12、图6−4。

表 6−12 2015 年居民医保全年收支情况

单位：元

名称	人均筹资额	人均支出	差额
潍城区	510.87	561.59	−50.72
寒亭区	514.00	576.67	−62.67
坊子区	518.24	589.56	−71.32
奎文区	518.28	762.01	−243.73
临朐县	497.08	501.79	−4.71
昌乐县	494.02	584.61	−90.59
滨海区	512.73	650.39	−137.66
高新区	512.32	543.45	−31.13
峡山区	507.08	503.05	4.03
经济区	512.24	600.76	−88.52
青州市	495.58	488.92	6.66
诸城市	500.89	501.72	−0.83
寿光市	495.40	531.24	−35.84
安丘市	493.28	525.80	−32.52
高密市	496.49	491.22	5.27
昌邑市	514.08	527.52	−13.44
合计	500.54	528.56	−28.02

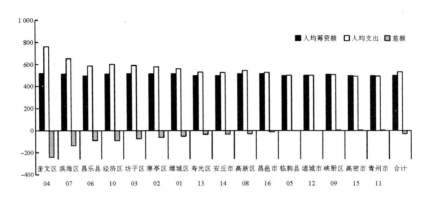

图 6-4　2015 年居民医保人均筹资与支出差值比较

2. 2016 年城乡居民医保基金收支分析

根据分析 2015 年和 2016 年基金支付的情况来看，2016 年的基金超支情况更为严重。16 个县市区的一档均为结余，而二档均为超支，并且总体基金的超支都因二档参保居民的卫生服务利用，造成二档的筹资严重不足，见表 6-13。

表 6-13　2016 年各县市区各档次基金余额

单位：万元

县市区	一档	二档	合计
奎文区	1 312.5	-4 348.7	-3 036.2
潍城区	2 382.5	-5 686.2	-3 303.7
坊子区	1 179.1	-4 148.4	-2 969.3
寒亭区	1 354.6	-4 604.4	-3 249.8
高新区	1 226.9	-1 980.3	-753.3
滨海区	748.4	-1 522.1	-773.7
经济区	447.8	-1 202.2	-754.4
峡山区	1 641.7	-2 767.7	-1 126.1
青州市	2 328.2	-7 206.2	-4 878.0
诸城市	5 397.2	-11 406.9	-6 009.7

表6-13(续)

县市区	一档	二档	合计
高密市	8 424.8	−9 414.7	−989.9
寿光市	579.5	−13 091.8	−12 512.2
安丘市	1 006.4	−9 807.7	−8 801.3
昌邑市	3 191.9	−5 853.6	−2 661.7
昌乐县	720.1	−7 098.4	−6 378.3
临朐县	3 183.2	−11 739.8	−8 556.6
合计	35 124.8	−101 879.1	−66 754.2

根据全市 2016 年度费用发生情况，若按据实结算全年支出 420 273.26 万元，较 2015 年应支金额 344 577.11 万元，增加 75 696.15 万元，增幅为 22%。而全市筹资总额较 2015 年的 326 348.27 万元增加 50 631 万元，增幅为 15.5%。支出增长幅度远大于收入的增长幅度。

2016 年应支出与筹资总额 376 979.2 万元，相比 2015 年存在 43 294.06 万元的缺口，基金缺口是 2015 年 18 228.84 万元的 2.4 倍，支出缺口扩大了 25 065.22 万元。人均应支出 643.29 元与人均筹资额 577.02 元相比，存在人均 66.27 元的缺口，而 2015 年人均资金缺口仅为 28.02 元，人均资金缺口增长 38.25 元。因此 2016 年收支情况与 2015 年相比，形式更加严峻，压力更大。通过对 2015—2016 年潍坊市城乡居民医保基金筹资情况分析，可以认为其存在超支现象。

6.3.1.2 城乡居民医保个人筹资分析

2015—2017 年，潍坊市人均 GDP 增长率、城镇和农村居民可支配收入和人均消费支出增长率呈逐年下降趋势。但一二档城乡居民医保基金的筹资增长速度却均高于人均 GDP 增长速度。从表 6-14

可以看出，2016 年一档筹资年增长率是同期 GDP 增速的 2.27 倍，2017 年为 2.08 倍，2018 年增高到 3.08 倍；2016—2018 年，二档筹资年增长率是同期 GDP 增速的 2.50 倍、2.25 倍和 1.65 倍。平均筹资水平是整合一二档的缴费总额与总参保人员的均值。2016—2018年，平均筹资水平增速与农村居民可支配收入增速比值，分别为 3.29、3.05 和 1.97，三年比值均值为 2.77；而与城镇居民可支配收入增速比值相对更高，分别为 3.65、3.01 和 2.05，三年比值均值为 2.90。其中，2016—2018 年，一档筹资年度增长率与农村可支配收入增速比值，分别为 1.98、1.90 和 2.41；二档筹资年度增长率与城镇可支配收入增速比值，分别为 2.41、2.03 和 1.34。如果筹资增速长期持续，势必会影响居民个人筹资积极性，间接影响总体医保筹资能力，带来筹资不足风险。

表 6-14 2016—2018 年城乡居民医保筹资增长率变化情况

单位:%

年份	一档增速/人均 GDP 增速	一档增速/农村可支配收入增速	二档增速/人均 GDP 增速	二档增速/城镇可支配收入增速	平均筹资水平增速/农村可支配收入增速	平均筹资水平增速/城镇可支配收入增速
2016	2.27	1.98	2.50	2.41	3.29	3.65
2017	2.08	1.90	2.25	2.03	3.05	3.01
2018	3.08	2.41	1.65	1.34	1.97	2.05
均值	2.48	2.10	2.13	1.93	2.77	2.90

6.3.1.3 城乡居民医保政府筹资分析

城乡居民基本医疗保险制度的筹资性质是居民自愿参保，政府给予财政补助。2015—2017 年城乡居民收入支出情况见表 6-15。表 6-16 分析了成乡居民医保筹资增速与经济发展的情况。从表 6-16 可以看出，2015 年，一档个人筹资标准为 110 元，二档筹资标准为

200 元，财政补助为每人每年 360 元，政府补助占总筹资额度的75.92%。2016 年，一档个人筹资标准为 130 元，二档筹资标准为240 元，政府补助额度进一步提高，由 360 元增加到 420 元，增长16.67%，人均筹资总额为 577.02 元，较 2015 年增长 15.21%。从筹资数额来看，政府补助标准虽逐年增加，但筹资占比呈下降趋势，由 75.92%（2015）下降为 72.80%（2016），且有继续下降趋势。见图 6-5。

表 6-15　2015—2017 年城乡居民收入支出情况

年份	人均 GDP		城镇居民可支配收入		城镇居民人均消费支出		农村居民可支配收入		农村居民人均消费支出	
	数值/元	增长率/%	数值/元	增长率/%	数值/元	增长率/%	数值/元	增长率/%	数值/元	增长率/%
2015	55 824	8.00	31 060	8.30	19 325	10.50	14 890	9.20	9 099	12.40
2016	59 275	7.40	33 609	8.20	20 976	8.50	16 098	8.10	10 027	10.20
2017	62 592	6.50	36 286	8.00	22 582	7.70	17 434	8.30	11 125	10.90

表 6-16　2016—2018 年城乡居民医保筹资增速与经济发展比较分析

年份	一档		二档		人均政府筹资			人均个人筹资	
	数值/元	增长率/%	数值/元	增长率/%	数值/元	增长率/%	筹资占比	数值/元	增长率/%
2015	110	—	200	---	360	—	75.92	120.54	—
2016	130	18.18	240	20.00	420	16.67	72.80	157.02	30.26
2017	150	15.38	280	16.67	450	7.14	69.70	195.76	24.67
2018	180	20.00	310	10.71	490	8.89	68.30	227.82	16.38

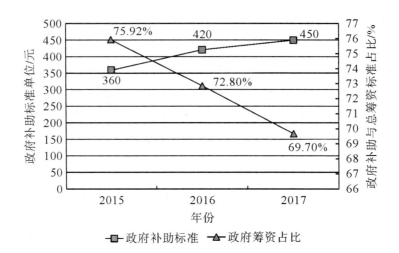

图 6-5 政府筹资变化情况

如图 6-6 所示，2016—2018 年个人平均筹资增长速度为
30.26%、24.67% 和 20.00%，而政府补助增长率却仅为 16.67%、
7.14% 和 8.89%，低于一档、二档和人均筹资变化情况。在医疗费
用和住院人次增长率不断提高的情况下，政府补助过缓增长，势必
影响城乡居民医疗保险基金的筹资总额，造成个人较大支付压力。
政府应承担居民医保筹资的"底限责任"，在筹资额度和筹资水平逐
年提高的基础上，确保筹资总额比例不降低，以保证城乡居民医保
基金的筹资充足性。

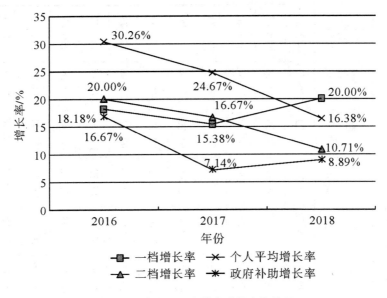

图 6-6　个人、政府筹资增长变化情况

6.3.1.4　城乡居民医保医疗服务受益率分析

1. 住院服务受益率分析

潍坊市城乡居民医保对医疗服务的基金补偿支出，主要包括门诊补偿支出和住院补偿支出，2015 年居民医保共支出 344 577.11 万元，其中住院支出 285 710.3 万元，占支出总额的 82.9%。住院补偿支出影响着医疗保险基金的总体平衡，对其受益率进行分析极其必要。2015 年居民住院服务利用受益率见表 6-17。

表 6-17　2015 年居民住院服务利用受益率

序号	区域	一档							二档				一档总次数	二档总次数	两档平均次数
		一级	二级	三级	域外		一级	二级	三级	域外				
1	奎文区	7.22	8.15	23.02	0.72		34.00	40.65	145.78	9.75		38.39	220.43	143.37
2	潍城区	32.08	15.41	26.87	0.80		62.82	34.06	118.72	6.05		74.36	215.59	128.73
3	坊子区	39.83	62.03	13.59	0.33		69.55	100.94	65.05	7.39		115.45	235.54	164.40
4	寒亭区	29.04	31.34	22.87	0.28		52.65	52.75	89.31	5.60		83.24	194.70	121.78
5	高新区	28.46	10.32	22.42	0.96		66.80	43.46	112.74	5.89		61.20	223.00	133.90
6	滨海区	6.12	64.02	22.23	4.16		34.00	87.80	73.05	43.12		92.37	194.85	130.50
7	经济区	54.78	16.33	27.11	0.00		52.60	20.84	90.52	11.53		98.22	163.96	121.78
8	峡山区	44.06	54.12	14.25	0.55		77.80	96.36	67.99	15.72		112.43	242.15	137.37
9	青州市	31.44	44.97	40.05	4.85		26.91	66.20	93.98	97.12		116.47	187.09	120.83
10	诸城市	56.07	62.50	3.84	4.60		106.22	158.50	20.10	91.24		122.41	284.83	142.13
11	高密市	47.46	49.75	7.55	5.28		134.65	158.85	44.16	160.66		104.76	337.65	121.55

表6-17（续）

序号	区域	一档				二档				一档总次数	二档总次数	两档平均次数
		一级	二级	三级	域外	一级	二级	三级	域外			
12	寿光市	38.14	79.94	9.31	1.52	91.57	191.70	42.69	140.23	127.39	325.97	139.21
13	安丘市	51.37	73.51	8.29	2.91	116.34	282.98	86.46	154.96	133.18	485.78	146.11
14	昌邑市	34.25	55.22	13.97	2.25	47.16	82.92	56.23	23.50	103.45	186.31	125.69
15	昌乐县	81.73	91.89	11.79	2.99	137.84	274.86	82.06	175.36	185.41	494.76	199.54
16	临朐县	56.61	55.80	16.66	3.38	74.12	133.94	74.45	85.58	129.08	282.52	141.19
	均值	46.79	60.19	14.89	3.16	70.25	101.21	77.27	52.33	121.87	248.73	139.49

注：住院服务利用受益率＝住院次数／参保人数；一档总次数、二档总次数和两档平均次数均未包含域外就医；一、二、三级医院的住院服务利用（单位）为每千人次；域外（单位）为每万人次。

2015 年，一档参保居民在一级的住院人次数均值为 46.79 人次，而二档居民在一级医疗机构住院次数的均值为 70.25 人次，差异较大。经 t 检验（$t=-3.451$，$P=0.000\,8$），差异具有统计学意义，二档的一级医疗机构住院利用率明显高于一档居民的住院服务利用率。并且二档二级医院与一档二级住院的住院服务利用比较（$t=-3.095$，$P=0.002\,1$），二档三级医院与一档三级医院的住院服务利用比较（$t=-7.521$，$P=0.000\,0$），一档和二档参保居民的每千人住院服务利用总次数、差异均有统计学意义。上述数据说明，由于"一制两档"政策红利，二档参保居民的卫生服务利用率明显高于一档居民。同时，在 2015 年居民医保筹资中，除峡山区、青州市和高密市，其他县市二档参保人群均存在基金超支现象。由此可见，随着医疗服务收益率提高，二档比一档，在住院服务方面，更易发生医保基金支付风险。

2. 门诊服务受益率分析

为扩大城乡居民医保覆盖面，提高居民参保积极性，城乡居民医保遵循"以收定支，略有结余"的基金支付原则。由于门诊服务利用量较大，基金一般将普通门诊补偿纳入报销之中，用以提高医疗服务的医保受益率。

从表 6-18、表 6-19 和表 6-20 可知，2015—2017 年，门诊利用总体平稳，门诊收益率逐渐上升，从 195.00%（2015）增加到 223.80%（2017）。虽然人次数和补偿费用均有所升高，但门诊利用补偿占比逐年降低，由 8.40%（2015）下降到 8.00%（2016）和 6.80%（2017）。由于门诊能够有效解决居民日常基本医疗卫生服务需求，且诊疗费用较低，对医保基金支付过快增长具有较好抑制作用，门诊补偿费用不升反降，说明居民对门诊利用率有所降低，而对其他卫生服务利用提高，会导致医保基金支付结构失调，形成医保基金支付过快增长风险。

表 6-18 普通门诊利用补偿情况（1）

年份	居民签约补偿人次/万人次	村级医疗机构		乡镇卫生院社会服务机构	
		人次/万人次	普通门诊占比/%	人次/万人次	普通门诊占比/%
2015	1 271.23	915.61	72.00	355.62	28.00
2016	1 494.31	1 033.40	69.20	460.91	30.60
2017	1 468.50	992.90	67.20	475.60	32.40

表 6-19 普通门诊利用补偿情况（2）

门诊总受益率/%	门诊费用总额/万元	次均费用/元	补偿总额/万元	次均补偿费用/元	实际补偿比例/%	占总补偿费用比例/%
195.00	57 189.32	44.99	28 861.71	22.70	50.50	8.40
228.70	67 073.11	44.89	33 781.49	22.61	50.40	8.00
223.80	66 329.50	45.17	32 553.90	22.17	49.10	6.80

表 6-20 一般诊疗费使用情况

年份	一般诊疗人次/万人次	村级		乡镇卫生院	
		人次/万人次	占普通门诊比例/%	人次/万人次	占普通门诊比例/%
2015	1 028.13	827.77	80.90	200.36	19.50
2016	1 250.98	959.17	76.70	291.81	23.30
2017	1 215.20	919.60	75.70	295.6	24.30

在基层医疗机构门诊利用行为中，虽然村卫生室和乡镇卫生院的门诊服务总量逐年增加，但村卫生室的服务占比和补偿费用占比均呈下降趋势。村级卫生室的普通门诊人次占比从 72.00%（2015）降低到 67.20%（2017）；一般诊疗费占比亦存在大幅失调，从

80.90%（2015）降低到 75.70%（2017）。这种卫生服务利用和补偿费用的失调，是基层卫生机构功能逐渐弱化的体现，必将对医疗卫生体系的有序发展造成冲击，给医保基金支付带来更多不确定性风险。

6.3.2 城乡居民医保超支风险分析

6.3.2.1 城乡居民医保系统动力学模型构建

1. 明确建模目的

构建城乡居民基本医疗保险基金年度运行模型，主要用于分析城乡居民基本医疗保险运行机制，预测未来城乡居民医保基金是否存在超支风险。

2. 系统边界划定

基于城乡居民基本医疗保险实际运行机制，结合博弈均衡理论和专家焦点访谈意见，根据城乡居民医保基本利益相关者划定系统边界。基本利益相关者主要包括政府、参保居民、医疗服务提供者和医保政策管理者。其中，政府是医保政策实施的主要推动者，为医保基金收支平衡系统的建立划定了基本研究范围；参保居民包括农村居民和城镇居民，参保居民受益是城乡医保政策得以发展的基本前提；同时，医疗服务提供者和医保政策管理者是医保制度得以有效运行的关键。

3. 变量指标筛选

通过文献复习归纳法，收集与医疗保障支出相关的所有指标，通过专家咨询法和焦点访谈法，按照文献参考性、指标可得性和合理性得分进行排序筛选，经两轮筛选后，共选取 117 个指标作为模型变量，变量、单位及函数关系如附录的表 A 所示。同时，根据系统动力学变量分类法，将变量分为状态变量、速率变量、辅助变量和常量四大类。

4. 各变量间因果结构与流图

基于 2015 年潍坊市城乡居民医保实际运行情况，依据系统动力学主体关联分析，确定城乡居民医保基金支出各变量间关系如下。

（1）城乡居民医保基金筹资因果结构与流图

地区人口总数→参保总人数→一档参保比例→一档参保人数→一档筹资水平→一档筹资总额；地区人口总数→参保总人数→二挡参保比例→二档参保人数→二档筹资水平→二档筹资总额；一档筹资总额→二挡筹资总额→医保基金筹资总额；医保基金筹资总额→其他收入→医保基金收入总额（见图 6-7）。

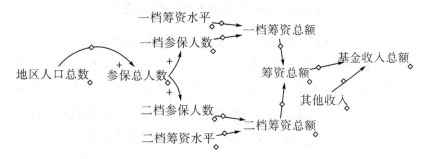

图 6-7　城乡居民医保基金筹资流图

（2）城乡居民医保基金门诊支出因果结构与流图

一档次均门诊费用→一档人均门诊次数→一档参保人数→门诊补偿比例→一档门诊补偿总额；二档次均门诊费用→二档人均门诊次数→二档参保人数→门诊补偿比例→二档门诊补偿总额；一档门诊补偿总额→二档门诊补偿总额→门诊补偿总额（见图 6-8）。

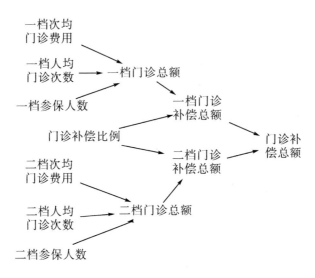

图 6-8　城乡居民医保基金门诊支出流图

（3）城乡居民医保基金住院支出因果结构与流图

一级医疗机构住院次均费用→一级医疗机构住院次数→一级医疗机构住院费用总额→一级医疗机构住院补偿比例→一级医疗机构基金补偿总额；二级医疗机构住院次均费用→二级医疗机构住院次数→二级医疗机构住院费用总额→二级医疗机构住院补偿比例→二级医疗机构基金补偿总额；三级医疗机构住院次均费用→三级医疗机构住院次数→三级医疗机构住院费用总额→三级医疗机构住院补偿比例→三级医疗机构基金补偿总额；一级医疗机构基金补偿总额→二级医疗机构基金补偿总额→三级医疗机构基金补偿总额→域外就医补偿总额→大病医保补偿总额→基金年度支出总额（见图 6-9）。

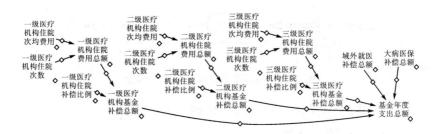

图 6-9 城乡居民医保基金住院支出流图

5. 各变量间的系统动力学模型

（1）人口模型

人口模型是城乡居民基本医疗保险制度的基础，是系统中各变量的基础变量。常住人口数与出生率、死亡率的逻辑关系如图 6-10 所示。

常住人口数=上年人口数+出生人口-死亡人口；出生人口数=常住人口数×出生率；死亡人口数=死亡人口数×死亡率

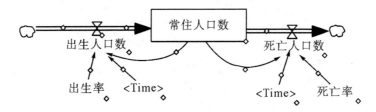

图 6-10 城乡居民医保参保总人口测算模型

（2）总体收支平衡模型

以潍坊市城乡居民基本医疗保险基金结余、基金筹资和基金支出为参数，计算并构建基金收支平衡模型，其逻辑关系如图 6-11 所示。

图 6-11　城乡居民医保基金结余模型

基金结余＝上年基金结余＋基金筹资－基金支出

（3）保险筹资模型

参合人数，作为影响医疗保险基金筹资总额的主要因素，其自身受到医保筹资政策、补助标准和参保比例等作用和影响。城乡居民医保的筹资来源包括个人筹资和政府补助两个途径。各变量逻辑关系如图 6-12 所示。

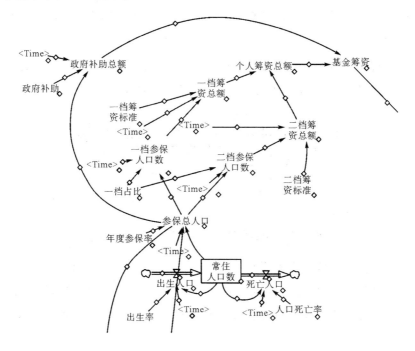

图 6-12　城乡居民医保筹资测算模型

基金筹资＝政府补助总额+个人筹资总额；政府补助总额＝参保总人数×政府年度补助标准；个人筹资总额＝一档筹资总额+二档筹资总额；一档筹资总额＝一档参保总人数×一档筹资标准；二档筹资总额＝二档参保总人数×二档筹资标准；一档参保总人数＝参保总人口×一档占比；二档参保总人数＝参保总人口×（1-一档占比）；参保总人口＝常住人口数×年度城乡居民参保比例

（4）门诊补偿支出模型

城乡居民基本医疗保险基金的支出主要包括门诊支出和住院支出。其中，门诊补偿又包括普通门诊补偿和门诊特殊慢性病补偿两部分。影响门诊支出的主要因素有人均门诊利用次数、次均门诊费用和门诊补偿比例等。

普通门诊补偿支出模型。由于不同级别医疗机构，门诊费用差异较大，因此，对各层级医疗机构的门诊支出进行详细因素分析极其必要，尤其是村卫生室和乡镇卫生院。其中，模型使用每参保人利用次数和次均门诊费用作为系统初始参数。普通门诊补偿支出逻辑见图6-13。

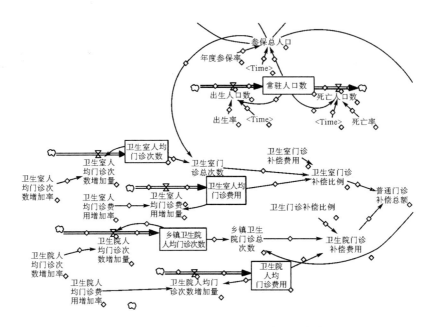

图 6-13　城乡居民医保普通门诊补偿支出

　　门诊特殊慢性病补偿支出模型。根据城乡居民医保门诊特殊慢性病的费用支出情况，本书将门诊特殊慢性病补偿分为三级医疗机构补偿。一级医疗机构补偿逻辑关系如图 6-14 所示，其他层级与其相同。

　　门诊慢病补偿总额＝一级补偿支出＋二级补偿支出＋三级补偿支出；一级补偿支出＝一级发生费用×门诊慢病补偿比例；一级发生费用＝一级慢病次均费用×一级慢病人次数；一级慢病次均费用＝上年一级慢病次均费用×次均费用增加率；一级慢病人次数＝上年一级慢病人次数×人次增加率

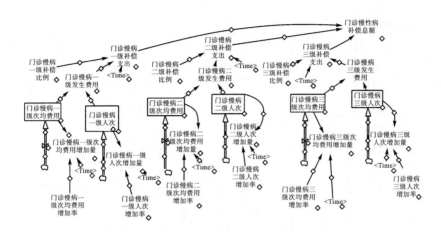

图6-14 城乡居民医保门诊特殊慢性病补偿支出

（5）住院补偿支出模型

住院补偿支出包括一级及以下医疗机构住院补偿支出、二级医疗机构住院补偿支出、三级医疗机构住院补偿支出和域外就医补偿支出。从居民医保运行情况来看，影响各级医疗机构住院补偿的主要因素包括人均住院次数、次均住院费用和各级医疗机构补偿比例等。一级住院补偿支出各变量逻辑关系如图6-15所示，二级、三级与其相同。

住院补偿总额＝一级补偿支出+二级补偿支出+三级补偿支出；一级补偿支出＝一级发生费用×一级补偿比例；一级次均费用＝上年一级次均费用×次均费用增加率；一级人次数＝上年一级人次数×人次增加率

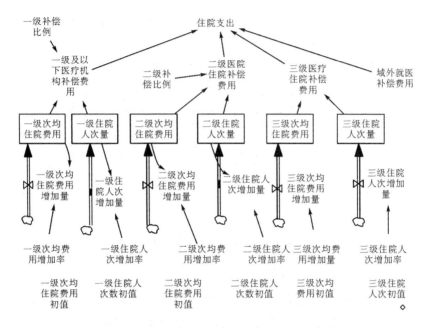

图 6-15　城乡居民医保住院补偿支出

（6）域外就医补偿支出和大病补偿支出模型

城乡居民医保城外就医和大病补偿支出的逻辑关系如图 6-16 所示。从潍坊市域外就医金额来看，其值较为固定，分析原因如下：一方面，潍坊市医疗机构医疗服务已经达到省内较高水平，部分疑难杂症无需域外就医即可解决；另一方面，潍坊市居民医保的域外就医大部分为流动参保人员的医疗服务补偿费用，外地就医人员的补偿比例较低。

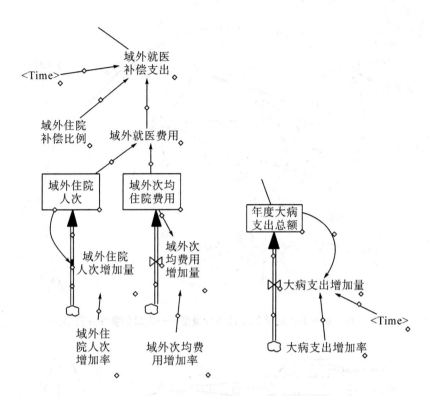

图 6-16　城乡居民医保域外就医和大病补偿支出

6. 城乡居民医保基金运行系统动力学模型

图 6-17~图 6-20 为城乡居民医保基金运行各组成部分的最终系统动力学模型。

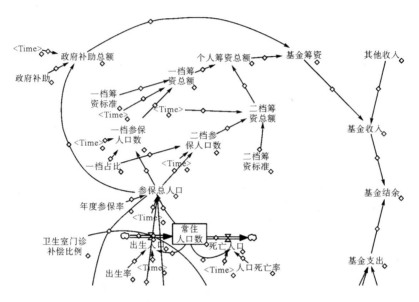

图 6-17 城乡居民医保系统动力学模型——人口和参保筹资部分

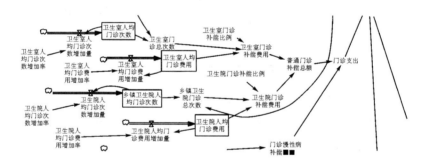

图 6-18 城乡居民医保系统动力学模型——普通门诊补偿支出部分

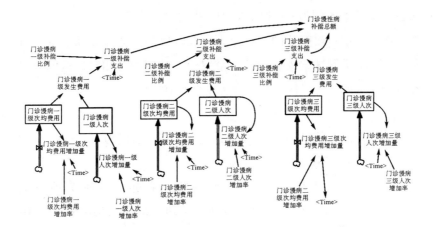

图 6-19　城乡居民医保系统动力学模型——门诊特殊慢性病补偿支出部分

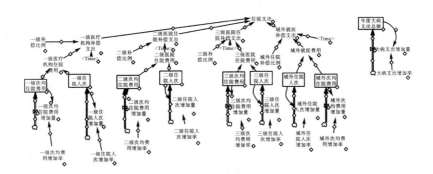

图 6-20　城乡居民医保系统动力学模型——住院补偿支出部分

7. 模型检验

为了对模型有用性和实用性进行检验，本书使用直观、运行、历史和灵敏度检验方法。通过对系统结构图、因果结构图、流图和变量表达式等进一步分析，发现存在合理性。量纲检验结果显示"Unites are OK"，说明各等式方程两边量纲一致。同时，模型运行，并未出现病态结果，与事实相符。通过模型仿真，发现测试变量仿真结果与实际系统数值基本相符，例如，2017 年系统预测个人筹资应为 13.010 亿元，实际筹资为 12.846 亿元，2017 年一级医疗机构住院费用补偿比例为 69.40%，实际补偿比例为 70.30%；灵敏度测试，设定参数：政府补助、参保人口和政府补助总额，随机统一分布，信度范围测试结果显示，该系统动力学模型有相对较低的政策和行为灵敏度，可以认为其具有实用性和有用性。

6.3.2.2 医保基金超支风险系统动力学仿真模拟

1. 居民医保基金参保人数预测

2015—2018 年居民医保参保率较为稳定，分别为 0.703，0.698，0.699 和 0.700，利用灰色预测可知，2019—2020 年为 0.701 和 0.702。根据常住人数和参保比例，可以预测 2018—2020 年参保人数分别为 667.3 万人，676.1 万人和 685.5 万人。以上数据见表 6-21 和表 6-22。

表 6-21　年度参保率

	2015 年	2016 年	2017 年	2018 年	2019 年	2020 年
参保率	0.703	0.698	0.699	0.700	0.701	0.702

表 6-22　参保人数预测

	2015 年	2016 年	2017 年	2018 年	2019 年	2020 年
参保总人口/万人	651.9	653.3	656.2	667.3	676.1	685.5

2. 居民医保筹资预测

在预设筹资标准和一档、二档参保比例的前提下（表 6-21），预测 2017—2020 年，居民医保筹资总额为 42.54 亿元、47.94 亿元、52.88 亿元和 58.92 亿元，金额在 2019 年出现波动，其他年份呈逐年平缓上升趋势。个人筹资和政府补助筹资趋势与基金总额度变化相似，均在 2019 年有所波动。2019—2020 年，个人筹资和政府补助总额，将分别达到 17.04 亿元和 35.83 亿元，19.16 亿元和 39.76 亿元。2016 年，预测参保个人筹资应为 10.34 亿元，实际个人筹资为 10.26 亿元；2017 年，预测个人筹资应为 13.01 亿元，实际筹资为 12.846 亿元。因此，个人筹资预测值和实际值相比，差值不大，系统预测水平呈现平稳状态。见图 6-21 和表 6-23。

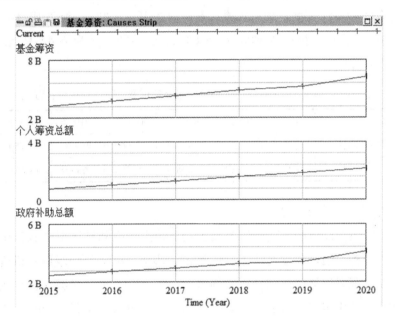

图 6-21　筹资趋势分析

表 6-23　筹资金额预测

单位：亿元

	2015 年	2016 年	2017 年	2018 年	2019 年	2020 年
基金筹资	32.63	37.78	42.54	47.94	52.88	58.92
个人筹资	7.86	10.34	13.01	15.23	17.04	19.16
政府补助	24.77	27.44	29.53	32.70	35.83	39.76

3. 基金支出预测

（1）门诊支出预测

2018—2020 年，普通门诊补偿费用递增，分别为 42 660 万元、49 130 万元和 56 750 万元。系统将 2018—2020 年次均费用增减率预设为 -0.02，门诊慢病补偿比例为 60%，到 2020 年门诊慢病补偿费用将到 43 651 万元。如果年增长率控制在 10%~20%，到 2019 年门诊慢病的补偿费用将增高到 5.83 亿元，2020 年为 6.42 亿元。见表 6-24。

表 6-24　门诊补偿金额预测　　　　　单位：万元

	2015 年	2016 年	2017 年	2018 年	2019 年	2020 年
普通门诊	28 767	32 546	36 990	42 660	49 130	56 750
门诊慢病	9 171	18 805	22 963	30 725	36 609	43 651

（2）住院支出预测

一级医疗机构住院补偿主要包括乡镇卫生院和社区卫生服务中心等机构。通过变量预设法，分析发现 2015—2016 年一级医疗机构住院实际费用补偿比例稳定在 60%~70%；2015 年一级医疗机构次均住院费用年度增加量为 5.4%，住院总次数年度增加量为 19%；系统预测 2019—2020 年一级医疗机构补偿支出分别达到 11.94 亿元和 15.05 亿元，居民医保基金补偿重点在二级医疗机构住院总人次和费用补偿。

将 2015 年二级医疗机构次均住院费用 6 892.85 元作为系统初始参数。预测 2019—2020 年二级医疗机构基金补偿支出分别达到 27.92 亿元和 32.74 亿元；对二级医疗机构中住院人次数年增长率调试发现，年增长率为 10%，2020 年二级医疗机构基金补偿费用将降低到 27.38 亿元。而当年增长率为 5%，2020 年二级医疗机构基金补偿费用将降低到 21.7 亿元。

三级医疗机构住院人次从 155 972 人次（2015）增加到 186 798 人次（2016），增长 19.76%，而次均住院费用从 13 324.63 元（2015）增加到 13 676.71 元（2016），增长 2.64%。2015—2020 年三级医院住院补偿费用发展呈现快速上升趋势，2019—2020 年三级医院住院补偿支出分别为 19.92 亿元和 24.49 亿元；同时，如住院人次数年增长率为 10%，2019 年三级医院住院补偿支出为 14.18 亿元，如年增长率为 5%，住院补偿支出为 11.77 亿元。

域外住院费用在整个医保支出中的占比较小。通过预测，2019—2020 年域外住院补偿比例分别为 0.422 和 0.433，域外就医补偿支出为 15 368 万元和 18 635 万元，而域外住院费用为 6 485.296 万元和 8 068.955 万元。见表 6-25、图 6-22 和表 6-26。

表 6-25　住院补偿金额预测

单位：亿元

		2015 年	2016 年	2017 年	2018 年	2019 年	2020 年
一级医疗机构		50.94	77.40	79.86	97.27	11.94	15.05
二级医疗机构		14.76	17.31	20.30	23.81	27.92	32.74
	5%	14.76	15.94	17.22	18.60	20.09	21.70
	10%	14.76	16.70	18.90	21.39	24.20	27.38
三级医疗机构		87.29	10.72	13.18	16.21	19.92	24.49
	5%	87.29	94.07	10.13	10.92	11.77	12.69
	10%	87.29	98.55	11.12	12.56	14.18	16.01
域外就医		6.67	8.41	10.46	12.67	15.37	18.64

注：5%表示住院人次数年增长率 5%；10%表示住院人次数年增长率 10%。

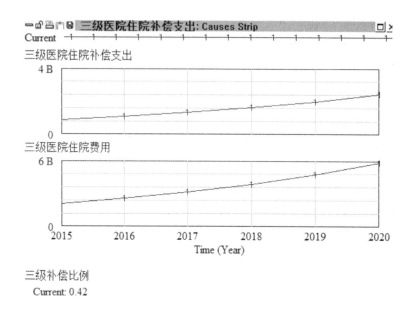

图 6-22   三级医院住院费用补偿趋势预测

表 6-26   域外住院补偿比例

	2015 年	2016 年	2017 年	2018 年	2019 年	2020 年
域外住院补偿比例	0.357	0.381	0.401	0.411	0.422	0.433

4. 基金结余预测

居民医保基金的年度结余来自基金收入和基金支出的差值。基金收入主要来自居民医保筹资和政府补助筹资两部分，还有部分社会捐助和上年度累积结余等。根据潍坊市医保基金 2015—2017 年度运行情况来看，每年都出现了超支现象，并且超支呈逐年递增趋势。如果按照潍坊市 2015—2016 年居民医保筹资与支出情况，模拟预测 2017—2020 年居民医保基金的收支运行情况，可以看出基金筹资和支出呈不断上升趋势，基金年度结余均为负值，每年基金均在赤字下运行，并且 2018—2020 年赤字增加幅度更加迅速。2015 年基金超支 2.53 亿元，2019—2020 年分别增加到 18.16 亿元和 23.86 亿元。如果长期持续，居民医保基金会面临较大超支风险。如图 6-23 和表 6-27 所示。

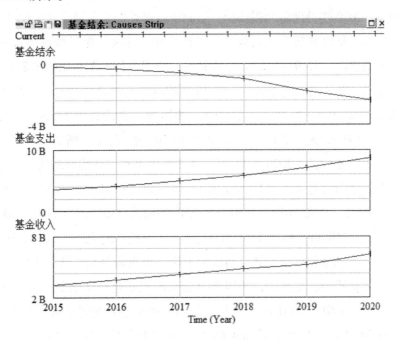

图 6-23　基金结余图

表 6-27　基金结余预测　　　　　单位：亿元

	2015 年	2016 年	2017 年	2018 年	2019 年	2020 年
基金结余	-2.53	-3.74	-6.34	-9.88	-18.16	-23.86

6.3.2.3　医保基金超支风险干预

本小节使用不同的政策参数对模型进行动态模拟，了解其调整后的作用和结果，并对作用和结果进行政策分析，从而有效调整政策作用靶点，为保证医疗保险基金的收支平衡提供政策建议。

1. 政府承担医保基金超支失衡风险

按照潍坊市 2015—2016 年居民医保政府补助，模拟预测 2017—2020 年居民医保基金的政府补助情况，可以看出政府补助逐年增加，2018—2020 年补助将大幅增加。如利用政府补助作为调整基金杠杆，按照相应年份变动参保人数、一二档比例、各级医保机构费用水平和报销比例，2019—2020 年政府补助应分别为每人 719 元和 828 元，才能保证基金的收支平衡，且 2019 年出现基金结余。政府补助具体如表 6-28 和 6-29 所示。如 2019—2020 年，政府补助为 600 元/人（一档 200 元/人、二档 340 元/人）和 700 元/人（一档 220 元/人、二档 380 元/人），2020 年在 15 个县市区中将有 3 个县出现基金年度结余，分别为寿光市（1.16 亿元）、昌邑市（1.04 亿元）和昌乐县（0.79 亿元）。如 2019—2020 年，政府补助为 530 元/人（一档 200 元/人、二档 340 元/人）和 580 元/人（一档 220 元/人、二档 380 元/人），基金年度结余缺口明显大于第一种政府补助方式（600 元/人和 700 元/人）。其中，2019 年高密市出现基金年度结余，为 4.06 亿元，且 2020 年峡山区、青州市和高密市分别出现基金年度结余，为 0.38 亿元、0.09 亿元和 4.69 亿元。结果表明，政府单方面医疗保障支出并不能从根本上规避医保基金超支风险。

表 6-28　政府补助预测

单位：元/人

	2015 年	2016 年	2017 年	2018 年	2019 年	2020 年
政府补助	380	420	450	490	719	828

表 6-29　基金结余预测

单位：元

	2015 年	2016 年	2017 年	2018 年	2019 年	2020 年
基金结余	−183.13M	−456.95M	−499.62M	−904.26M	335.87	−687.10

注：M 表示百万。

2. 政府和个人共同承担医保基金超支失衡风险

基金超支失衡由多方面原因造成，其中过度支出是其主要原因，在 2015—2017 年居民医保基金运行过程中，基金出现超支赤字均由医疗机构垫付资金，以保证医保制度顺利实施。但随着年度医保基金赤字增大，单由医疗机构来担负医保基金的超支赤字会影响医疗机构的正常运行，基金超支赤字应由政府和个人共同予以合理分担。按照相应年份变动的参保人数、一二档比例、各级医保机构费用水平和报销比例，2018—2020 年，政府人均补助为 490 元/人、550 元/人和 600 元/人，个人一档缴费为 180 元/人、230 元/人和 280 元/人，二档缴费 310 元/人、360 元/人和 410 元/人，才可保障医保基金年度虽赤字运行，但居民医保基金能够持续发展。基金结余见表 6-30 和表 6-31。但如果分别将二级和三级医疗机构的补偿比例下调 10%，二级实际补偿比例为 50%，三级实际补偿比例为 30%。如果统一缴费标准为 2019 年 340 元，2020 年 380 元，那么仅仅在 2019 年的结余为 10.24 亿元，2020 年赤字为 0.43 亿元；如果统一个人筹资标准 2019 年为 260 元，2020 年为 300 元，政府补助 2019 年为 530 元，2020 年为 580 元，那么在 2019 年的赤字为 4.37 亿元，2020 年的赤字为 5.91 亿元。在个人筹资适度增加和政府补助平稳增长的情况下，基金赤字将实现稳定。

表 6-30　基金结余（赤字）

单位：亿元

	2015 年	2016 年	2017 年	2018 年	2019 年	2020 年
基金结余	-1.83	-4.56	-4.99	-9.04	-9.64	-12.28

表 6-31　基金结余（赤字）

单位：亿元

	2015 年	2016 年	2017 年	2018 年	2019 年	2020 年
补偿 1	-1.83	-4.56	-4.99	-9.04	1.04	-0.43
补偿 2	-1.83	-4.56	-4.99	-9.04	-4.37	-5.91

3. 控制门诊慢病的就诊次数增长率和大病医保就诊人次增长率

由表 6-32 可知，在提高筹资水平的同时，如果按照 2015—2016 年的实际变化幅度来实施医保基金运行，到 2019—2020 年，奎文区基金赤字将分别到达 26.81 亿元和 48.30 亿元，会导致基金运行"不堪重负"，影响社会稳定。因此，需对城乡医保基金运行实施有效干预，规避基金超支失衡风险。目前，影响城乡居民医保基金收支平衡的主要因素有门诊慢病就诊次数增长率和大病医保就诊人次增长率。其中，2015—2016 年门诊慢病就诊次数增长率和大病医保就诊人次增长率分别增长 85% 和 60%，两者协同作用，使医保基金出现严重超支赤字。如果将大病医保的年度增长率控制在 30% 以下，将门诊慢病人次数控制在 20% 以下，2019—2020 年医保基金的收支赤字将分别为 7.49 亿元和 9.55 亿元。如果将两者均控制在 10% 以内，医保基金收支赤字会被控制在 5 亿元以内，其中，2019 年为 3.86 亿元，2020 年为 4.05 亿元。如果将大病医保的年度增长率和域外住院补偿人次控制在 5% 以内，三级医疗机构年度住院人次控制在 1% 以内，门诊慢病年度增长率控制在 5% 以内，到 2020 年会有

0.38 亿元基金结余出现。

表 6-32　各类参数对基金年度结余预测

地区名称	2019年 政府530 一档200 二挡340 一档占比/%	2020年 政府580 一档220 二挡380	增长率/%													基金年度结余/亿元	
			卫生室门诊		卫生院门诊		门诊慢病		一级医疗机构		二级医疗机构		三级医疗机构		大病医保	2019年	2020年
			人次	次均费用	人次	次均费用	人次	次均费用	人次	次均费用	人次	次均费用	人次	次均费用			
奎文区	55.70	51.00	10	-10	10	-1	85	5	10	5.4	5	2.86	5	2.64	60	-26.81	-48.30
潍城区	55.70	51.00	10	-10	10	-1	60	5	10	5.4	5	2.86	5	2.64	60	-20.59	-33.93
坊子区	55.70	51.00	10	-10	10	-1	30	5	10	5.4	5	2.86	5	2.64	40	-10.49	-14.59
寒亭区	55.70	51.00	10	-10	10	-1	20	5	10	5.4	5	2.86	5	2.64	30	-7.49	-9.55
高新区	55.70	51.00	10	-10	10	-1	10	5	10	5.4	5	2.86	5	2.64	10	-3.86	-4.05
滨海区	55.70	51.00	10	-10	10	-1	10	5	10	5.4	5	2.86	5	2.64	10	-3.57	-3.62
经济区	55.70	51.00	10	-10	10	-1	5	5	10	5.4	5	2.86	5	2.64	5	-2.76	-2.50
峡山区	55.70	51.00	10	-10	10	-1	5	5	10	5.4	5	2.86	1	2.64	5	-0.66	0.38
青州市	55.70	51.00	20	-10	10	-1	30	5	20	5.4	3	2.86	15	2.64	15	-3.75	-4.28
诸城市	55.70	51.00	20	-10	10	-1	30	5	20	5.4	5	2.86	15	2.64	15	-0.50	0.09
高密市	0.00	0.00	20	-10	20	-1	30	5	20	5.4	5	2.86	15	2.64	15	4.06	4.69
寿光市	0.00	0.00	20	-10	20	-1	30	5	20	5.4	3	2.86	3	2.64	15	-0.20	-1.09
安丘市	0.00	0.00	20	-10	20	-1	30	5	20	5.4	5	2.86	15	2.64	15	-1.64	-3.67
昌邑市	0.00	0.00	20	-10	20	-1	40	5	20	5.4	5	2.86	15	2.64	15	-2.83	-5.21
昌乐县	0.00	0.00	20	-10	20	-1	40	5	20	5.4	5	2.86	20	2.64	20	-3.51	-6.21

4. 适当降低住院补偿比例、控制住院费用过快增长趋势

居民医保基金支付的范围分为普通门诊统筹、门诊慢性病、住院补偿、域外就诊补偿和大病补偿等，根据 2015—2017 年居民医保基金的支付分配比例，2015 年居民医保基金共支出 34.46 亿元，其中住院支出为 28.57 亿元，占总支出的 82.9%；2016 年居民医保基金共支出 42.03 亿元（年增加 21.97%），住院支出为 33.59 亿元（年增加 17.57%），占总支出的 79.9%；2017 年居民医保总支出为 47.95 亿元（年增加 14.00%），住院支出为 38.71 亿元（年增加 15.24%），占总支出的 80.7%。总体来看，居民医保基金支出大部分流向居民住院补偿，居民医保基金是否能够维持收支平衡，主要由住院补偿基金决定。潍坊市居民医保的住院补偿主要利用住院总额定额支付方式来控制住院费用过快增长，但从实际情况来看，控制效果甚微。

居民医保住院补偿政策规定，2015 年一档缴费人群的一、二、三级医疗机构住院补偿比例分别为 80%、70% 和 60%，二档缴费人群的一、二、三级医疗机构住院补偿比例分别为 90%、80% 和 70%。在 2015 年居民医保运行发生严重基金超支后，2016 年通过调低三级医疗机构补偿比例的 5% 来控制住院医疗费用增长。其中，一档缴费人群的一、二、三级医疗机构的住院补偿比例为 85%、70% 和 55%，二档缴费人群的一、二、三级医疗机构的住院补偿比例为 90%、80% 和 65%。同时，2017 年一级医疗机构政策内补偿比例为 79.2%，实际补偿比例为 69.4%；二级医疗机构的政策内补偿比例为 64.8%，实际补偿比例为 51.8%；三级医疗机构的政策内补偿比例为 58.1%，实际补偿比例为 43.9%。由此预算，2019—2020 年基金赤字风险加大，分别为 12.77 亿元和 17.00 亿元。如果分别将二级和三级医疗机构补偿比例下调 10%，二级实际补偿比例为 50%，三级实际补偿比例为 30%，则 2019—2020 年医保基金超支赤字分别为 4.90 亿元和 7.32 亿元，较调整之前大有改观，是参保居民、医疗机构和医保管理部门均能接受的赤字水平。

5. 改革"一制多档"为"一制一档"缴费方式

居民医保参保实行一个筹资标准，实现平等缴费。在两档缴费下，二档虽然缴费相对较高，但补偿比例较一档均高出 10 个百分点，加重了医保基金支出总量；同时，二档缴费的居民在辖区内任意医疗机构就诊无需转诊，影响分级诊疗建立，因此，居民医保"一制多档"变为"一制一档"有其必要性。如果不分档，提高个人缴费和政府补助标准，2019—2020 年人均个人筹资分别增长为

260 元和 300 元，政府每人补助标准分别为 600 元和 700 元。测算结果，2019—2020 年基金超支分别为 7.46 亿元和 7.38 亿元；如保持政府财政补助增长趋势不变，2019—2020 年分别为 530 元和 580 元，居民医保基金超支赤字将为 12.24 亿元和 15.60 亿元。见表 6-33。

表 6-33　基金结余　　　　　　　　　单位：亿元

	2015 年	2016 年	2017 年	2018 年	2019 年	2020 年
补偿 1	-1.83	-4.56	-4.99	-9.04	-0.74	-7.37
补偿 2	-1.83	-4.56	-4.99	-9.04	-12.24	-15.60

6. 推进和实施分级诊疗制度

通过动态模拟预测发现，如果保持一、二、三级医疗机构的次均费用自然增长，分级诊疗制度能有效调整患者的住院流向；如果个人筹资采取统一标准，不分档次，2019—2020 年个人筹资分别为 260 元和 300 元，政府补助为 530 元和 580 元，一、二、三级医疗机构实际补偿比例保持 70%、60% 和 40% 不变，一、二、三级住院人次增长率为 20%、15% 和 10%，2019—2020 年基金超支赤字将分别为 12.24 亿元和 14.62 亿元。如果将卫生院和村卫生室的门诊人次增长率增加到 30%，一级住院人次提高到 20%，二级年均增长率降低 5%，三级年均增长率降低 5%，2019 年基金超支赤字约为 8.59 亿元，2020 年减少为 6.07 亿元，见表 6-34。结果表明，实施分级诊疗效果显著，可有效降低居民医保基金支付风险。

表 6-34　基金结余

单位：亿元

	2015 年	2016 年	2017 年	2018 年	2019 年	2020 年
补偿 1	-1.83	-4.56	-4.99	-9.04	-12.24	-14.62
补偿 2	-1.83	-4.84	-5.63	-10.20	-8.59	-6.07

6.4　小结

本章使用协整检验和格兰杰因果检验，对政府卫生支出（组成部分）与个人卫生支出之间的均衡因果关系进行分析，结果显示，个人卫生支出和政府卫生支出占卫生总费用比例之间，存在长期平稳的单向负因果关系。提高政府卫生支出占卫生总费用比例能够明显抑制个人卫生支出增长。而个人卫生支出和医疗卫生服务支出占政府卫生支出比例之间，不存在长期平稳关系。个人卫生支出和医疗保健支出占政府卫生支出比例之间，存在长期平稳的单向负因果关系。进一步利用系统动力学模型对医疗保障支出中的居民医疗保险进行风险分析，结果显示，医保基金存在超支风险。个人与政府共同承担医保基金超支风险、控制门诊慢病的就诊次数增长率和大病医保就诊人次增长率、适当降低住院补偿比例，控制住院费用过快增长趋势、改革"一制多档"为"一制一档"缴费方式、推进和实施分级诊疗制度，是规避医保基金出现超支风险的关键。

7 政府卫生支出供需分配风险分析

目前，按支出接受者性质，存在"补供方"和"补需方"两种政府卫生支出路径。20 世纪 70—90 年代政府对医疗卫生领域的卫生支出均属于"补供方"。该路径选择具有实施便利，在一定程度上能够实现医疗卫生资源的可及性和公平性分配等优点，但仍存在医疗卫生服务收益目标不明确、服务效率低、服务质量差、财政负担重、监督成本高等一系列问题。因"补供方"产生的上述问题，"补需方"的呼声日渐高涨，即通过医疗保障机构将财政卫生补助给予医疗卫生服务"消费者"。"补需方"不仅直接明确受益目标群体，而且可有效提高医疗卫生服务市场"供方"竞争力，使"需方"具有更多医疗就医自主权。但因医疗卫生服务的信息不对称性，其产生了需方"道德风险"、供方"逆向选择"和"诱导需求"等问题。

公共卫生经济学指出，卫生产品的公益性，并不体现在卫生服务由谁提供，而取决于其提供方式。"补供方"和"补需方"两种路径，看似矛盾对立，实则是卫生服务提供模式中的两种方式。在制度设计方面，"补供方"需要严格规章制度和有效激励，"补需方"需要成熟的竞争市场运作机制。在新一轮医疗卫生体制改革中，明确提出"供需兼顾"均衡策略。该策略可以弥补单一路径选择的不足，但是难以确定合理的政府卫生支出"供需"分配比例。而政府卫生支出供需比例失衡，必然会给医保基金管理带来巨大隐患，并提高"因病致贫、因病返贫"风险。

因此，本章首先对政府卫生支出"补供方"和"补需方"进行分类，分析供需结构和变化趋势，其次测算"供/需"比例风险阈值，进行供需分配风险分析，寻找主要风险影响因素。

7.1 政府卫生支出供需分类

本书按 2018 年《中国卫生总费用研究报告》对政府卫生支出统计口径，确定其构成分类，进一步结合"资金接受者"性质，将政府卫生支出分为"补供方"支出和"补需方"支出。本章所指的政府卫生支出供需结构，是基于图 7-1 的详细分类。

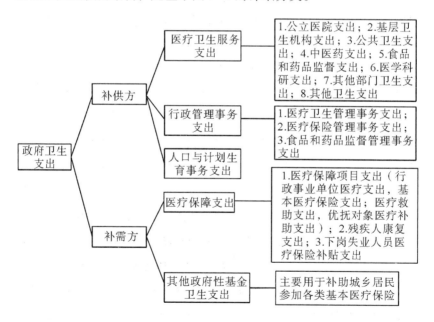

图 7-1　政府卫生支出供需结构分类

如图 7-1 所示，"补供方"支出包括医疗卫生服务支出、行政管理事务支出、人口与计划生育事务支出；"补需方"支出包括医疗保障支出和其他政府性基金卫生支出。"补需方"主要是医疗保障支出，其包括行政事业单位医疗支出、基本医疗保险支出、医疗救助支出、优抚对象医疗补助支出、残疾人康复支出和下岗失业人员医疗保险补贴等支出。因其他政府性基金卫生支出的数据较少，且无法获取，在下文"供需"支出各功能分布中不做详细描述。

7.2 政府卫生支出供需分析

7.2.1 内部结构分析

图 7-2 展示了 1990—2017 年政府卫生支出"补供方"和"补需方"支出，按照功能构成分类，各部分构成的平均值分布状况。其中，政府卫生支出"补供方"比重最大的是医疗卫生服务支出，平均份额为 51%，其次为人口与计划生育事务支出（10%）和行政管理事务支出（4%）；而医疗保障支出一直是政府卫生支出"补需方"支出的重要组成部分，约占份额 35%。下文对政府卫生支出"供需"支出中最重要的医疗卫生服务支出和医疗保障支出两个部分进行进一步分析。

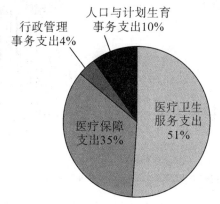

图 7-2　1990—2017 年政府卫生支出"供需"支出功能构成平均值分布

从图 7-3 和图 7-4 可以看出，医疗卫生服务支出和医疗保障支出数值，整体呈现逐年增长趋势，平均年增长率分别为 13% 和 16%。医疗卫生服务支出从 1990 年的 439.73 亿元增加到 2016 年的 6 108.04 亿元，增长 13.89 倍，年平均增长速度从 1990 年的 11% 降低到 2016 年的 7%，减少 4 个百分点；而医疗保障支出从 1990 年的 158.70 亿元增加到 2016 年的 6 763.69 亿元，增长 42.62 倍，年平均增长速度从 1990 年的 15% 降低到 2016 年的 4%，减少 11 个百分点。医疗保障支出的年增长率曲线波动大于医疗卫生服务支出，两条曲线均在 2014 年后出现"断崖式"下降，降幅均为 6%。数值波动与 2014 年深化医药卫生体制改革中的公立医院改革、推动社会办医、健全重特大疾病保健制度等一系列政策有密切关联。医疗保障支出年增长率曲线在 2005 年达到峰值 21% 后迅速下降，到 2016 年仅为 4%，下降了 17 个百分点，这种大幅度曲线波动应该与 2003 年新农合政策有直接关系。

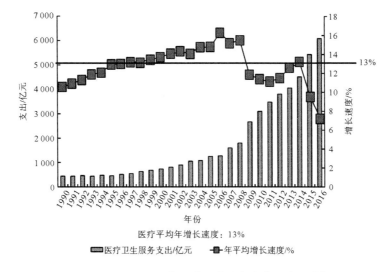

医疗平均年增长速度：13%

■ 医疗卫生服务支出/亿元　　■ 年平均增长速度/%

图 7-3　1990—2016 年医疗卫生服务支出及发展分析

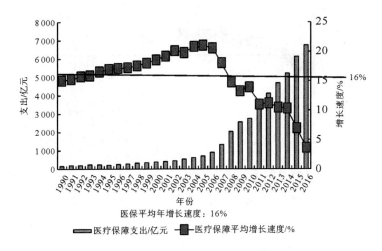

图 7-4　1990—2016 年医疗保障支出及发展分析

7.2.2　发展趋势分析

从图 7-5 和图 7-6 来看，政府卫生支出无论是在"补供方"还是"补需方"方面，支出数值均逐年增加，平均年增长速度为 12% 和 16%。受新医改（2009）影响，无论是"补供方"还是"补需方"的支出增长曲线，均出现短暂上升后迅速回落的变化趋势。"补供方"支出从 1990 年的 511.60 亿元增加到 2016 年的 7 717.17 亿元，增长 15.08 倍，年平均增长速度从 1990 年的 11% 下降到 2016 年的 6%，降低 5 个百分点。"补需方"支出从 1990 年的 158.70 亿元增加到 2016 年的 6 763.69 亿元，增长 42.62 倍，年平均增长速度从 1990 年的 15% 下降到 2016 年的 4%，降低 11 个百分点。增长峰值出现在 2006 年，为 15%，从 1992 年到 2008 年，17 年间年均增长率大于均值 12%。相对于"补供方"相对平稳的年均增长趋势，"补需方"支出年均增长变化波动较大，2005 年达到峰值，为 21%，之后曲线迅速下降至 2016 年的 4%，降幅 17%。

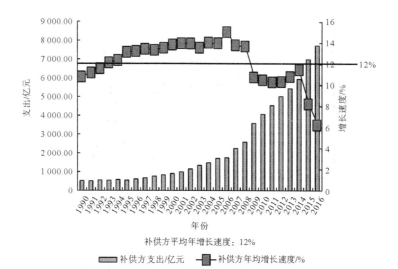

补供方平均年增长速度：12%

□ 补供方支出/亿元　■ 补供方年均增长速度/%

图 7-5　政府卫生支出"补供方"及增长变化

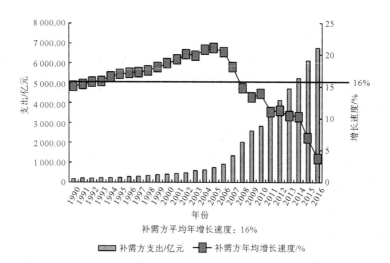

补需方平均年增长速度：16%

□ 补需方支出/亿元　■ 补需方年均增长速度/%

图 7-6　政府卫生支出"补需方"及增长变化

7.2.3 比重变化分析

由图 7-7 可知，在 28 年间，政府卫生支出"补供方"支出比例始终大于"补需方"支出比重，曲线变化呈现"漏斗式"发展。1990—2006 年"补供方"支出比重均维持在均值 0.65 以上，而"补需方"支出则恰好相反，支出比重均在平均线 0.35 以下。1990 年，67%的政府卫生支出用于"补供方"，仅有 24%的比例投入"补需方"，"补供方"支出比重是"补需方"的 2.79 倍。此后直至 2017 年，政府卫生支出"补供方"支出比重仍大于 50%，但 1990—2017 年，"补供方"支出比重下降 22 个百分点，而"补需方"支出比重反向上升 22 个百分点。从政策分析角度来看，政府卫生支出"供需"比重变化和 30 年医疗卫生体制改革政策变化是基本吻合的，共分为 5 个阶段：1990—1999 年由"公费医疗"转向"城镇职工基本医疗保险制度"，"供需"比重差距减少；2000—2002 年"完全市场化"医院改制，致使"补供方"比重有所增加；2003—2008 年，随着新型农村合作医疗（2003）和城镇居民基本医疗保险制度（2007）实施，大量刚性需求得到释放，"供需"比重差距快速缩小；2009—2010 年，新医改政策和公立医院补偿机制改革，使"补供方"支出比重增加，"供需"比重差距出现短暂扩大；2011—2017 年深化医药卫生体制改革中的公立医院改革、分级诊疗、推动社会办医、健全重特大疾病保健制度等一系列政策措施，使政府卫生支出"补供方"和"补需方"支出比重维持在 0.55 和 0.45 左右波动。

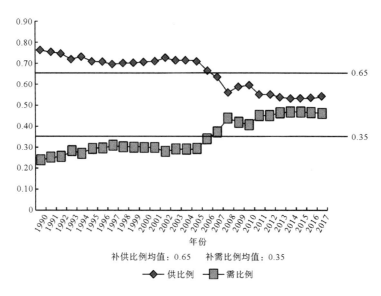

补供比例均值：0.65   补需比例均值：0.35

◆─ 供比例   ■─ 需比例

图 7-7 1990—2017 年政府卫生支出"供/需"比重变化

由图 7-8 可见，1990—2017 年政府卫生支出供需结构比呈下降趋势，"供/需"比值从 1990 年的 3.22，下降到 2017 年的 1.17，下降 63.67%。其中，2005—2017 年"供/需"曲线变化由相对平稳转为快速下降，2005—2008 年降幅最为明显，从 2.42 降至 1.28，降幅 47.11%。同时，受"市场化方向和政府承担基本医疗"的卫生定调影响，2006 年为"供/需"比值 2 的临界年。1990—2005 年政府卫生支出供需结构比变化相对平稳，均在平均线 2.04 以上，而 2006—2017 年结构比降至平均线以下，最低达到 1.13（2014 年），为历年最低。

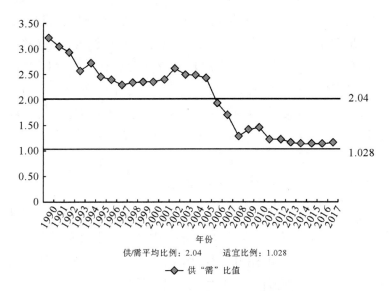

供/需平均比例：2.04　　适宜比例：1.028

—◆— 供"需"比值

图 7-8　1990—2017 年政府卫生支出供需结构比

7.3　供需分配风险分析

7.3.1　建立供需结构效用函数

我们在衡量政府卫生支出"补供方"和"补需方"资金利用效率时，常使用经济学里的"效用"概念。效用，即政府卫生支出获得的医疗卫生服务对"需方"健康的改善状况和"需方"对服务的满意程度。如果用 X_1 表示政府卫生支出中"补需方"支出，用 X_2 表示政府卫生支出中"补需方"支出，"$X_1 + X_2$"即为政府卫生支出"Z"。X_1 和 X_2 呈反向变动关系，当 Z 一定，X_1 数量增加，X_2 则会减少，反之亦然。当相同效用情况反映在同一条无差异曲线上，即为 X_1 和 X_2 的多种不同组合。如何对政府卫生支出在"补供方"和"补需方"之间进行分配，获得最大资金使用效率，也就是 X_1 和 X_2 的最大效用组合，使用函数表示为 $U（X_1，X_2）= f(X_1，X_2)$ 的最大值。

135

经上述政府卫生支出供需结构及变化趋势分析，我们发现 2015—2017 年政府卫生支出 X_1 和 X_2 数量增加，但占比相对稳定，符合柯布道格拉斯函数特点，可以建立相关函数。本书将 2015—2017 年 X_1 和 X_2 占政府卫生支出比重平均值，即 0.467 和 0.533，作为柯布道格拉斯函数的两变量指数。最终得到政府卫生支出供需结构效用函数，函数表达式为 $U(X_1, X_2) = X_1^{0.467} X_2^{0.533}$。

7.3.2 建立费用决算约束方程

政府卫生支出供需结构效用，不仅取决于政府卫生支出获得的医疗卫生服务对"需方"的满足程度，而且受限于政府卫生支出能够提供医疗卫生服务的能力，即费用决算约束方程。根据马克思主义剩余价值理论，我们可以认为医疗卫生服务的价格成本，应为医疗卫生服务提供者在提供医疗卫生服务中，所消耗的必要劳动价值和创造出来的剩余价值的货币总和。在成本测算过程中，我们很难区分劳动价值和剩余价值，一般使用医疗卫生服务提供者的劳务价格来体现，这里的劳务价格通常指基本工资和各类福利等折算的货币价格，即医疗卫生财政决算中的人员经费。

将 X_1 和 X_2 人员经费的平均值作为"需方"和"供方"支出的平均价格 P_1 和 P_2，分别为 1 820.403 亿元和 2 021.340 亿元。同时，使用 S_1 和 S_2 作为"需方"和"供方"支出数量，通常机构人员数量越多，其人员经费支出也会相应增加，因此，我们可以假设政府卫生支出"补供方"和"补需方"支出可以表示为

$$X_1 = k S_1 \text{ 和 } X_2 = k S_2 \tag{7-1}$$

k 为常数，则政府卫生支出可以表示为

$$Z = 1\ 820.403\ S_1 + 2\ 021.340\ S_2 \tag{7-2}$$

将函数式（7-1）带入函数式（7-2），得到费用决算约束方程，即为 $Z = 1\ 820.403\ \dfrac{X_1}{k} + 2\ 021.340\ \dfrac{X_2}{k}$。

7.3.3　确定"供""需"分配比例风险阈值

政府卫生支出供需结构效用最大值，应为费用决算约束线和无差异曲线的切点。通过求解政府卫生支出供需结构效用函数和费用决算约束方程，得到效用最大化组合，即

$$U(X_1, X_2) = X_1^{0.467} X_2^{0.533} \qquad (7-3)$$

$$Z = \text{s. t. } 1\,820.403\frac{X_1}{k} + 2\,021.340\frac{X_2}{k} \qquad (7-4)$$

对函数式（7-3）取对数，得到 $\ln U(X_1, X_2) = 0.467 X_1 + 0.533 X_2$ ，建立拉格朗日函数为

$$L = 0.467\ln X_1 + 0.533\ln X_2 - \lambda\left(1\,820.403\frac{X_1}{k} + 2\,021.340\frac{X_2}{k} - Z\right)$$
$$(7-5)$$

对函数方程（7-5）求偏导数，得到三个一阶方程，即

$$\frac{\partial L}{\partial X_1} = \frac{0.467}{X_1} - 1\,820.403\frac{\lambda}{k} = 0 \qquad (7-6)$$

$$\frac{\partial L}{\partial X_2} = \frac{0.533}{X_2} - 2\,021.340\frac{\lambda}{k} = 0 \qquad (7-7)$$

$$\frac{\partial L}{\lambda} = -1\,820.403\frac{X_1}{k} - 2\,021.340\frac{X_2}{k} + Z = 0 \qquad (7-8)$$

求解方程（7-6）和（7-7），得 $\frac{X_2}{X_1} = 1.028$ ，即当政府卫生支出一定时，"补供方"和"补需方"的支出比例应为 1.028。从 1990—2017 年"供/需"结构比变化来看，2015—2017 年数值为历史最低，仅为 1.14~1.17。如果将 1.028 作为"供/需"比例风险阈值，那么目前政府卫生支出"供/需"尚存在结构效用风险。

7.4 供需分配风险因素分析

7.4.1 风险因素确定

经过专家焦点访谈等方法，聘请10名专家从已建立的政府卫生支出风险因素指标体系，筛选与政府卫生支出供需分配相关的影响因素，共15个指标（见表7-17）。涉及人口因素、人群健康水平、卫生保健因素、制度因素、社会因素、政策因素、文化因素、经济因素8个维度，被解释变量为政府卫生支出供需结构，使用政府卫生支出"补供方/补需方"来衡量。

表7-1 政府卫生支出供需分配风险因素

变量	变量分类	变量指标	变量代称
被解释变量	供需结构	补供方/补需方	radio
解释变量	人口因素	总抚养比	raising
	人群健康水平	人均期望寿命	life
		人口死亡率	death
		甲乙类法定报告传染病死亡率	epidemic
	卫生保健因素	每千人口卫生技术人员数	staff
		每千人口医疗卫生机构床位数	bed
		病床使用率	bedrate
		医师日均担负住院床日（医疗卫生机构）	docbed
		医师日均担负诊疗人次（医疗卫生机构）	docpeo

表7-1(续)

变量	变量分类	变量指标	变量代称
解释变量	制度因素	财政补助收入占医疗卫生机构总收入比例	finance
	社会因素	基尼系数	Gini
	政策因素	政策虚拟变量	policy
	文化因素	15 岁及以上人口受教育程度	edu
	经济因素	人均 GDP	GDP
		政府卫生支出占 GDP 比重	gGDP

7.4.2 指标相关性分析

由表 7-2 可知,某些自变量之间存在高度相关性,相关系数超过 0.9。例如,每千人口卫生技术人员数和每千人口医疗卫生机构床位数的相关系数为 0.985,两者和人均 GDP 之间的相关系数分别为 0.995 和 0.997,属高度相关。因此,偏最小二乘回归作为研究方法优势明显。

表7-2　指标变量相关系数

	radio	raising	life	death	epidemic	staff	bed	bedrate	docbed	docpeo	finance	Gini	policy	edu	GDP	gGDP
radio	1.000															
raising	0.025	1.000														
life	-0.180	0.375	1.000													
death	-0.813	-0.509	-0.129	1.000												
epidemic	-0.662	0.253	0.202	0.520	1.000											
staff	-0.769	0.317	0.382	0.519	0.923	1.000										
bed	-0.809	0.259	0.346	0.583	0.923	0.997	1.000									
bedrate	-0.789	-0.460	-0.158	0.957	0.670	0.623	0.677	1.000								
docbed	-0.908	-0.129	0.066	0.841	0.808	0.853	0.886	0.902	1.000							
docpeo	-0.862	-0.106	0.052	0.782	0.789	0.850	0.878	0.868	0.985	1.000						
finance	-0.469	0.177	0.394	0.265	0.816	0.801	0.781	0.454	0.673	0.703	1.000					
Gini	0.678	-0.135	-0.359	-0.462	-0.811	-0.919	-0.913	-0.596	-0.834	-0.868	-0.902	1.000				
policy	-0.592	-0.351	-0.037	0.795	0.727	0.630	0.668	0.875	0.776	0.744	0.537	-0.591	1.000			
edu	0.611	0.465	-0.088	-0.833	-0.641	-0.642	-0.680	-0.876	-0.786	-0.750	-0.505	0.652	-0.843	1.000		
GDP	-0.800	0.253	0.371	0.571	0.928	0.995	0.997	0.669	0.884	0.874	0.812	-0.923	0.653	-0.681	1.000	
gGDP	-0.831	0.084	0.288	0.685	0.911	0.944	0.960	0.776	0.910	0.886	0.767	-0.876	0.815	-0.746	0.952	1.000

7.4.3 实证结果分析

表 7-3 为潜在因子对自变量（ x ）和因变量（ y ）的方差解释比例，政府卫生支出供需分配因素的偏最小二乘回归模型提取 t_1、t_2、t_3、t_4 和 t_5，共 5 个潜在因子，综合解释变量变异信息。从结果来看，它们能够解释自变量（ x ）97%的信息，解释因变量（ y ）98%的信息。其中，t_1 具有很好信息提取效果，其可以解释因变量（ y ）72%的信息，对自变量（ x ）的信息利用率为 69%。

表 7-3 潜在因子已解释的方差比例

潜在因子	X 方差	累积 X 方差	Y 方差	累积 Y 方差（ R^2 ）	调整后 R^2
t_1	0.69	0.69	0.72	0.72	0.68
t_2	0.09	0.78	0.17	0.88	0.85
t_3	0.12	0.90	0.07	0.95	0.93
t_4	0.03	0.94	0.02	0.97	0.95
t_5	0.03	0.97	0.01	0.98	0.96

表 7-4 为潜在因子的系数估计和变量投影重要性，因变量关于自变量的偏最小二乘回归结果为

radio = 15.78 − 0.13policy − 0.02life − 1.40death + 0.16epidemic −

0.02bed − 0.01bedrate − 0.34docbed − 0.07docpeo + 0.02finance −

$$1.16\text{Gini} - 0.06\text{edu} - 0.20\text{gGDP} \tag{7-8}$$

其中 GDP、raising、staff 与 radio 的估计参数约为 0.00。此外，除甲乙类法定报告传染病死亡率、财政补助收入占医疗卫生机构总收入比例两个变量外，其他自变量（ x ）与因变量（ y ）的参数估计均为负值，即自变量越大，政府卫生支出"供需"支出差异越小，

能够有效规避供需分配风险。其中，基尼系数的估计结果与预期不符。可能基尼系数更多说明了收入分配的公平性，基尼系数越大，收入差距较大，但不能体现需方的整体收入水平。

表 7-4　系数估计和变量重要性

自变量	因变量	变量投影重要性				
x	y（radio）	t_1	t_2	t_3	t_4	t_5
常数	15.78	－	－	－	－	－
policy	−0.13	0.85	0.92	1.13	1.12	1.12
raising	0.00	0.04	0.06	0.58	0.61	0.61
life	−0.02	0.26	0.24	0.59	0.62	0.63
death	−1.40	1.16	1.37	1.38	1.37	1.36
epidemic	0.16	0.95	0.97	0.96	0.96	0.96
staff	0.00	1.10	0.99	0.97	0.97	0.97
bed	−0.02	1.16	1.05	1.04	1.03	1.03
bedrate	−0.01	1.13	1.08	1.04	1.03	1.03
docbed	−0.34	1.30	1.29	1.30	1.29	1.29
docpeo	−0.07	1.24	1.17	1.15	1.14	1.14
finance	0.02	0.68	1.07	1.11	1.12	1.13
Gini	−1.16	0.98	0.94	0.90	0.90	0.89
edu	−0.06	0.88	0.89	1.10	1.12	1.17
GDP	0.00	1.15	1.03	1.02	1.01	1.01
gGDP	−0.20	1.19	1.08	1.06	1.06	1.07

VIP（variable importance in the projection）值大于 1，其在解释因变量时作用相对越大。在 t_1、t_2、t_3、t_4 和 t_5 潜在因子情况下，人口死亡率、每千人口医疗卫生机构床位数、病床使用率、医师日均担负住院床日（医疗卫生机构）、医师日均担负诊疗人次（医疗卫

生机构)、人均 GDP 和政府卫生支出占 GDP 比重的自变量数值均大
于 1，对政府卫生支出供需分配风险解释能力相对较强。如从潜在因
子 t_1 进行分析，按自变量大于 1、且对因变量的解释重要性进行排
序，排名前 8 的自变量依次是医师日均担负住院床日（医疗卫生机
构）(1.30)、医师日均担负诊疗人次（医疗卫生机构）(1.24)、政
府卫生支出占 GDP 比重（1.19)、人口死亡率（1.16)、每千人口医
疗卫生机构床位数（1.16)、人均 GDP（1.15)、病床使用率
(1.13) 和每千人口卫生技术人员数（1.10）（见表 7-4)。因此，
如果要缩小政府卫生支出"供需"支出差异，规避供需分配风险，
应重视上述自变量因素的协调发展。

7.5 小结

本章对政府卫生支出"补供方"和"补需方"具体构成分类进
行确定。以此为基础，进一步分析"供需"结构和变化趋势，发现
政府卫生支出"补供方"和"补需方"支出数值逐年增加，且"补
供方"支出比重高于"补需方"，"补需方"支出年均增速快于"补
供方"。"供/需"结构比呈下降趋势，两者支出比例日趋接近；利
用经济效用理论、柯布道格拉斯函数和拉格朗日函数，构建政府卫
生支出供需结构效用函数和费用决算约束方程，测算"供/需"比例
风险阈值为 1.028，发现目前政府卫生支出供需分配尚存在风险。风
险因素实证结果显示，人口死亡率、每千人口医疗卫生机构床位数、
病床使用率、医师日均担负住院床日、医师日均担负诊疗人次、人
均 GDP、政府卫生支出占 GDP 比重对自变量解释因变量的重要性较
高，且与政府卫生支出"补供方""补需方"支出差异呈负相关，
有利于规避供需分配风险。

8 政府卫生支出城乡分配风险分析

随着政府卫生财政负担"向下分权"趋势和城乡"二元经济结构"日益失衡，城乡间政府卫生支出资金配置差距将不断加大，导致政府卫生支出城乡分配风险。第五次全国卫生服务调查数据显示，城市政府卫生财政支出明显大于农村地区，卫生财政资源逐渐出现向东部大城市集中趋势。

政府卫生支出城乡分配不均等性，是改革开放 40 多年来，中国医疗卫生领域政府卫生支出不公平性的集中体现。政府卫生支出在城乡间的不合理配置，直接影响到农村人力资本质量，拉大城乡居民收入差距，降低农民生活水平，加大农民"因病致贫"和"因病返贫"的可能性。因此，本章节将对政府卫生支出城乡分配进行描述分析，利用基尼系数和泰尔指数，判别政府卫生支出城乡分配是否存在均等性风险，如存在风险，则使用双变量泰尔指数拆分、判定和识别引起该风险的主要城乡配置部分，并实证检验其主要影响因素。

8.1 政府卫生支出城乡资金分配分析

8.1.1 规模分析

从 1998 年以来，政府卫生支出城乡支出比呈"先快速上升、后缓慢下降"的变化趋势。1998—2017 年城乡支出比均大于 1.44，从 3.35（1998）下降到 1.55（2017），降幅为 53.73%。1998—2013 年政府卫生支出在城乡间分配严重不均等，城市政府卫生资金分配远超农村，与医疗卫生领域财政资金投入不足、农村基本医疗保障体系不完善等有直接关联。其中，2003 年政府卫生支出城乡支出比达到峰值，为 5.34。随后新型农村合作医疗全面实施，政府卫生支出对农村资金扶持力度不断加大，2005—2017 年政府卫生支出城乡支出比出现较大回落，2014 年仅为 1.44，这说明政府开始重视农村医疗卫生支出，政府卫生支出城乡支出比例日趋合理。

8.1.2 变化趋势分析

1998—2016 年政府卫生支出城乡支出规模逐年增加，但城乡政府卫生支出年均增长率呈下降趋势，增速均值分别为 11.78% 和 17.29%。1998—2008 年城市和农村政府卫生支出年均增速大于均值，而 2009 年以后，除个别年份外，城市和农村政府卫生支出增速小于均值，增速变缓。同时，城市政府卫生支出年均增速波动较大，由 13.19%（1998）下降到 2.20%（2016），降幅为 83.32%。除 2012—2015 年外，其他年份农村政府卫生支出年均增速均大于城市，说明政府对农村医疗卫生工作日趋重视。其中，受医疗卫生体制改革、城市公立医院改革等政策影响，2012—2015 年城市政府卫生支出年均增速大于均值 11.78%，并大于农村，出现短暂回升。

8.2 政府卫生支出城乡资源配置分析

卫生资源配置是资金配置的直接产物，在一定程度上，能够反映出资金配置状况。本小节将使用卫生资源产出：每千人口床位数和每千人口卫生技术人员数，进一步分析政府卫生支出在城乡间的具体配置状况。

8.2.1 总体配置差异

2007—2017 年全国每千人口床位数和每千人口卫生技术人员数呈逐年上升趋势。其中，每千人口床位数从 2.63（2007）增加到 5.72（2017），增幅 117.49%；每千人口卫生技术人员数从 3.72（2007）增加到 6.47（2017），增幅 73.92%。城乡对比分析发现，城乡每千人口床位数和每千人口卫生技术人员数与全国变化趋势一致，整体逐年上升，说明城乡医疗卫生资源配置水平不断提高。其中，城市每千人口床位数和每千人口卫生技术人员数均超农村 2 倍，资源配置差距显著，说明政府卫生支出城乡资源配置存在明显不均等性。

8.2.2 区域配置差异

按照 1997 年全国人大八届五次会议和 2000 年西部大开发政策区域划分标准，本小节将我国 31 个省分别划分为东部、中部和西部 3 大区域。东部 11 个、中部 8 个、西部 12 个省级行政区。东部地区包括北京、河北、天津、辽宁、江苏、上海、浙江、广东、山东、海南和福建；中部地区包括山西、河南、湖北、湖南、安徽、吉林、黑龙江和江西；西部地区包括内蒙古、广西、重庆、四川、贵州、西藏、陕西、青海、宁夏、新疆、甘肃和云南。基于上述区域划分，本小节从区域整体比较和区域内部比较两个方面对城乡医疗卫生资源配置进行描述性分析。

表 8-1 为城乡医疗卫生资源区域整体配置分析。数据显示，城乡结构不均等性呈现"由东向西"逐级递增的特点。从纵向比较发现，2007—2017 年三大区域城乡两项医疗卫生资源配置水平呈逐年提高趋势，但东部和中部地区城市每千人口床位数和每千人口卫生技术人员数均为西部地区的 1.5～2.5 倍；从横向比较发现，2017 年三大区域资源配置城乡结构比变化趋势基本一致，城乡资源配置差异较大。

表 8-1 2007—2017 年城乡医疗卫生资源配置

年份	类别	卫生技术人员数/人			床位数/个		
		东部	中部	西部	东部	中部	西部
2007	城市	5.65	4.90	5.33	3.84	3.55	4.07
	农村	2.30	2.15	2.00	1.66	1.49	1.61
2008	城市	4.57	5.09	5.49	4.06	3.85	4.32
	农村	5.92	2.25	2.06	1.81	1.66	1.79
2009	城市	6.37	5.53	5.98	4.27	4.15	4.63
	农村	2.61	2.49	2.33	1.96	1.86	1.99
2010	城市	8.48	7.23	6.50	5.54	5.51	4.75
	农村	3.42	2.85	2.84	2.56	2.21	2.57
2011	城市	8.82	7.41	6.78	6.45	6.53	5.55
	农村	3.60	2.93	3.05	2.95	2.53	2.96
2012	城市	9.56	7.92	7.41	7.07	7.12	6.28
	农村	3.86	3.10	3.28	3.23	2.83	3.32

表8-1（续）

年份	类别	卫生技术人员数/人			床位数/个		
		东部	中部	西部	东部	中部	西部
2013	城市	10.20	8.68	7.91	7.46	7.88	6.62
	农村	4.06	3.27	3.63	3.37	3.05	3.67
2014	城市	10.63	9.01	8.73	7.83	8.32	7.33
	农村	4.11	3.44	3.80	3.47	3.31	3.89
2015	城市	11.00	9.60	9.40	8.14	8.82	7.91
	农村	4.20	3.60	4.00	3.61	3.52	4.06
2016	城市	11.10	8.20	12.30	8.21	9.12	8.05
	农村	4.40	4.20	3.70	3.79	3.71	4.28
2017	城市	11.50	10.30	10.30	8.43	9.46	8.63
	农村	4.60	3.90	4.40	4.03	3.98	4.60

　　同时，政府卫生支出城乡医疗卫生资源存在明显区域内部差异，其中，西部地区各省份城乡结构不均等程度最高，东部地区次之，中部地区相对均等。其中，西部地区青海、贵州和西藏三省的政府卫生支出城乡资源配置不均等程度处于全国前列，三省城市每千人口卫生技术人员数分别为农村的5.36倍、4.33倍和3.33倍，城市每千人口床位数分别为农村的4.03倍、3.64倍和2.75倍，两项医疗卫生资源配置均远高于全国城乡结构比均值2.61和2.26。东部辽宁、海南，中部江西和河南四省医疗卫生资源配置不均等状况也亟待解决。见图8-1。

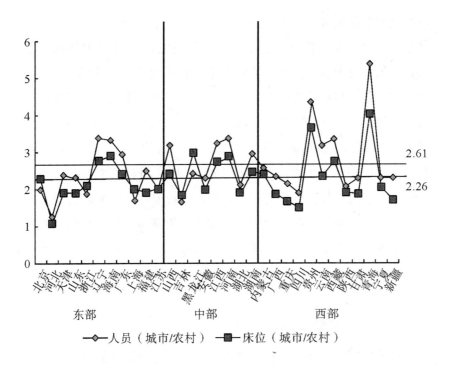

图 8-1　2017 年医疗卫生资源配置城乡结构比

　　注：人员（城市/农村）表示每千人口卫生技术人员数城乡结构比，床位（城市/农村）表示每千人口床位数城乡结构比。每千人口卫生技术人员数城乡结构比均值为2.61，每千人口床位数城乡结构比均值为 2.26。

8.3　城乡分配均等性风险分析

8.3.1　指标确定

　　以上小节对政府卫生支出城乡分布进行描述分析，发现政府卫生支出城乡分配存在不均等性。本小节拟用基尼系数和泰尔指数，进一步判别该不均等性是否已形成风险。由于 31 个省政府卫生支出城乡结构数据不可得，采用政府卫生支出卫生资源产出：每千人口床位数和每千人口卫生技术人员数作为替代指标，近似测算政府卫生支出城乡分配风险。替代依据为两项资源配置指标数据可得；每千人口床位数和每千人口卫生技术人员为政府卫生支出的直接资源配置产物，与政府卫生支出变化趋势有高度一致性（相关系数均大于0.9）；查阅相关文献发现，已有相关学者将医疗卫生资源作为政府卫生支出指标，例如，António Afonso 等[179]将政府卫生支出和床位数、医护人员数分别作为投入指标，分析 OECD 国家政府卫生支出效率，结果显示，两类投入指标测算结果基本一致；同时，基尼系数和泰尔指数结果显示，基于城乡的每千人口床位数和每千人口卫生技术人员数有高度一致性变化趋势。

8.3.2 风险识别

2007—2017 年城乡整体每千人口床位数和每千人口卫生技术人员数的泰尔指数呈下降趋势，降幅为50%，但 2017 年泰尔指数异常升高，从 0.03（2016）增加到 0.3（2017）。因此，利用基尼系数对 2017 年政府卫生支出城乡配置均等性进行进一步分析。基尼系数基于不同区域人口配置，采用直接法计算。本小节基尼系数的含义为按照人口分布所形成的城乡政府卫生支出平均差距，相对于政府卫生支出城乡总体期望值的相对偏离程度。基尼系数超过 0.4，即认为政府卫生支出城乡配置差异处于警戒状态，存在风险。由表 8-2 可知，基于城乡每千人口床位数和每千人口卫生技术人员数的基尼系数均超过 0.6，说明政府卫生支出城乡配置高度不均等，存在均等性风险，其中城市基尼系数超过 0.4，城市内部政府卫生支出差异处于风险警戒状态，而农村地区两类资源配置指标基尼系数分别为 0.369 和 0.399，农村区域内部政府卫生支出差异相对合理，但数值接近

0.4，仍需加强风险防范。

表8-2　2017年政府卫生支出城乡分配基尼系数分析

	基尼系数		
	全国	城市	农村
每千人口床位数	0.644	0.413	0.369
每千人口卫生技术人员数	0.623	0.567	0.399

8.3.3　风险分析

基于上述分析，我们发现，政府卫生支出城乡分配存在均等性风险，特别是在城市地区，因此，本小节将利用泰尔指数拆分和判定引起该风险的主要城乡配置部分。考虑到政府卫生支出城乡配置中区域和城乡的组合差异，本小节使用双变量泰尔指数替代单变量泰尔指数，进行政府卫生支出城乡分配均等性风险逐级垂直分解，明确分析组间和组内对泰尔指数的贡献程度，从而判定引起该风险的主要城乡配置部分。

8.3.3.1　基于城乡维度和区域维度优先的泰尔指数分解

依据双变量泰尔指数的层次分类方法，以区域和城乡两个维度分别对政府卫生支出城乡配置结构不均等性进行分解，分解层次如图8-2和8-3所示。以城乡维度进行分解，政府卫生支出城乡配置结构不均等的第一层次可以分解为城乡间配置结构不均等和城乡内部配置结构不均等两部分；第二个层次城乡内部配置结构不均等又可分解为城乡—区域内配置结构不均等和城乡内区域间配置结构不均等；其中，城乡—区域内配置结构不均等分为城市（农村）的东部、中部和西部各区域不均等。而以区域维度进行分解，政府卫生支出城乡配置结构不均等的第一层次可以分解为区域间配置结构不均等和区域内部配置结构不均等两部分；第二个层次区域内部配置结构不均等又可分解为区域—城乡内配置结构不均等和区域内城乡间配置结构不均等；其中，区域—城乡内配置结构不均等分为东部、中部和西部各区域城市（农村）内不均等。

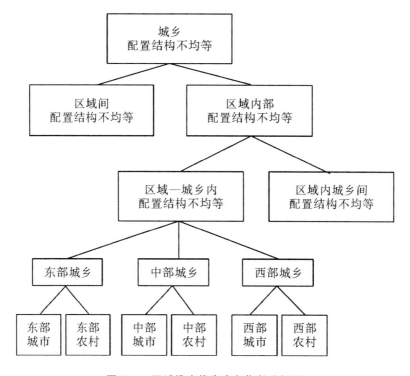

图 8-2　区域维度优先泰尔指数分解图

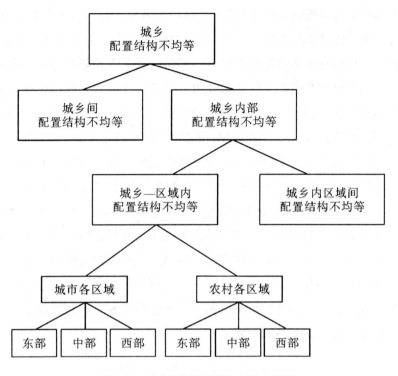

图 8-3　城乡维度优先泰尔指数分解图

8.3.3.2　区域维度优先的泰尔指数分析

由表 8-3 和表 8-4 可知，基于区域维度优先的泰尔指数分解，2007—2017 年床位数和卫生技术人员数不均等程度呈整体下降趋势，降幅分别为 39.64% 和 34.87%，数据结果与政策变化方向基本相符。泰尔指数组间和组内贡献程度分析结果显示，床位数和卫生技术人员的区域内部配置结构不均等占比最大，数值均超过 84% 和 88%，区域内部配置结构不均等是导致政府卫生支出城乡结构均等性风险的主要原因。以 2013 年为时间分界点，2013 年后，区域内部配置结构不均等对总体城乡结构不均等的解释力度逐年下降，而区域间配置结构不均等贡献率相对上升。在区域—城乡内配置结构不均等中，东、中、西部泰尔指数整体呈现下降趋势，不均等化程度有所改善。其中，西部地区不均等程度最高，东部次之，中部相对均等。床位区域内部配置结构不均等结果表明，2007—2014 年，东部和西部区域内部配置结构不均等主要体现在区域—城乡内配置结构不均等，中部地区则体现在城乡内区域间配置结构不均等。2015—2017 年，三大区域内部配置结构不均等均体现在区域—城乡内配置结构不均等。同时，东部和西部区域—城乡内配置结构不均等是导致卫生技术人员区域内部配置结构不均等的主要原因。2007—2013 年，中部区域—城乡内配置结构不均等和城乡内区域间配置结构不均等贡献重要性相互交替。直至 2014 年后，区域—城乡内配置结构不均等成为解释卫生技术人员区域内部配置结构不均等的主要部分，东部和中部地区农村内部卫生资源配置不均等性高于城市，而西部地区情况恰好相反，城市高于农村。

表8-3 区域维度政府卫生支出城乡配置结构不均等泰尔指数分解（床位数）

T		床位数										
		2007年	2008年	2009年	2010年	2011年	2012年	2013年	2014年	2015年	2016年	2017年
T	TI	0.207 6	0.194 8	0.177 7	0.164 3	0.156 2	0.153 9	0.142 5	0.137 6	0.134 9	0.132 5	0.125 3
	J（TI）	0.019 2	0.020 1	0.018 9	0.017 7	0.014 9	0.022 5	0.015 3	0.018 4	0.018 7	0.018 7	0.018 9
	N（TI）	0.188 4	0.174 7	0.158 8	0.146 6	0.141 3	0.131 4	0.127 2	0.119 3	0.116 3	0.113 8	0.106 4
	J（TI%）	9.24	10.33	10.66	10.75	9.55	14.61	10.77	13.34	13.85	14.09	15.07
	N（TI%）	90.76	89.67	89.34	89.25	90.45	85.39	89.23	86.66	86.15	85.91	84.93
E	E（TI）	0.174 7	0.156 7	0.144 8	0.120 2	0.125 6	0.108 0	0.107 9	0.107 0	0.107 8	0.112 3	0.108 9
	M（TI）	0.127 1	0.115 5	0.103 6	0.110 5	0.102 8	0.080 6	0.101 2	0.079 7	0.074 2	0.068 2	0.059 8
	W（TI）	0.278 8	0.268 5	0.242 2	0.229 4	0.210 2	0.226 9	0.186 8	0.184 1	0.178 0	0.170 3	0.156 1
	EJ（TI）	0.016 7	0.015 4	0.013 7	0.006 4	0.003 5	0.001 3	0.002 1	0.001 8	0.001 5	0.000 1	0.000 1
	EN（TI）	0.157 9	0.141 3	0.131 1	0.113 8	0.122 1	0.106 7	0.105 9	0.105 2	0.106 3	0.112 1	0.108 8
	EJ（TI%）	9.58	9.84	9.47	5.36	2.79	1.22	1.91	1.72	1.42	0.13	0.09
	EN（TI%）	90.42	90.16	90.53	94.64	97.21	98.78	98.09	98.28	98.58	99.87	99.91

表8-3（续）

		2007年	2008年	2009年	2010年	2011年	2012年	2013年	2014年	2015年	2016年	2017年
							床位数					
M	EC（TI）	0.116 4	0.107 2	0.102 0	0.084 2	0.083 4	0.076 3	0.068 9	0.071 7	0.079 9	0.083 7	0.086 4
	EV（TI）	0.209 4	0.185 0	0.169 5	0.157 9	0.182 7	0.160 9	0.169 1	0.164 4	0.155 2	0.167 4	0.154 5
	MJ（TI）	0.073 1	0.063 8	0.054 9	0.061 3	0.056 8	0.040 4	0.053 8	0.040 8	0.036 4	0.030 3	0.023 2
	MN（TI）	0.054 0	0.051 6	0.048 7	0.049 2	0.046 1	0.040 3	0.047 4	0.038 9	0.037 8	0.038 0	0.036 6
	MJ（TI%）	57.51	55.29	53.01	55.46	55.20	50.05	53.14	51.20	49.01	44.38	38.86
	MN（TI%）	42.49	44.71	46.99	44.54	44.80	49.95	46.86	48.80	50.99	55.62	61.14
W	MC（TI）	0.025 8	0.027 7	0.027 3	0.025 3	0.023 3	0.023 4	0.044 5	0.024 6	0.026 2	0.027 3	0.026 3
	MV（TI）	0.074 1	0.069 7	0.065 6	0.068 9	0.066 3	0.057 6	0.050 3	0.053 7	0.050 5	0.050 2	0.049 1
	WJ（TI）	0.126 0	0.112 1	0.096 4	0.078 4	0.065 4	0.068 6	0.050 0	0.049 1	0.045 3	0.041 0	0.029 5
	WN（TI）	0.152 8	0.156 5	0.145 8	0.151 1	0.144 8	0.158 3	0.136 5	0.135 0	0.132 6	0.129 2	0.126 7
	WJ（TI%）	45.19	41.73	39.82	34.16	31.13	30.23	26.96	26.68	25.46	24.11	18.88
	WN（TI%）	54.81	58.27	60.18	65.84	68.87	69.77	73.04	73.32	74.54	75.89	81.12

表8-3（续）

		床位数										
		2007年	2008年	2009年	2010年	2011年	2012年	2013年	2014年	2015年	2016年	2017年
WC（TI）		0.160 8	0.172 6	0.156 9	0.191 4	0.173 8	0.223 6	0.171 3	0.168 1	0.162 0	0.160 3	0.149 8
WV（TI）		0.148 1	0.146 5	0.138 6	0.122 5	0.122 9	0.101 2	0.106 8	0.105 2	0.104 7	0.099 4	0.101 9

注：床位数表示每千人口床位数（区域维度）；T 表示总体泰尔指数；TI 表示泰尔指数（Theil Index）；J（TI）表示组间泰尔指数；N（TI）表示组内泰尔指数；E 表示东部；M 表示中部；W 表示西部；TI 表示泰尔指数贡献率；J（TI%）表示组间泰尔指数贡献率（%）；N（TI%）表示组内泰尔指数贡献率（%）；E（TI）表示东部泰尔指数；M（TI）表示中部泰尔指数；W（TI）表示西部泰尔指数；EJ（TI）表示东部部组间泰尔指数贡献率（%）；EN（TI）表示东部部组内泰尔指数贡献率（%）；EC（TI）表示东部部组城市泰尔指数；MJ（TI）表示中部组间泰尔指数；MN（TI）表示中部组内泰尔指数；EV（TI）表示东部部组农村泰尔指数；MJ（TI）表示中部组间泰尔指数；MV（TI%）表示中部组内泰尔指数贡献率（%）；MC（TI）表示中部城市泰尔指数；MN（TI%）表示中部组内泰尔指数贡献率（%）；MV（TI）表示中部农村泰尔指数；WJ（TI）表示西部组间泰尔指数；WN（TI）表示西部组间泰尔指数贡献率（%）；WJ（TI%）表示西部组间泰尔指数贡献率（%）；WN（TI%）表示西部部组内泰尔指数贡献率（%）；WC（TI）表示西部城市泰尔指数；WV（TI）表示西部农村泰尔指数。以下各表标注一致。

157

表8-4 区域维度政府卫生支出城乡配置结构不均等泰尔指数分解（卫生技术人员）

年份		2007年	2008年	2009年	2010年	2011年	2012年	2013年	2014年	2015年	2016年	2017年
		卫生技术人员										
T	TI	0.223 1	0.214 7	0.204 2	0.191 6	0.177 4	0.157 7	0.162 4	0.157 9	0.153 8	0.152 5	0.145 3
	J（TI）	0.015 7	0.014 6	0.014 3	0.013 7	0.013 0	0.013 4	0.012 8	0.015 8	0.015 4	0.016 0	0.016 1
	N（TI）	0.207 4	0.200 1	0.189 9	0.177 9	0.164 4	0.144 3	0.149 5	0.142 1	0.138 4	0.136 5	0.129 2
	J（TI%）	7.02	6.79	7.00	7.15	7.32	8.51	7.90	10.00	10.00	10.50	11.06
	N（TI%）	92.98	93.21	93.00	92.85	92.68	91.49	92.10	90.00	90.00	89.50	88.94
E	E（TI）	0.204 8	0.200 3	0.192 7	0.164 0	0.159 4	0.141 9	0.140 1	0.138 6	0.140 7	0.143 6	0.139 8
	M（TI）	0.124 5	0.117 9	0.108 6	0.118 6	0.105 9	0.087 1	0.103 6	0.085 7	0.081 5	0.078 2	0.070 1
	W（TI）	0.306 8	0.294 6	0.279 2	0.268 5	0.240 5	0.214 7	0.217 5	0.213 0	0.200 9	0.194 3	0.181 0
	EJ（TI）	0.013 9	0.012 4	0.010 0	0.004 4	0.003 6	0.001 3	0.002 3	0.002 2	0.001 9	0.000 2	0.000 2
	EN（TI）	0.190 9	0.187 8	0.182 7	0.159 7	0.155 9	0.140 6	0.137 8	0.136 4	0.138 8	0.143 3	0.139 7
	EJ（TI%）	6.80	6.21	5.18	2.66	2.23	0.91	1.62	1.61	1.33	0.22	0.13
	EN（TI%）	93.20	93.79	94.82	97.34	97.77	99.09	98.38	98.39	98.67	99.78	99.87
	EC（TI）	0.129 5	0.125 4	0.121 3	0.098 9	0.101 3	0.094 7	0.085 3	0.087 0	0.094 9	0.097 8	0.101 7
	EV（TI）	0.267 0	0.268 0	0.264 1	0.250 4	0.241 3	0.222 6	0.227 5	0.223 9	0.220 1	0.231 9	0.216 7

表8-4（续）

卫生技术人员

	年份	2007年	2008年	2009年	2010年	2011年	2012年	2013年	2014年	2015年	2016年	2017年
M	MJ(TI)	0.063 3	0.057 2	0.052 4	0.061 4	0.053 3	0.039 9	0.054 0	0.042 4	0.039 4	0.034 9	0.029 4
	MN(TI)	0.061 2	0.060 7	0.056 2	0.057 2	0.052 6	0.047 2	0.049 7	0.043 3	0.042 0	0.043 3	0.040 7
	MJ(TI%)	50.86	48.52	48.21	51.78	50.36	45.77	52.05	49.46	48.41	44.58	41.92
	MN(TI%)	49.14	51.48	51.79	48.22	49.64	54.23	47.95	50.54	51.59	55.42	58.08
	MC(TI)	0.026 4	0.029 5	0.031 7	0.027 8	0.026 7	0.025 9	0.040 9	0.024 1	0.025 4	0.028 3	0.024 8
	MV(TI)	0.086 0	0.084 3	0.075 7	0.081 5	0.075 5	0.069 2	0.058 3	0.063 2	0.060 2	0.060 7	0.060 0
W	WJ(TI)	0.143 1	0.128 6	0.113 8	0.104 5	0.082 8	0.068 7	0.070 0	0.068 8	0.062 4	0.059 4	0.046 9
	WN(TI)	0.163 7	0.166 0	0.165 4	0.164 1	0.157 7	0.146 1	0.147 5	0.144 3	0.138 5	0.134 9	0.134 2
	WJ(TI%)	46.64	43.66	40.75	38.91	34.44	31.97	32.20	32.28	31.06	30.56	25.89
	WN(TI%)	53.36	56.34	59.25	61.09	65.56	68.03	67.80	67.72	68.94	69.44	74.11
	WC(TI)	0.184 8	0.182 2	0.175 3	0.198 1	0.180 3	0.172 2	0.178 9	0.172 6	0.160 4	0.160 3	0.155 7
	WV(TI)	0.054 8	0.088 0	0.081 1	0.082 5	0.112 1	0.107 8	0.113 4	0.116 9	0.116 7	0.108 7	0.116 0

注：卫生技术人员表示每千人口卫生技术人员数。以下各表标注一致。

8.3.3.3 城乡维度优先的泰尔指数分析

由表 8-5 和表 8-6 可知，基于城乡维度优先的泰尔指数分解，2007—2017 年床位数和卫生技术人员数不均等程度呈整体下降趋势，降幅分别为 24.11% 和 28.42%，数据结果与政策导向基本一致。泰尔指数组间和组内贡献程度分析结果显示，城乡内部配置结构不均等程度日益严重，床位和卫生技术人员的组内贡献率逐年上升，数值均超过 70%，最大值分别为 93.72% 和 91.33%。而城乡间配置结构不均等对总体城乡结构不均等的解释力度逐年下降，城乡内部配置结构不均等的贡献程度大于城乡间配置结构不均等，这表明城乡内部配置结构不均等解释了城乡配置结构不均等的主要部分，是导致政府卫生支出城乡结构均等性风险的主要原因。城乡泰尔指数结果表明，城市不均等化程度日渐严重，而农村地区则有所改善，床位和卫生技术人员分别以 2009 年和 2015 年为时间转折点，城市泰尔指数大于农村，即城市内部卫生资源配置不均等高于农村。城乡—区域内配置结构不均等主要体现在城市（农村）东、中、西内部配置结构不均等。城市西部卫生资源配置不均等程度大于东、中部，东部次之，中部相对均衡；农村东部卫生资源配置不均等程度大于中西部，西部次之，中部相对均衡。

表8-5　城乡维度政府卫生支出城乡配置结构不均等泰尔指数分解（床位数）

		床位数										
		2007 年	2008 年	2009 年	2010 年	2011 年	2012 年	2013 年	2014 年	2015 年	2016 年	2017 年
T	TI	0.207 6	0.196 5	0.182 7	0.170 5	0.167 6	0.153 7	0.157 6	0.149 0	0.154 1	0.145 2	0.148 6
	J (TI)	0.059 2	0.052 7	0.045 3	0.035 7	0.028 6	0.024 0	0.023 0	0.020 3	0.018 3	0.013 4	0.009 3
	N (TI)	0.148 4	0.143 8	0.137 4	0.134 8	0.139 0	0.129 7	0.134 6	0.128 7	0.135 8	0.131 8	0.139 3
	J (TI%)	28.51	26.83	24.79	20.92	17.07	15.64	14.58	13.62	11.86	9.21	6.28
	N (TI%)	71.49	73.17	75.21	79.08	82.93	84.36	85.42	86.38	88.14	90.79	93.72
C	C (TI)	0.139 5	0.139 4	0.130 6	0.127 7	0.117 4	0.138 7	0.116 4	0.114 8	0.117 6	0.120 3	0.117 7
	V (TI)	0.156 0	0.141 2	0.124 2	0.117 9	0.109 9	0.085 6	0.083 1	0.094 3	0.065 4	0.084 3	0.052 7
	CJ (TI)	0.039 6	0.040 7	0.038 0	0.036 5	0.031 0	0.044 1	0.031 1	0.034 4	0.034 1	0.035 8	0.033 6
	CN (TI)	0.099 9	0.098 7	0.092 6	0.091 3	0.086 4	0.094 6	0.085 3	0.080 4	0.083 5	0.084 5	0.084 0
	CJ (TI%)	28.39	29.21	29.13	28.54	26.42	31.81	26.71	29.94	28.99	29.78	28.60
	CN (TI%)	71.61	70.79	70.87	71.46	73.58	68.19	73.29	70.06	71.01	70.22	71.40
	CE (TI)	0.116 4	0.107 2	0.102 0	0.084 2	0.083 4	0.076 3	0.068 9	0.071 7	0.079 9	0.083 7	0.086 4
	CM (TI)	0.025 8	0.027 7	0.027 3	0.025 3	0.023 3	0.023 4	0.044 5	0.024 6	0.026 2	0.027	0.026 3
	CW (TI)	0.160 8	0.172 6	0.156 9	0.191 4	0.173 8	0.223 6	0.171 3	0.168 1	0.162 0	0.160 3	0.149 8

表8-5（续）

床位数

V		2007 年	2008 年	2009 年	2010 年	2011 年	2012 年	2013 年	2014 年	2015 年	2016 年	2017 年
V	VJ(TI)	0.023 1	0.026 4	0.027 9	0.030 1	0.026 5	0.026 0	0.029 7	0.029 8	0.029 9	0.029 7	0.028 4
	VN(TI)	0.132 9	0.114 9	0.096 4	0.087 8	0.083 4	0.059 6	0.053 3	0.064 5	0.035 5	0.054 6	0.024 2
	VJ(TI%)	14.81	18.68	22.43	25.53	24.11	30.37	35.80	31.64	45.75	35.27	53.98
	VN(TI%)	85.19	81.32	77.57	74.47	75.89	69.63	64.20	68.36	54.25	64.73	46.02
	VE(TI)	0.209 4	0.185 0	0.169 5	0.157 9	0.182 7	0.160 9	0.169 1	0.164 4	0.155 2	0.167 4	0.154 5
	VM(TI)	0.074 1	0.069 7	0.065 6	0.068 9	0.066 3	0.057 6	0.050 3	0.053 7	0.050 5	0.050 2	0.049 1
	VW(TI)	0.148 1	0.146 5	0.138 6	0.122 5	0.122 9	0.101 2	0.106 8	0.105 2	0.104 7	0.099 4	0.101 9

注：C（TI）表示城市泰尔指数；V（TI）表示农村泰尔指数；CJ（TI）表示城市组内泰尔指数；CN（TI）表示城市组间泰尔指数；CJ（TI%）表示城市组内泰尔指数贡献率（%）；CN（TI%）表示城市组间泰尔指数贡献率（%）；CE（TI）表示城市东部泰尔指数；CM（TI）表示城市中部泰尔指数；CW（TI）表示城市西部泰尔指数；VJ（TI）表示农村组内泰尔指数；VN（TI）表示农村组间泰尔指数；VJ（TI%）表示农村组内泰尔指数贡献率（%）；VN（TI%）表示农村组间泰尔指数贡献率（%）；VE（TI）表示农村东部泰尔指数；VM（TI）表示农村中部泰尔指数；VW（TI）表示农村西部泰尔指数。以下各表标注一致。

表 8-6 城乡维度政府卫生支出城乡配置结构不均等泰尔指数分解（卫生技术人员）

T		卫生技术人员										
		2007年	2008年	2009年	2010年	2011年	2012年	2013年	2014年	2015年	2016年	2017年
	TI	0.223 1	0.216 5	0.209 5	0.198 0	0.189 3	0.157 6	0.177 9	0.169 8	0.173 4	0.165 7	0.169 3
	J(TI)	0.058 3	0.052 2	0.045 6	0.039 0	0.031 6	0.022 9	0.027 4	0.025 3	0.022 9	0.018 1	0.014 7
	N(TI)	0.164 7	0.164 3	0.163 9	0.159 0	0.157 7	0.134 7	0.150 5	0.144 5	0.150 5	0.147 6	0.154 6
	J(TI%)	26.15	24.11	21.77	19.68	16.68	14.51	15.39	14.88	13.20	10.91	8.67
	N(TI%)	73.85	75.89	78.23	80.32	83.32	85.49	84.61	85.12	86.80	89.09	91.33
C	C(TI)	0.146 6	0.141 9	0.137 7	0.130 7	0.122 8	0.117 9	0.118 4	0.116 9	0.117 1	0.121 3	0.119 6
	V(TI)	0.180 1	0.177 5	0.167 2	0.162 1	0.140 5	0.119 9	0.112 5	0.123 8	0.096 0	0.116 3	0.082 2
	CJ(TI)	0.034 8	0.031 7	0.030 5	0.030 0	0.025 2	0.025 4	0.024 4	0.028 3	0.027 1	0.029 7	0.027 5
	CN(TI)	0.111 8	0.110 1	0.107 2	0.100 7	0.097 6	0.092 5	0.094 0	0.088 6	0.090 1	0.091 5	0.092 2
	CJ(TI%)	23.76	22.37	22.14	22.94	20.50	21.53	20.64	24.23	23.10	24.52	22.95
	CN(TI%)	76.24	77.63	77.86	77.06	79.50	78.47	79.36	75.77	76.90	75.48	77.05
	CE(TI)	0.129 5	0.125 4	0.121 3	0.098 9	0.101 3	0.094 7	0.085 3	0.087 0	0.094 9	0.097 8	0.101 7

表8-6（续）

卫生技术人员

		2007 年	2008 年	2009 年	2010 年	2011 年	2012 年	2013 年	2014 年	2015 年	2016 年	2017 年
	CM（TI）	0.026 4	0.029 5	0.031 7	0.027 8	0.026 7	0.025 9	0.040 9	0.024 1	0.025 4	0.028 3	0.024 8
	CW（TI）	0.184 8	0.182 2	0.175 3	0.198 1	0.180 3	0.172 2	0.178 9	0.172 6	0.160 4	0.160 3	0.155 7
	VJ（TI）	0.013 5	0.012 7	0.012 7	0.018 5	0.018 9	0.018 0	0.019 8	0.017 2	0.016 7	0.018 3	0.017 5
	VN（TI）	0.166 6	0.164 9	0.154 6	0.143 6	0.121 6	0.102 0	0.092 7	0.106 6	0.079 3	0.098 1	0.064 7
	VJ（TI%）	7.47	7.14	7.57	11.38	13.45	14.98	17.62	13.92	17.42	15.69	21.26
	VN（TI%）	92.53	92.86	92.43	88.62	86.55	85.02	82.38	86.08	82.58	84.31	78.74
V	VE（TI）	0.267 0	0.268 0	0.264 1	0.250 4	0.241 3	0.222 6	0.227 5	0.223 9	0.220 1	0.231 9	0.216 7
	VM（TI）	0.086 0	0.084 3	0.075 7	0.081 5	0.075 5	0.069 2	0.058 3	0.063 2	0.060 2	0.060 7	0.060 0
	VW（TI）	0.151 3	0.155 9	0.159 0	0.139 9	0.140 6	0.123 2	0.120 7	0.118 8	0.117 7	0.110 5	0.111 2

8.3.3.4 小结

通过上述城乡和区域两个维度泰尔指数的分析，我们发现政府卫生支出城乡配置结构不均等程度逐渐缓解，均等化水平不断提高，与政策导向基本一致。同时，城乡（区域）内部配置结构不均等是导致政府卫生支出分配风险的主要原因。

8.4 城乡分配风险因素分析

8.4.1 风险因素确定

经过专家焦点访谈等方法，聘请 10 名专家从已建立的政府卫生支出风险因素指标体系，筛选与政府卫生支出城乡分配风险相关的影响因素，共 17 个指标。涉及人口因素、环境因素、人群健康水平、卫生保健因素、制度因素、社会因素、政策因素、文化因素、经济因素 9 个维度，详见表 8-7。被解释变量为政府卫生支出城乡结构，使用"城市政府卫生支出/农村政府卫生支出"来衡量。

表 8-7 政府卫生支出城乡分配风险因素

变量	变量分类	变量指标	变量代称
被解释变量	政府卫生支出城乡结构	城市政府卫生支出/农村政府卫生支出	stru
解释变量	人口因素	总抚养比	raise
	环境因素	农村卫生厕所普及率	toil
		SO_2排放量	SO_2

165

表8-7(续)

变量	变量分类	变量指标	变量代称
解释变量	人群健康水平	婴儿死亡率	baby
		孕产妇死亡率	preg
		甲乙类法定报告传染病发病率	infect
	卫生保健因素	每千人口卫生技术人员数	perp
		每千人口医疗卫生机构床位数	perb
	制度因素	财政支出分权	fina
		专项转移支付	specf
	社会因素	城镇化率	urban
		基尼系数	Gini
		城镇人均医疗保健支出占消费性支出比重	ccon
		农村人均医疗保健支出占消费性支出比重	vcon
	政策因素	政策虚拟变量	poli
	文化因素	15岁及以上人口受教育程度	edu
	经济因素	人均GDP	GDP

8.4.2 指标相关性分析

由表8-8可知，某些自变量之间存在高度相关性，相关系数超过0.9。例如，每千人口医疗卫生机构床位数与每千人口卫生技术人员数和城镇化率的相关系数分别为0.997和0.998，婴儿死亡率和每千人口医疗卫生机构床位数、城镇化率、人均GDP呈负相关关系，相关系数大于0.990。因此，偏最小二乘回归作为研究方法优势明显。

表 8-8　指标变量相关系数

	stru	raise	toil	SO$_2$	baby	preg	infect	perp	perb	fina	specf	urban	Gini	ccon	vcon	poli	edu
stru	1.000																
raise	0.244	1.000															
toil	-0.874	0.143	1.000														
SO$_2$	0.484	-0.549	-0.807	1.000													
baby	0.857	-0.219	-0.990	0.808	1.000												
preg	0.823	0.013	-0.805	0.546	0.839	1.000											
infect	0.896	0.033	-0.970	0.724	0.944	0.771	1.000										
perp	-0.799	0.317	0.983	-0.866	-0.990	-0.778	-0.924	1.000									
perb	-0.834	0.259	0.991	-0.844	-0.994	-0.790	-0.938	0.997	1.000								
fina	-0.979	-0.177	0.925	-0.582	-0.907	-0.852	-0.938	0.856	0.883	1.000							
specf	-0.928	0.007	0.978	-0.708	-0.963	-0.842	-0.950	0.936	0.957	0.964	1.000						
urban	-0.847	0.224	0.996	-0.841	-0.994	-0.802	-0.951	0.995	0.998	0.901	0.964	1.000					
Gini	0.834	-0.135	-0.927	0.684	0.938	0.844	0.919	-0.919	-0.913	-0.882	-0.899	-0.928	1.000				
ccon	0.435	0.908	-0.028	-0.476	-0.009	0.205	0.201	0.126	0.072	-0.357	-0.151	0.045	0.077	1.000			
vcon	-0.928	0.070	0.977	-0.723	-0.978	-0.863	-0.942	0.951	0.965	0.965	0.982	0.972	-0.919	-0.138	1.000		
poli	-0.720	-0.351	0.739	-0.426	-0.677	-0.594	-0.759	0.630	0.668	0.791	0.795	0.688	-0.591	-0.365	0.741	1.000	
edu	0.833	0.465	-0.755	0.408	0.686	0.620	0.847	-0.642	-0.680	-0.833	-0.791	-0.703	0.652	0.521	-0.751	-0.843	1.000
GDP	-0.845	0.253	0.989	-0.844	-0.993	-0.801	-0.938	0.995	0.997	0.893	0.955	0.998	-0.923	0.063	0.972	0.653	-0.681

167

8.4.3 实证结果分析

表 8-9 为潜在因子对自变量（x）和因变量（y）的方差解释比例。在政府卫生支出城乡结构均等性风险因素的偏最小二乘回归模型提取 t_1、t_2、t_3、t_4 和 t_5，共 5 个潜在因子，用于综合解释变量变异信息。从结果来看，它们能够解释自变量（x）98% 的信息，解释因变量（y）100% 的信息，其中，t_1 具有很好信息提取效果，其可以解释因变量（y）85% 的信息，对自变量（x）的信息利用率为 76%。t_1 和 t_2 累积解释因变量（y）和自变量（x）信息的 93% 和 93%。

表 8-9 潜在因子已解释的方差比例

潜在因子	统计				
	X 方差	累积 X 方差	Y 方差	累积 Y 方差（R^2）	调整后 R^2
t_1	0.76	0.76	0.85	0.85	0.84
t_2	0.17	0.93	0.08	0.93	0.92
t_3	0.03	0.96	0.03	0.97	0.95
t_4	0.01	0.97	0.02	0.99	0.98
t_5	0.01	0.98	0.01	1.00	0.99

表 8-10 为潜在因子的系数估计和变量投影重要性，因变量关于自变量的偏最小二乘回归结果为

$$stru = 10.047 + 0.079raise - 0.006toil + 0.000SO_2 + 0.004baby -$$
$$0.002preg - 0.003infect - 0.018perp - 0.078perb - 0.241fina \ (3.50E-$$
$$05) \ specf - 0.013urban - 13.754Gini + 0.161ccon - 0.151vcon + 0.441poli$$
$$+0.002edu - (8.61E-06) \ GDP \tag{8-1}$$

其中，SO_2、specf 与 GDP 的估计参数约为 0.00。此外，除总抚

养比、SO_2 排放量、婴儿死亡率、城镇人均医疗保健支出占消费性支出比重、政策虚拟变量和 15 岁及以上人口受教育程度 6 个变量外，其他自变量（x）与因变量（y）的参数估计均为负值，即自变量越大，政府卫生支出城乡结构差异越小，能够有效规避政府卫生支出城乡分配风险。其中，15 岁及以上人口受教育程度的参数估计结果与预期不符。人群受教育水平，间接促进了人口城乡间流动。受教育程度越高，人群聚居在城市的可能性越大，从而影响政府卫生支出城乡结构配置，加大城乡结构差异。同时，政策虚拟变量与政府卫生支出城乡结构之间存在负相关关系，即随着新农合（2009）等医疗卫生政策的调整，政府卫生支出城乡结构差异显著。

VIP（variable importance in the projection）值大于 1，其在解释因变量时作用相对越大。在 t_1、t_2、t_3、t_4 和 t_5 潜在因子作用下，农村卫生厕所普及率、婴儿死亡率、甲乙类法定报告传染病发病率、财政支出分权、专项转移支付、农村人均医疗保健支出占消费性支出比重、15 岁及以上人口受教育程度和人均 GDP 的自变量数值均大于 1，对政府卫生支出城乡结构解释能力相对较大。如从潜在因子 t_1 进行分析，按自变量大于 1、且对因变量的解释重要性进行排序，排名前 10 的自变量依次是财政支出分权（1.228）、农村人均医疗保健支出占消费性支出比重（1.163）、专项转移支付（1.163）、甲乙类法定报告传染病发病率（1.124）、农村卫生厕所普及率（1.096）、婴儿死亡率（1.074）、城镇化率（1.062）、人均 GDP（1.060）、每千人口医疗卫生机构床位数（1.046）和基尼系数（1.046）。因此，如要缩小政府卫生支出城乡结构差异，规避政府卫生支出城乡分配风险，应重视上述 10 个自变量因素，尤其是从提高环境质量和农村医疗卫生资源配置、改革财政分权制度、制定合适妇幼保健和公共卫生政策等方面入手，进行相应方案调整。

表 8-10 系数估计和变量重要性

自变量	因变量	变量投影重要性				
x	y (stru)	t_1	t_2	t_3	t_4	t_5
常数	10.047	–	–	–	–	–
raise	0.079	0.305	0.732	0.720	0.720	0.725
toil	−0.006	1.096	1.050	1.032	1.020	1.017
SO_2	0.000	0.606	0.749	0.768	0.759	0.757
baby	0.004	1.074	1.030	1.013	1.002	1.000
preg	−0.002	1.031	0.995	0.985	1.026	1.028
infect	−0.003	1.124	1.075	1.061	1.054	1.061
perp	−0.018	1.002	0.972	0.956	0.944	0.942
perb	−0.078	1.046	1.006	0.991	0.984	0.982
fina	−0.241	1.228	1.206	1.209	1.223	1.225
specf	−3.50E−05	1.163	1.115	1.102	1.107	1.110
urban	−0.013	1.062	1.020	1.003	0.993	0.990
Gini	−13.754	1.046	1.001	0.984	1.040	1.046
ccon	0.161	0.545	0.917	0.921	0.909	0.919
vcon	−0.151	1.163	1.116	1.112	1.112	1.112
poli	0.441	0.903	0.864	1.026	1.051	1.048
edu	0.002	1.045	1.030	1.038	1.025	1.023

注：Me−0A＝M×10^{-A}科学计数法，下同。

8.5 小结

本章节对政府卫生支出城乡配置进行描述分析，结果表明政府卫生支出城乡支出比例日趋合理，但资源配置差距显著，政府卫生支出城乡结构存在明显不均等性。利用基尼系数和泰尔指数判定政府卫生支出城乡分配存在均等性风险，特别是在城市地区。通过区域和城乡两维度泰尔指数分析，发现政府卫生支出城乡配置结构不均等程度逐渐缓解，均等化水平不断提高，与政策导向基本一致。同时，城乡（区域）内部配置结构不均等是导致政府卫生支出城乡分配风险的主要原因。风险因素实证结果显示，农村卫生厕所普及率、甲乙类法定报告传染病发病率、每千人口医疗卫生机构床位数、财政支出分权、农村人均医疗保健支出占消费性支出比重、人均GDP，对自变量解释因变量的重要性较高，且与政府卫生支出城乡结构差异呈负相关，有利于降低政府卫生支出城乡分配均等性风险。

9 政府卫生支出层级分配风险分析

层级结构是政府卫生支出直接产出（医疗卫生资源）和间接产出（人群健康水平）的机制运行载体，反映出政府卫生支出在各支出层级的资金配置状态，其对政府卫生支出健康生产效率的影响相对直接。相关研究发现，政府卫生支出层级结构主要分为结构层级（三级/基层）和功能层级（医疗/预防）两个部分，结构层级是功能层级实现的物质载体，而功能层级是结构层级存在的职能体现。在政府卫生支出规模既定的前提下，如果政府卫生支出在结构层级和功能层级的费用配置不合理，则该支出所产生的直接"医疗卫生资源"和间接"人群健康水平"必将缺乏生产效率。因此，本章将使用集中指数和数据包络分析法，对政府卫生支出层级配置效率及资金分配进行风险分析，并实证检验其影响因素。

9.1 配置效率风险分析

9.1.1 "投入和产出"指标确定

政府卫生支出层级配置 DEA 产出指标，通过文献评述法获得。政府卫生支出结构层级配置，以"政府卫生支出""资源配置""资金分配""公平性""效率""健康产出""健康生产效率""结构层级""基层医疗机构""三级医疗机构"等词作为关键词，以这些关键词及其组合作为文献检索表达式，最终检索国内外相关文献 338 篇。通过数据资料整理和分析发现，结构层级中体现医疗和预防职能的相关指标无法使用数值有效区分，人群健康水平无法通过指标明确体现。因卫生资源配置是健康水平产出的物质基础，健康水平产出是卫生资源配置的必然结果。所以，本节使用卫生资源产出来替代健康水平产出。根据数据可得性和指标合理性、重要性和敏感性进行筛选、评分和得分排序。最终选取入院人数（人）、出院人数（人）、病床使用率（%）、诊疗人数（人次）、医师日均担负诊疗人次（人次）和医师日均担负住院床日（天）6 个指标作为政府卫生支出（亿元）"结构层级"产出，分析政府卫生支出在三级和基层医疗机构间的资金分配和产出效率。

政府卫生支出功能层级配置，以"政府卫生支出""资源配置""资金分配""公平性""效率""健康产出""健康生产效率""功能层级""医疗""预防"等词作为关键词，以这些关键词及其组合作为文献检索表达式，最终检索国内外相关文献 344 篇。通过数据资料整理分析发现，因慢性病概念过于笼统，慢性病发病率和患病率等指标无法获取各门类详尽数据。经专家焦点访谈，决定使用高血压患病率、糖尿病患病率、（40 岁以上）慢性阻塞性肺病患病率和癌症发病率等进行指标替代。根据数据可得性和指标合理性、重要性和敏感性进行筛选、评分和得分排序，最终选取入院人数（人）、出院人数（人）、病床使用率（%）、医师日均担负诊疗人次（人次）、医师日均担负住院床日（天）、诊疗人数（人次）6 个指标作为政府卫生支出（亿元）"医疗职能"产出。同时，选取高血压患病率（%）、糖尿病患病率（%）、（40 岁以上）慢性阻塞性肺病患病率（%）、癌症发病率（1/10 万）、传染病发病率（1/10 万）、孕产妇死亡率（1/10 万）、婴儿死亡率（1/10 万）、医师日均担负诊疗人次（人次）8 个指标作为政府卫生支出（亿元）"预防职能"产出，共同分析政府卫生支出在功能层级方面的资金分配和产出效率。

9.1.2 政府卫生支出层级分配分析

1. 总体层级分配分析

2010—2017 年，政府卫生支出层级配比呈现"结构层级配比下降、功能层级配比上升"的发展趋势，且功能层级（医疗/预防）政府卫生支出配比差额大于结构层级（三级/基层）。其中，结构层级（三级/基层）从 1.284（2010）下降到 0.892（2017），下降幅度 30.53%，除 2010 年外，其他年份围绕配比均值 0.948 上下波动；功能层级（医疗/预防）配比波动明显，从 3.044（2010）上升为 3.634（2017），上升幅度 19.38%，2012 和 2014 年较均值波动较大，为 3.844 和 3.233。上述数据说明，该阶段政府对基层医疗卫生机构和预防职能的资金补助不断增加，注重弥补政府卫生支出在"三级和基层""医疗和预防"方面配比失衡问题。

2. 结构层级分配分析

政府卫生支出与各产出指标在三级和基层医疗卫生机构间的配比状况，如按照 1∶1 的投入产出比，三级医疗卫生机构在入院人数、出院人数和医师日均担负住院床日等方面的产出效果要明显优于基层。同时，病床使用率、诊疗人次、医师日均担负诊疗人次结构层级产出低于基层，其中，2010—2017 年病床使用率在三级和基层医疗卫生机构间配比均值仅为 0.333，且年份间波动尚不明显，从 0.300（2010）上升为 0.353（2017），增幅仅为 17.64%，说明三级医疗卫生机构病床使用率较低，无规划性的盲目扩张床位数应得到有效遏制。同时，数据分析发现，三级医疗卫生机构功能定位更倾向于住院服务，而基层医疗卫生机构则为诊疗服务，表明医疗卫生服务机构层级分工日趋明确，且分级诊疗制度日渐完善。

3. 功能层级分配分析

政府卫生支出与各产出指标在医疗和预防职能间的增长变化状况如下。

在医疗职能方面，2011—2017 年政府卫生支出年平均增长速度呈下降趋势，分为迅速下降（2011—2014 年）和平缓下降（2015—2017 年）两个阶段，年平均增长速度从 30.31%（2011）下降到 16.23%（2017），速度放缓 46.45%。在产出指标中，入院和出院人数增长曲线几乎吻合，2011—2017 年增速均值分别为 9.328% 和 9.304%；同时，医师日均担负诊疗人次、医师日均担负住院床日和诊疗人数增长速度均有所趋缓，降幅分别为 75.95%、80.12% 和 33.80%，其中，医师日均担负住院床日下降幅度最大，从 12.50%（2011）下降到 2.49%（2017）；病床使用率为负增长状态，且增速变化最为明显，从 -6.19%（2011）快速下降到 -9.50%（2012），后急速反弹为 -0.48%（2017），变化幅度为 92.20%，数据表明，随着日渐完善的医疗保障制度，大量的特重大疾病刚性医疗需求得到有效释放。

在预防职能方面，2011—2017 年政府卫生支出年平均增长速度从 13.94%（2011）下降到 13.33%（2017），增速略有波动但整体呈下降趋势。在产出指标中，衡量人群健康水平的孕产妇死亡率和婴儿死亡率，8 年间增速均值分别为 4.22% 和 1.21%，且降幅为 64.13% 和 12.68%；传染病发病率以 2013 年为时间节点，增速波动较大，从 -24.31%（2011）快速上升到 28.86%（2013），后缓慢回落到 13.79%（2017）；同时，衡量慢性病发展状况的高血压和糖尿病防控效果较好，2011—2017 年发病率增速下降幅度达到 86.69% 和 87.05%；而受环境因素、社会因素和个人生活作息习惯等影响，慢性阻塞性肺病患病率（40 岁以上）和癌症发病率的年平均增长速度居高不下，防控效果尚不明显；医师日均担负诊疗人次，增速呈下降趋势，增速均值为 5.97%，从 8.70%（2011）下降到 3.20%（2017），速度放缓 63.24%。

9.1.3 效率测算与分析

9.1.3.1 指标相关系数分析

DEA 效率评价要求投入和产出指标应均呈正相关关系，即投入越大，产出越大的模型运算要求。表 9-1、9-2 和 9-3 列出了"政府卫生支出"投入指标与层级结构的各产出指标之间的相关系数。结果显示，结构层级中三级医疗机构的"政府卫生支出"与"病床使用率"以及基层医疗机构"政府卫生支出"与"病床使用率、医师日均担负住院床日"产出指标呈负相关关系；功能层级中医疗职能的"政府卫生支出"与"病床使用率"以及预防职能"政府卫生支出"与"糖尿病患病率、传染病发病率、孕产妇死亡率和婴儿死亡率"产出指标之间，也呈现负相关关系，不符合投入和产出指标呈正相关关系的 DEA 计算要求。因此，对上述产出指标数值（M）做了"1-M"处理，重新计算政府卫生支出和相关指标之间的相关关系。通过数值处理，"政府卫生支出"投入指标与所有层级结构产出指标之间的相关系数均为正值，满足 DEA 测算条件。

表 9-1 投入和产出指标的相关系数（结构层级）

结构层级	指标	政府卫生支出	入院人数	出院人数	病床使用率	诊疗人数	医师日均担负诊疗人次	医师日均担负住院床日
调整前（三级）	政府卫生支出	1.000						
	入院人数	0.972	1.000					
	出院人数	0.972	1.000	1.000				
	病床使用率	-0.696	-0.568	-0.566	1.000			
	诊疗人数	0.967	0.999	0.999	-0.561	1.000		
	医师日均担负诊疗人次	0.640	0.774	0.776	-0.026	0.795	1.000	
	医师日均担负住院床日	0.572	0.716	0.718	0.079	0.737	0.986	1.000
调整后（三级）	政府卫生支出	1.000						
	入院人数	0.972	1.000					
	出院人数	0.972	1.000	1.000				
	病床使用率	0.696	0.568	0.566	1.000			
	诊疗人数	0.967	0.999	0.999	0.561	1.000		
	医师日均担负诊疗人次	0.640	0.774	0.776	0.026	0.795	1.000	
	医师日均担负住院床日	0.572	0.716	0.718	-0.079	0.737	0.986	1.000

表9-1（续）

结构层级	指标	政府卫生支出	入院人数	出院人数	病床使用率	诊疗人数	医师日均担负诊疗人次	医师日均担负住院床日
调整前（基层）	政府卫生支出	1.000						
	入院人数	0.652	1.000					
	出院人数	0.609	0.998	1.000				
	病床使用率	-0.348	-0.578	-0.578	1.000			
	诊疗人数	0.891	0.698	0.655	-0.415	1.000		
	医师日均担负诊疗人次	0.668	0.480	0.438	-0.360	0.916	1.000	
	医师日均担负住院床日	-0.191	0.433	0.462	-0.094	0.097	0.189	1.000
调整后（基层）	政府卫生支出	1.000						
	入院人数	0.652	1.000					
	出院人数	0.609	0.998	1.000				
	病床使用率	0.348	0.578	0.578	1.000			
	诊疗人数	0.891	0.698	0.655	0.415	1.000		
	医师日均担负诊疗人次	0.668	0.480	0.438	0.360	0.916	1.000	
	医师日均担负住院床日	0.191	-0.433	-0.462	-0.094	-0.097	-0.189	1.000

表9-2 投入和产出指标的相关系数（功能层级——医疗）

功能层级	指标	政府卫生支出	入院人数	出院人数	病床使用率	医师日均担负诊疗人次	医师日均担负住院床日	诊疗人数
调整前（医疗）	政府卫生支出	1.000						
	入院人数	0.980	1.000					
	出院人数	0.980	1.000	1.000				
	病床使用率	-0.212	-0.065	-0.062	1.000			
	医师日均担负诊疗人次	0.564	0.674	0.675	0.544	1.000		
	医师日均担负住院床日	0.613	0.708	0.709	0.521	0.972	1.000	
	诊疗人数	0.947	0.985	0.985	0.048	0.786	0.802	1.000
调整后（医疗）	政府卫生支出	1.000						
	入院人数	0.980	1.000					
	出院人数	0.980	1.000	1.000				
	病床使用率	0.212	0.065	0.062	1.000			
	医师日均担负诊疗人次	0.564	0.674	0.675	-0.544	1.000		
	医师日均担负住院床日	0.613	0.708	0.709	-0.521	0.972	1.000	
	诊疗人数	0.947	0.985	0.985	-0.048	0.786	0.802	1.000

表9-3　投入和产出指标的相关系数（功能层级——预防）

功能层级	指标	政府卫生支出	高血压患病率	糖尿病患病率	慢性阻塞性肺病患病率	癌症发病率	传染病发病率	孕产妇死亡率	婴儿死亡率	医师日均担负诊疗人次
调整前（预防）	政府卫生支出	1.000								
	高血压患病率	0.568	1.000							
	糖尿病患病率	-0.563	-0.635	1.000						
	慢性阻塞性肺病患病率	0.927	0.545	-0.440	1.000					
	癌症发病率	0.211	-0.201	-0.157	0.346	1.000				
	传染病发病率	-0.904	-0.701	0.449	-0.856	0.107	1.000			
	孕产妇死亡率	-0.459	-0.492	0.730	-0.318	-0.305	0.324	1.000		
	婴儿死亡率	-0.966	-0.646	0.692	-0.848	-0.166	0.895	0.631	1.000	
	医师日均担负诊疗人次	0.780	0.760	-0.820	0.569	-0.021	-0.740	-0.724	-0.891	1.000

表9-3（续）

功能层级	指标	政府卫生支出	高血压患病率	糖尿病患病率	慢性阻塞性肺病患病率	癌症发病率	传染病发病率	孕产妇死亡率	婴儿死亡率	医师日均担负诊疗人次
调整后（预防）	政府卫生支出	1.000								
	高血压患病率	0.568	1.000							
	糖尿病患病率	0.563	0.635	1.000						
	慢性阻塞性肺病患病率	0.927	0.545	0.440	1.000					
	癌症发病率	0.211	-0.201	0.157	0.346	1.000				
	传染病发病率	0.904	0.701	0.449	0.856	-0.107	1.000			
	孕产妇死亡率	0.459	0.492	0.730	0.318	0.305	0.324	1.000		
	婴儿死亡率	0.966	0.646	0.692	0.848	0.166	0.895	0.631	1.000	
	医师日均担负诊疗人次	0.780	0.760	0.820	0.569	-0.021	0.740	0.724	0.891	1.000

注：慢性阻塞性肺病患病率为40岁以上慢性阻塞性肺病患病率（下同）。

9.1.3.2 效率测算与风险分析

表9-4为DEA（投入导向型）测算的基于层级配置的政府卫生支出生产效率，其中，主要涉及结构层级（三级与基层）和功能层级（医疗与预防）的综合效率（TE）、技术效率（PTE）、规模效率（SE）和规模报酬（RTS）等相关分析。

表 9-4 层级配置生产效率

层级		年份	TE	PTE	SE	RTS
结构层级	三级	2010	1.000	1.000	1.000	0
		2011	0.872	1.000	0.872	−1
		2012	0.878	1.000	0.878	−1
		2013	0.862	0.996	0.865	−1
		2014	0.844	1.000	0.844	−1
		2015	0.684	1.000	0.684	−1
		2016	0.654	1.000	0.654	−1
		2017	0.634	1.000	0.634	−1
	基层	2010	1.000	1.000	1.000	0
		2011	0.631	0.886	0.713	−1
		2012	0.518	1.000	0.518	−1
		2013	0.469	1.000	0.469	−1
		2014	0.439	1.000	0.439	−1
		2015	0.353	1.000	0.353	−1
		2016	0.315	0.847	0.372	−1
		2017	0.282	1.000	0.282	−1

表9-4(续)

层级		年份	TE	PTE	SE	RTS
功能层级	医疗	2010	1.000	1.000	1.000	0
		2011	0.798	1.000	0.798	−1
		2012	0.736	1.000	0.736	−1
		2013	0.694	1.000	0.694	−1
		2014	0.672	1.000	0.672	−1
		2015	0.550	1.000	0.550	−1
		2016	0.522	0.983	0.531	−1
		2017	0.503	1.000	0.503	−1
	预防	2010	1.000	1.000	1.000	0
		2011	1.000	1.000	1.000	0
		2012	0.977	1.000	0.977	−1
		2013	1.000	1.000	1.000	0
		2014	0.871	1.000	0.871	−1
		2015	0.882	1.000	0.882	−1
		2016	0.959	1.000	0.959	−1
		2017	0.737	1.000	0.737	−1

注：TE 表示 Technical Efficiency Score，综合效率；PTE 表示 Pure Technical Efficiency Score，技术效率；SE 表示 Scale Efficiency Score，规模效率；RTS 表示规模报酬，其中 0 值表示规模报酬不变，1 值表示规模报酬递增，−1 值表示规模报酬递减。下同。

1. 综合效率分析

综合效率，常用来衡量政府卫生支出层级生产效率的总体情况，其值为技术效率值和规模效率值的乘积，若效率值为 1，则决策单元资源配置为有效；若效率值小于 1，则资源配置无效。2010—2017 年政府卫生支出结构层级综合效率逐年降低，仅 2010 年为效率有效，2011—2017 年总体呈无效状态，且 2015—2017 年为低效率。其中，三级综合效率从 1.000（2010）下降到 0.634（2017），降幅为 36.57%，明显低于基层的 71.17%，即在政府卫生支出结构层级生产效率整体偏低的前提下，三级医疗卫生机构的政府卫生支出生产效率略优于基层医疗机构。同时，2010—2017 年政府卫生支出功能层级综合效率中，医疗职能综合效率呈逐年降低趋势，综合效率变化明显，降幅达到 49.70%，仅 2010 年处于效率前沿面，DEA 有效，2013—2017 年为低效率状态。而预防职能综合效率 8 年间波动相对平缓，降幅仅为 26.24%，在 2010、2011 和 2013 年为综合效率有效，预防整体生产效率高于医疗，为中高效率，与"预防为主"的新时代卫生工作方针一致，预防着眼于避免和减少疾病发生，效果远胜于治疗，政府卫生支出应加大对医疗卫生服务"预防职能"的资金支持力度。

2. 技术效率分析

技术效率反映了在政府卫生支出规模一定的情况下，结构层级和功能层级的医疗规划和资金管理水平。2010—2017 年，基于层级配置的政府卫生支出技术效率总体呈有效状态，结构层级中，仅三级医疗卫生机构在 2013 年技术效率无效值为高效率（0.996），且 2011 和 2016 年基层医疗卫生机构技术效率大于 0.840，处于中效率状态；而功能层级的技术效率整体高于结构层级，仅医疗职能 2016 年政府卫生支出技术效率无效，高效率值为 0.983。上述结果表明，影响政府卫生支出层级生产效率的主要原因，不是层级在医疗规划和资金管理水平方面的差异，而是由政府卫生支出层级间不合理规模配比导致，即规模效率是导致综合效率低效的主要原因。

3. 规模效率分析

规模效率表示由靠近最优生产规模而引发的生产率增加量，DEA 有效值为 1，即政府卫生支出生产效率在支出数量方面接近最优规模。2010—2017 年，基于层级配置的政府卫生支出规模效率总体呈下降趋势，与综合效率数值变化基本一致，且结构层级数值变化幅度大于功能层级。结构层级中，仅 2010 年规模效率有效，三级医疗卫生机构规模效率均值为 0.804，明显高于基层均值 0.518，其中，三级医疗卫生机构规模效率 2011—2014 年为中效率，2015—2017 年规模效率下降，呈低效率状态。而基层医疗卫生机构仅 2010—2011 年规模效率值大于 0.7，其余年份均为低效率，从 0.518（2012）下降到 0.282（2017），降幅约为 46%。同时，功能层级中，医疗职能在 2010—2017 年规模效率变化较大，均值为 0.686，明显低于预防职能（0.929），仅 2010 年规模效率有效，2011—2012 年为中效率，2013—2017 年为低效状态。而 2010—2017 年预防规模效率值呈平稳下降趋势，从 1.000（2010）下降到 0.737（2017），降幅 26.30%。其中，2010、2011 和 2013 年规模效率处于效率前沿面，2016 年为高效率值，且 2014、2015 和 2017 年，效率值大于 0.7，为中效率。通过上述分析，发现基层医疗卫生机构和医疗职能的政府卫生支出资金补助数量和健康产出之间数值不对等，应适当调整层级间资金规模配比，以接近最优规模分配。

4. 规模效率与技术效率分析

综合效率等于规模效率和技术效率的乘积，则技术和规模组合效率点越接近效率前沿面，其变为有效值的可能性就越大，是最应被重视和提高的效率部分，同时，对远离前沿面的组合效率点，应该进行风险防范。DEA 无效值中，技术和规模组合效率共三类，分别为技术有效且规模无效、技术无效且规模有效、技术无效且规模无效。对 2010—2017 年政府卫生支出层级配置生产效率无效值，进行技术和规模组合效率分析，结果如下。无效值技术效率和规模效率组合，主要以技术有效且规模无效为主；2015—2017 年技术和规模组合效率的无效数值整体呈下降趋势，2017 年为低效率（结构层级和医疗职能）和中效率（预防职能）；较功能层级，结构层级大部分年份的技术和规模组合效率无效值远离效率前沿面，处于低效率状态。其中，基层技术和规模组合低效的年份数，相比于三级医疗卫生机构较多，而三级技术和规模的无效组合主要以中效率为主；

功能层级中，预防职能的技术和规模组合效率的无效值较医疗职能，更接近效率生产前沿面，处于高效率的年份数相对较多，且无低效率年份，而医疗职能则主要以低效率为主。上述结果表明，近年来，政府卫生支出层级生产效率偏低，层级间政府卫生支出规模配比不合理的状况日益严重。另外，三级和预防是提高生产效率的主要层级，而基层和医疗是防范政府卫生支出生产低效的关键。

5. 规模报酬分析

规模报酬是指其他条件不变时，相同比例投入能够带来的边际产出，分为规模报酬递增、规模报酬不变和规模报酬递减三种类型，即投入与产出的增加比例关系为大于、等于和小于。由表 9-4 可知，2010—2017 年政府卫生支出层级生产效率，主要以规模报酬递减为主，其中，结构层级和医疗职能生产效率仅 2010 年为规模报酬不变，其他年份均为规模报酬递减。而预防职能生产效率，在 2010、2011 和 2013 年呈规模报酬不变，2012 年和 2014—2017 年为规模报酬递减。上述分析说明，投入与产出在层级配比方面存在严重问题，且日渐突出。

6. 进一步分析

基于上述层级低效率分析结果，进一步对政府卫生支出层级配置低效率风险进行分析。综合效率、技术效率和规模效率的比较结果显示，2010—2017 年政府卫生支出结构层级的技术效率较为平稳，以技术有效为主，而综合效率和规模效率呈下降趋势，且效率变化明显。其中，三级综合效率和规模效率于 2015 年后进入低效率状态，同时，2011 和 2012 年是基层综合效率和规模效率进入低效率的时间分界点。政府卫生支出功能层级的技术效率较为平稳，除 2016 年（医疗职能）效率值为 0.983 外，其他年份均为技术有效，且综合效率和规模效率呈下降趋势。其中，医疗职能的综合效率变化较为明显，且其与规模效率于 2013 年后进入低效率状态，而预防职能的综合效率以无效值为主，为中高效率。数据表明，目前政府卫生支出结构层级和医疗功能层级存在低效风险，规模效率是导致结构层级和医疗功能层级低效率、预防功能层级无效状态的主要原因，即政府卫生支出层级生产低效风险主要由政府卫生支出在结构和功能层级间资金分配的不合理导致。

9.2 资金分配风险分析

本节使用集中指数对基于生产效率的政府卫生支出层级分配均等性风险进行分析。集中指数被定义为按照生产效率分布所形成的政府卫生支出层级间平均差距，相对于政府卫生支出层级总体期望值的相对偏离程度。集中指数取值范围为-1~1，数值越接近-1和1，不均等程度越高。如取值为0，则资金层级分配绝对公平；如取值小于0，则资金层级分配倾向于生产效率低的层级，存在不均等性；如取值大于0，则资金层级分配倾向于生产效率高的层级，存在不均等性。因集中指数是改进的基尼系数法，因此借鉴基尼系数的数值等级划分风险标准，集中指数绝对值为0.4~0.6，即认为政府卫生支出层级分配处于风险警戒状态，为风险临界点；如超过0.6，则为高风险状态。由表9-5可知，政府卫生支出层级结构分为功能层级和结构层级两部分，基于生产效率的政府卫生支出结构层级分配，集中指数为0.630，超过0.6，说明政府卫生支出在三级和基层医疗卫生机构的资金分配存在高度不均等性风险。其中，三级医疗卫生机构集中指数为0.746，处于高风险状态，而基层医疗卫生机构集中指数略低于三级医疗卫生机构，为0.591，尚在风险警戒范围内，说明三级医疗卫生机构内部政府卫生支出资金分配较基层医疗机构，不均等程度更高。在政府卫生支出功能层级分配方面，集中指数为0.518，超过0.4，说明政府卫生支出在医疗和预防的资金支出配比，处于风险警戒状态。其中，医疗和预防的集中指数分别为0.697和0.788，均处于高风险状态。与医疗职能相比，政府卫生支出在预防职能分配方面不均等风险较高，需加强风险防范。同时，基于层级结构的政府卫生支出与生产效率对比分析结果显示，2010—2017 年（医疗/预防）生产效率产出与政府卫生支出投入均值配比为 0.211：1.000，（三级/基层）生产效率产出与政府卫生支出投入均值配比为 1.692：1.000，与集中指数风险分析结果一致，从而验证了使用集中指数计算政府卫生支出层级分配均等性风险的合理性。

表 9-5　2010—2017 年基于生产效率的政府
卫生支出层级分配分析（集中指数）

层级	集中指数	
结构层级		0.630
	三级	0.746
	基层	0.591
功能层级		0.518
	医疗	0.697
	预防	0.788

政府卫生支出在三级和基层医疗卫生机构分配为 0.948：1.000，而基于政府卫生支出结构层级的生产效率，三级医疗卫生机构的综合效率、技术效率和规模效率，分别是基层医疗机构的 1.604、1.034 和 1.55 倍。影响三级和基层效率差异的主要原因，不是政府卫生支出在结构层级间的数量规模配比，而是机构内部医疗健康规划和政府卫生支出资金管理水平。且该不均衡状况日益严重，尚未缓解。其中，（三级/基层）技术效率与规模效率差异从 1：1（2010）上升到1：2.248（2017）；医疗和预防职能的政府卫生支出配比为 3.491：1.000，而基于政府卫生支出功能层级的生产效率，医疗职能的综合效率、技术效率和规模效率，仅为预防职能的 0.737、0.998 和0.738 倍，政府卫生支出数量规模配比，是影响功能层级效率差异的主要原因。

9.3　层级风险因素分析

通过上述分析，我们发现基于生产效率的政府卫生支出在结构层级分配方面，存在均等性风险，且功能层级分配亦处于风险警戒状态。同时，政府卫生支出结构层级和医疗职能层级存在低效风险。本节将进一步利用2010—2017年时间序列数据，对政府卫生支出结构层级和功能层级分别进行风险因素分析。

9.3.1　结构层级风险因素分析

9.3.1.1　风险因素确定

经过专家焦点访谈等方法，聘请14名专家从已建立的政府卫生支出风险因素指标体系，筛选与政府卫生支出结构层级风险相关的影响因素，共17个指标（见表9-6）。涉及人群健康水平、卫生保健因素、制度因素等6个维度，被解释变量为结构层级生产效率比，使用三级医疗卫生机构健康生产效率/基层医疗卫生机构生产效率来衡量。

表9-6　政府卫生支出结构层级风险因素

变量	变量分类	变量指标	变量代称
被解释变量	结构层级生产效率比	三级生产效率/基层生产效率	effi
解释变量	人群健康水平	婴儿死亡率	baby
		孕产妇死亡率	preg
		甲乙类法定报告传染病发病率	infec

表9-6(续)

变量	变量分类	变量指标	变量代称
解释变量	卫生保健因素	每千人口卫生技术人员数	perp
		每千人口医疗卫生机构床位数	perb
		基层医疗卫生机构数	insti
	制度因素	财政支出分权	fdec
		一般性转移支付	genf
		财政自给率	fself
	社会因素	城镇化率	urban
		基尼系数	Gini
		城镇人均医疗保健支出占消费性支出比重	cper
		农村人均医疗保健支出占消费性支出比重	vper
		社会医疗保障总额占卫生总费用比重	sthe
	文化因素	15岁及以上人口受教育程度	edu
	经济	政府卫生支出占GDP比重	gGDP
		政府卫生支出年平均增长速度	grate

9.3.1.2 指标相关性分析

由表9-7可知，某些自变量之间存在高度相关性，相关系数超过0.9。其中，基尼系数与婴儿死亡率、城镇化的相关系数分别为0.919和-0.904；农村人均医疗保健支出占消费性支出比重与一般性转移支付、婴儿死亡率的相关系数绝对值均大于0.950；同时，一般性转移支付和每千人口卫生技术人员数、每千人口医疗卫生机构床位数、基层医疗卫生机构数呈正相关关系，相关系数均大于0.910，属高度相关。因此，偏最小二乘回归作为研究方法优势显著。

表 9-7 指标变量相关系数

	effi	baby	preg	infec	perp	perb	insti	fdec	genf	fself	urban	Gini	cper	vper	sthe	edu	gGDP	grate
effi	1.000																	
baby	-0.981	1.000																
preg	-0.686	0.631	1.000															
infec	-0.832	0.895	0.324	1.000														
perp	0.943	-0.983	-0.520	-0.907	1.000													
perb	0.955	-0.990	-0.549	-0.903	0.999	1.000												
insti	0.876	-0.864	-0.474	-0.710	0.886	0.884	1.000											
fdec	0.849	-0.764	-0.707	-0.568	0.665	0.690	0.752	1.000										
genf	0.977	-0.989	-0.577	-0.879	0.988	0.992	0.916	0.753	1.000									
fself	-0.219	0.349	-0.006	0.363	-0.475	-0.443	-0.466	0.101	-0.375	1.000								
urban	0.950	-0.985	-0.541	-0.900	0.998	0.998	0.906	0.697	0.992	-0.472	1.000							
Gini	-0.873	0.919	0.573	0.847	-0.896	-0.903	-0.766	-0.748	-0.891	0.298	-0.904	1.000						
cper	0.611	-0.707	-0.271	-0.654	0.807	0.786	0.769	0.243	0.752	-0.808	0.805	-0.641	1.000					
vper	0.986	-0.952	-0.684	-0.760	0.911	0.925	0.904	0.892	0.955	-0.217	0.924	-0.858	0.580	1.000				
sthe	0.812	-0.764	-0.629	-0.573	0.673	0.698	0.635	0.898	0.733	0.156	0.686	-0.832	0.221	0.851	1.000			
edu	0.557	-0.527	-0.543	-0.366	0.473	0.485	0.642	0.776	0.534	-0.060	0.518	-0.705	0.345	0.616	0.702	1.000		
gGDP	0.907	-0.950	-0.544	-0.882	0.956	0.955	0.903	0.736	0.951	-0.487	0.969	-0.945	0.789	0.894	0.704	0.676	1.000	
grate	-0.882	0.930	0.434	0.873	-0.963	-0.960	-0.787	-0.506	-0.938	0.461	-0.946	0.782	-0.792	-0.829	-0.554	-0.237	-0.846	1.000

9.3.1.3 实证结果分析

表9-8为潜在因子对自变量（x）和因变量（y）的方差解释比例，政府卫生支出结构层级风险因素的偏最小二乘回归模型提取t_1、t_2、t_3、t_4和t_5，共5个潜在因子，用于综合解释变量变异信息。从结果来看，它们能够解释自变量（x）97.80%的信息，解释因变量（y）100.00%的信息，其中，t_1具有很好信息提取效果，其可以解释因变量（y）94.90%的信息，对自变量（x）的信息利用率为74.70%。且t_1和t_2累积解释因变量（y）和自变量（x）信息的98.30%和86.20%。

表9-8　潜在因子已解释的方差比例

潜在因子	X方差	累积 X方差	Y方差	累积 Y方差 （R^2）	调整后R^2
t_1	0.747	0.747	0.949	0.949	0.940
t_2	0.115	0.862	0.034	0.983	0.977
t_3	0.061	0.924	0.014	0.997	0.995
t_4	0.030	0.953	0.003	0.999	0.999
t_5	0.025	0.978	0.000	1.000	1.000

表9-9为潜在因子的系数估计和变量投影重要性，因变量关于自变量的偏最小二乘回归结果为

$$
\begin{aligned}
\text{effi} = &-6.504 - 0.019\text{baby} - 0.01\text{preg} - 0.003\text{infec} + 0.044\text{perp} \\
&+ 0.047\text{perb} + (5.518\text{E}-06)\text{insti} + 0.148\text{fdec} + (6.645\text{E}-06)\text{genf} \\
&+ 1.939\text{fself} + 0.011\text{urban} + 3.534\text{Gini} - 0.030\text{cper} + 0.092\text{vper} + 0.006\text{sthe} \\
&- 0.072\text{edu} + 0.055\text{gGDP} - 0.073\text{grate}
\end{aligned} \tag{9-1}
$$

其中，除婴儿死亡率、孕产妇死亡率、甲乙类法定报告传染病

发病率、城镇人均医疗保健支出占消费性支出比重、15 岁及以上人口受教育程度和政府卫生支出年平均增长速度 6 个变量外，其他自变量（ x ）与因变量（ y ）的参数估计均为正值，即自变量越大，三级医疗卫生机构与基层医疗卫生机构生产效率差值越大。因素分析发现，政府卫生支出年平均增长速度与结构层级生产效率比呈负相关关系，系数为-0.073，说明政府卫生支出数量上的可持续性和充足性，间接保证了结构配置的合理性。同时，15 岁及以上人口受教育程度的测算结果与预期不符，其与结构层级生产效率比呈负相关关系，表明人群受教育程度对政府卫生支出结构层级生产效率影响显著，受教育程度越高，预防保健意识越强，越容易趋于理性就诊，从而有利于缩小三级医疗卫生机构与基层医疗卫生机构在生产效率方面的差距。而农村人均医疗保健支出占消费性支出比重与结构层级生产效率比呈正相关关系，且系数为 0.092，农民因"看病难、看病贵"，医疗卫生服务刚性需求仍未得到有效释放，基层依旧是政府卫生支出资金扶持的重点。

VIP（variable importance in the projection）值大于 1，其在解释因变量方面作用相对越大。在 t_1、t_2、t_3、t_4 和 t_5 潜在因子情况下，婴儿死亡率、每千人口卫生技术人员数、每千人口医疗卫生机构床位数、基层医疗卫生机构数、财政支出分权、一般性转移支付、城镇化率、基尼系数、农村人均医疗保健支出占消费性支出比重、政府卫生支出占 GDP 比重和政府卫生支出年平均增长速度的自变量数值均大于 1，对政府卫生支出结构层级生产效率比的解释能力相对较大。如从潜在因子 t_1 进行分析，按自变量大于 1、且对因变量的解释重要性进行排序，排名前 11 的自变量依次是农村人均医疗保健支出占消费性支出比重（1.173）、婴儿死亡率（1.168）、一般性转移支付（1.163）、每千人口医疗卫生机构床位数（1.137）、城镇化率（1.131）、每千人口卫生技术人员数（1.122）、政府卫生支出占

GDP 比重（1.08）、政府卫生支出年平均增长速度（1.050）、基层医疗卫生机构数（1.043）、基尼系数（1.039）和财政支出分权（1.011）。结果表明，如要实现适宜的结构层级生产效率比值，规避政府卫生支出结构层级风险，应重视上述 11 个自变量因素，尤其从调节城乡收入差距、提高人群健康水平和人均医疗卫生资源配比等方面入手，开展相关工作。

表 9-9　系数估计和变量重要性

自变量	因变量	变量投影重要性				
x	y (effi)	t_1	t_2	t_3	t_4	t_5
常数		-6.504	－	－	－	－
baby	-0.019	1.168	1.149	1.143	1.142	1.142
preg	-0.010	0.817	0.844	0.841	0.841	0.842
infec	-0.003	0.990	0.973	0.967	0.967	0.968
perp	0.044	1.122	1.102	1.096	1.095	1.095
perb	0.047	1.137	1.117	1.111	1.110	1.110
insti	5.518E$-$6	1.043	1.025	1.019	1.024	1.024
fdec	0.148	1.011	1.024	1.017	1.018	1.018
genf	6.645E$-$6	1.163	1.144	1.139	1.138	1.138
fself	1.939	0.261	0.538	0.540	0.540	0.540
urban	0.011	1.131	1.111	1.104	1.103	1.103
Gini	3.534	1.039	1.027	1.041	1.046	1.046
cper	-0.030	0.727	0.787	0.783	0.782	0.782
vper	0.092	1.173	1.166	1.161	1.161	1.161
sthe	0.006	0.967	0.966	0.967	0.970	0.970
edu	-0.072	0.664	0.674	0.769	0.768	0.768
gGDP	0.055	1.080	1.069	1.066	1.065	1.064
grate	-0.073	1.050	1.032	1.041	1.040	1.039

9.3.2　功能层级风险因素分析

9.3.2.1　风险因素确定

经过专家焦点访谈等方法，聘请13名专家从已建立的政府卫生支出风险因素指标体系，筛选与政府卫生支出功能层级风险相关的影响因素，共16个指标。涉及人口因素、环境因素、卫生保健因素、制度因素、社会因素、文化因素和经济因素7个维度，被解释变量为功能层级生产效率比，使用医疗生产效率/预防生产效率来衡量。详见表9-10。

表9-10　政府卫生支出功能层级风险因素

变量	变量分类	变量指标	变量代称
被解释变量	功能层级生产效率比	医疗生产效率/预防生产效率	effi
解释变量	人口因素	65岁及以上人口比例	old
		15岁以下人口比例	fif
	环境因素	农村卫生厕所普及率	toil
		SO_2排放量	SO_2
	卫生保健因素	每千人口卫生技术人员数	perp
		每千人口医疗卫生机构床位数	perb
		基层医疗卫生机构数	vins
	制度因素	财政补助收入占医疗卫生机构总收入比例	gfins

表9-10（续）

变量	变量分类	变量指标	变量代称
解释变量	社会因素	城市恩格尔系数	cgen
		农村恩格尔系数	vgen
		城镇人均医疗保健支出占消费性支出比重	cper
		农村人均医疗保健支出占消费性支出比重	vper
		社会医疗保障总额占卫生总费用比重	sthe
	文化因素	15岁及以上人口受教育程度	edu
	经济因素	人均GDP	perG
		政府卫生支出占GDP比重	gGDP

9.3.2.2 指标相关性分析

由表9-11可知，某些自变量之间存在高度相关性，相关系数超过0.9。例如，每千人口医疗卫生机构床位数与65岁及以上人口比例、农村卫生厕所普及率、每千人口卫生技术人员数的相关系数分别为0.989、0.998和0.999。人均GDP与SO_2排放量、城市恩格尔系数、农村恩格尔系数呈高度负相关关系。而政府卫生支出占GDP比重和65岁及以上人口比例、农村卫生厕所普及率、每千人口卫生技术人员数、每千人口医疗卫生机构床位数、基层医疗卫生机构数、财政补助收入占医疗卫生机构总收入比例、人均GDP呈正相关关系，系数大于0.900，属高度相关。因此，偏最小二乘回归作为研究方法优势显著。

表 9-11 指标变量相关系数

	effi	old	fif	toil	SO₂	perp	perb	vins	gfins	cgen	vgen	cper	vper	sthe	edu	perG	gGDP
effi	1.000																
old	-0.752	1.000															
fif	-0.205	0.663	1.000														
toil	-0.831	0.985	0.550	1.000													
SO₂	0.651	-0.888	-0.847	-0.849	1.000												
perp	-0.798	0.994	0.586	0.998	-0.861	1.000											
perb	-0.809	0.989	0.557	0.998	-0.845	0.999	1.000										
vins	-0.796	0.900	0.574	0.883	-0.823	0.886	0.884	1.000									
gfins	-0.895	0.791	0.407	0.808	-0.689	0.792	0.793	0.912	1.000								
cgen	0.681	-0.834	-0.267	-0.876	0.616	-0.870	-0.871	-0.663	-0.553	1.000							
vgen	0.786	-0.925	-0.380	-0.959	0.737	-0.954	-0.958	-0.794	-0.691	0.972	1.000						
cper	-0.491	0.860	0.927	0.788	-0.915	0.807	0.786	0.769	0.655	-0.515	-0.633	1.000					
vper	-0.859	0.886	0.316	0.917	-0.676	0.911	0.925	0.904	0.853	-0.782	-0.888	0.580	1.000				
sthe	-0.759	0.616	-0.134	0.700	-0.248	0.673	0.698	0.635	0.698	-0.696	-0.736	0.221	0.851	1.000			
edu	-0.774	0.448	0.049	0.515	-0.317	0.473	0.485	0.642	0.824	-0.276	-0.402	0.345	0.616	0.702	1.000		
perG	-0.812	0.994	0.592	0.997	-0.868	0.999	0.997	0.908	0.818	-0.854	-0.946	0.816	0.919	0.677	0.508	1.000	
gGDP	-0.903	0.946	0.530	0.969	-0.835	0.956	0.955	0.903	0.907	-0.790	-0.894	0.789	0.894	0.704	0.676	0.966	1.000

9.3.2.3 实证结果分析

表 9-12 为潜在因子对自变量（x）和因变量（y）的方差解释比例，政府卫生支出功能层级风险因素的偏最小二乘回归模型提取 t_1、t_2、t_3、t_4 和 t_5，共 5 个潜在因子，用于综合解释变量变异信息。从结果来看，它们能够解释自变量（x）98.70%的信息，解释因变量（y）99.90%的信息，其中，t_1 具有很好信息提取效果，其可以解释因变量（y）75.50%的信息，对自变量（x）的信息利用率为 77.60%。t_1 和 t_2 累积解释因变量（y）和自变量（x）信息的 87.40%和 89.80%。

表 9-12　潜在因子已解释的方差比例

潜在因子	X 方差	累积 X 方差	Y 方差	累积 Y 方差（R^2）	调整后 R^2
t_1	0.776	0.776	0.755	0.755	0.714
t_2	0.123	0.898	0.119	0.874	0.823
t_3	0.059	0.957	0.049	0.922	0.864
t_4	0.023	0.98	0.068	0.991	0.978
t_5	0.007	0.987	0.008	0.999	0.996

表 9-13 为潜在因子的系数估计和变量投影重要性，因变量关于自变量的偏最小二乘回归结果为

$$\text{effi} = -9.910 + 0.02\text{old} + 0.434\text{fif} - 0.005\text{toil} - 0.016\text{perp} - 0.023\text{perb} + (3.97\text{E} - 06)\text{ vins} - 0.061\text{gfins} - 0.005\text{cgen} + 0.003\text{vgen} + 0.167\text{cper} - 0.028\text{vper} + 0.025\text{sthe} - 0.076\text{edu} - (1.25\text{E} - 06)\text{ perG} - 0.341\text{gGDP}$$

$$(9-2)$$

表 9-13　系数估计和变量重要性

自变量	因变量	变量投影重要性				
x	y (effi)	t_1	t_2	t_3	t_4	t_5
常数		-9.910	-	-	-	-
old	0.020	0.994	0.955	0.945	0.940	0.937
fif	0.434	0.271	0.835	0.819	0.957	0.954
toil	-0.005	1.099	1.021	0.995	0.978	0.976
SO_2	0.000	0.860	0.820	0.951	1.235	1.233
perp	-0.016	1.054	0.987	0.963	0.930	0.928
perb	-0.023	1.069	0.997	0.973	0.940	0.940
vins	3.97E-06	1.052	0.978	0.957	1.031	1.035
gfins	-0.061	1.183	1.196	1.216	1.193	1.189
cgen	-0.005	0.900	0.840	0.839	0.835	0.860
vgen	0.003	1.039	0.966	0.942	0.951	0.949
cper	0.167	0.649	0.824	0.820	1.014	1.014
vper	-0.028	1.136	1.073	1.052	1.024	1.032
sthe	0.025	1.003	1.027	1.095	1.238	1.233
edu	-0.076	1.023	1.249	1.260	1.216	1.215
perG	-1.25E-06	1.074	1.002	0.976	0.942	0.939
gGDP	-0.341	1.194	1.132	1.140	1.187	1.183

　　其中，SO_2 的估计参数约为 0.00。此外，除 65 岁及以上人口比例、15 岁以下人口比例、基层医疗卫生机构数、农村恩格尔系数、城镇人均医疗保健支出占消费性支出比重、农村人均医疗保健支出占消费性支出比重 6 个变量外，其他自变量（x）与因变量（y）的参数估计均为负值，即自变量越大，医疗与预防功能层级生产效率差值越小。因素分析发现，人均 GDP、政府卫生支出占 GDP 比重与功能层级健康生产效率比呈负相关关系，说明政府卫生支出在功能层级分配不合理，"重医疗轻预防"现象明显。同时，每千人口卫

生技术人员数、每千人口医疗卫生机构床位数和功能层级生产效率比呈负相关关系，进一步阐明政府卫生支出缺乏对预防职能的资金补助，卫生资源配置不足是影响预防职能发挥作用的主要因素。而基层医疗卫生机构数对功能层级生产效率比影响相对不显著，间接说明医疗机构数量并不决定其功能定位，功能定位应建立在人群健康水平和医疗生产效率之上。

VIP（variable importance in the projection）值大于1，其在解释因变量时作用相对越大。在 t_1、t_2、t_3、t_4 和 t_5 潜在因子情况下，财政补助收入占医疗卫生机构总收入比例、农村人均医疗保健支出占消费性支出比重、社会医疗保障总额占卫生总费用比重、15 岁及以上人口受教育程度和政府卫生支出占 GDP 比重的自变量数值均大于1，对政府卫生支出功能层级健康生产效率比的解释能力相对较大。如从潜在因子 t_1 进行分析，按自变量大于1、且对因变量的解释重要性进行排序，排名前 11 的自变量依次是政府卫生支出占 GDP 比重（1.194）、财政补助收入占医疗卫生机构总收入比例（1.183）、农村人均医疗保健支出占消费性支出比重（1.136）、农村卫生厕所普及率（1.099）、人均 GDP（1.074）、每千人口医疗卫生机构床位数（1.069）、每千人口卫生技术人员数（1.054）、基层医疗卫生机构数（1.052）、农村恩格尔系数（1.039）、15 岁及以上人口受教育程度（1.023）和社会医疗保障总额占卫生总费用比重（1.003）。结果表明，如要实现适宜的功能层级生产效率比值，规避政府卫生支出功能层级风险，应重视上述 11 个自变量因素，从完善医疗保障制度、适度提高政府卫生支出资金规模等方面，完善政策方案。

9.4　小结

　　本章使用数据包络分析法和集中指数，对政府卫生支出层级配置效率和资金分配进行风险分析。结果表明，目前政府卫生支出结构层级和医疗功能层级存在低效风险，规模效率是导致结构层级和医疗功能层级低效率、预防功能层级无效状态的主要原因。基于生产效率的政府卫生支出结构层级分配，集中指数为 0.630，存在均等性风险。其中，三级医疗卫生机构集中指数为 0.746，处于高风险状态，而基层医疗卫生机构集中指数为 0.591，尚在风险警戒范围内。在政府卫生支出功能层级分配方面，集中指数为 0.518，处于风险警戒状态。其中，医疗和预防的集中指数分别为 0.697 和 0.788，均处于高风险状态。风险因素实证结果显示，婴儿死亡率和政府卫生支出年平均增长速度对自变量解释因变量的重要性较高，且与结构层级生产效率比呈负相关关系，可有效抑制不合理的三级医疗卫生机构与基层医疗卫生机构生产效率差值。同时，在功能层级风险因素研究方面，财政补助收入占医疗卫生机构总收入比例、15 岁及以上人口受教育程度、农村人均医疗保健支出占消费性支出比重，对自变量解释因变量的重要性较高，是促使医疗与预防功能层级生产效率差值变大的主要原因。

10 政府卫生支出区域分配风险
分析

医疗卫生资源配置，是政府通过卫生财政支出的形式，直接或者间接地介入医疗卫生服务市场，将资金投入转化为满足人群健康水平的各类医疗卫生服务和产品。因此，政府卫生支出区域配置应包含政府卫生支出的财政资金分配和由资金转化的卫生资源配置两部分内容。卫生资源配置政策的实施，离不开政府卫生财政资金扶持；而卫生资源配置在一定程度上能够反映资金分配的公平性。基于"帕累托最优"理论，医疗卫生资源配置的经济学评价，应为资源配置效益既定成本最小化或成本既定效益最大化。同时，资源配置的公平性是基于配置效率基础之上，政府卫生支出区域分配公平性可以理解为从公平性视角出发，有限的政府卫生支出和医疗卫生资源在一定的区域空间内，进行优化配置和组合，从而达到投入最小化，即数据包络分析投入导向型。

因此，本章首先使用基尼系数和泰尔指数测算政府卫生支出的区域资金分配是否存在公平性风险。如果存在风险，那是否会影响区域卫生资源配置，进一步使用 DEA 进行资源配置风险分析，并实证检验其影响因素。

10.1 区域卫生资金分配风险分析

10.1.1 描述性分析

对东部、中部和西部三大区域"政府卫生支出"进行整体比较分析。从时间序列看，政府卫生支出呈逐年升高趋势；从横向区域看，政府卫生支出呈由东向西逐级递减趋势，各区域资金分配不均衡。其中，东部地区的广东和江苏，中部地区的河南和安徽，西部地区的四川和云南的政府卫生支出总量相对较高。基于此，本节使用基尼系数，对政府卫生支出区域公平性进一步分析。

10.1.2 风险测算

本节基尼系数是基于不同区域人口配置，采用直接法计算。如表 10-1 所示，对 2005 年、2010 年和 2015 年 31 个省份及东部、中部和西部地区的基尼系数进行测算。

表 10-1　政府卫生支出区域分配公平性分析（基尼系数）

年份	基尼系数			
	31 省份	东部地区	中部地区	西部地区
2005	0.48	0.53	0.23	0.45
2010	0.47	0.45	0.21	0.58
2015	0.50	0.48	0.37	0.59

结果显示，31 省份基尼系数为 0.48~0.50，整体呈上升趋势，曲线波动稳定，政府卫生支出区域资金分配处于风险警戒状态。西部地区基尼系数大于东部，且东部大于中部，西部地区各省份间政府卫生支出分配风险最为明显。由此可知，政府卫生支出区域分配

不合理，加剧了政府卫生支出不公平性风险。其中，2005 年、2010 年和 2015 年东部地区基尼系数为 0.53、0.45 和 0.48，呈现"先加速下降、后缓慢上升"的发展态势，处于风险警戒状态；中部地区基尼系数曲线波动变化最为明显，为 0.23～0.37，处于正常状态；西部地区基尼系数一直处于上升态势，2010 年曲线波动较大，2015 年归于平稳，基尼系数为 0.45～0.59，大于 31 省数值，接近风险警戒状态上限。

上述曲线变化特征，一方面体现出政府卫生支出在区域分配方面处于一种不合理、不公平、存在风险的状态，特别是在东部和西部地区；另一方面反映出政府卫生支出区域分配政策不断完善。受深化医药卫生体制改革和新农合政策实施的影响，2010—2015 年基尼系数曲线整体趋缓。与此同时，本节使用泰尔指数对基尼系数测算结果进行验证，两种测算结果基本一致。

10.2 区域卫生资源配置风险分析

10.2.1 指标确定

政府卫生支出区域卫生资源，主要指物化的人和物配置。政府卫生支出区域资源配置产出指标，主要通过文献评述法获得。以"政府卫生支出""区域""配置""资源配置""配置效率""配置公平性""配置低效率"等词作为关键词，以这些关键词及其组合作为文献检索表达式，共检索国内外相关文献 342 篇。根据数据可得性和指标合理性、重要性和敏感性进行筛选和评分，最后按照指标得分排序，选取医疗机构数（个）、每千人口床位数（张）和每千人口卫生技术人员数（人）作为政府卫生支出（亿元）直接资源配置产出，分析政府卫生支出区域医疗卫生资源配置。

10.2.2 描述性分析

1. 总体配置分析

对东部、中部和西部三大区域的"医疗机构数""每千人口床位数"和"每千人口卫生技术人员数"配置进行比较分析，从而判断区域资源配置是否存在明显差异。数据显示，卫生资源区域配置与资金区域配置变化态势基本一致，资源配置是资金配置的直接产物。从时间序列看，卫生资源配置数量整体呈上升趋势；从横向区域看，资源配置呈由东向西逐级递减趋势，各区域资源配置不均衡。基于此，本小节使用DEA，对区域资源配置进一步分析。

2. 医疗卫生机构配置分析

在医疗机构配置方面，2010年和2015年配置曲线接近重合，东部和中部医疗机构总体数量均明显多于西部地区，且两者间无明显差异，可能与东部地区医疗机构规模大、相对集中、数量较少，而中部地区医疗机构规模小、数量较多等特点有关。同时，通过各区域内部分析，发现东部的河北和山东、中部的河南和湖南、西部的陕西和四川数值较高，且年份变化明显；而东部地区的北京和上海，西部的西藏、青海和宁夏，医疗机构数量相对较低，但两者形成原因迥然不同，是东部高度城市化水平和西部低水平医疗卫生服务之间的差异。

3. 每千人口床位配置分析

在每千人口床位配置方面，区域整体呈逐年上升趋势，东部地区各年间曲线波动明显，且数值高于中西部地区，而中部和西部地区数值无明显差别。其中，东部地区的北京和上海每千人口床位数明显高于其他省份，处于全国前列；中部地区资源分布相对平稳，江西和安徽在每千人口床位拥有量上相对靠后；西部地区的新疆每

205

千人口床位数配置趋高,应该与西部大开发、政府定点扶持有关。
2005 年贵州的每千人口床位数值为全国最低,但 2015 年该数值快速
回弹。

4. 每千人口卫生技术人员配置分析

在每千人口卫生技术人员配置方面,区域整体呈逐年上升趋势。
东部地区 2005 年和 2010 年曲线较为接近,2015 年曲线波动明显,
特别是上海和广东。上海每千人口卫生技术人员数出现大幅回落,
可能与上海分级诊疗制度改革、人事薪酬分配制度改革、社区卫生
服务综合改革等有关。而北京受政策倾向和高度城市化水平等影响,
每千人口卫生技术人员配置居全国之首。中部地区在年份间、省份
间曲线波动不大,资源配置相对平稳。西部地区各省份每千人口卫
生技术人员配置差距较大,其中,内蒙古、西藏和新疆每千人口卫
生技术人员拥有量,为全国中等水平。

10.2.3 指标相关性分析

DEA 效率评价表明投入和产出指标应均呈正相关关系,即投入
越大,产出越大的模型运算要求。表 10-2 列出了全国和东部、中部
和西部地区"政府卫生支出"投入指标和"医疗机构数、每千人口
床位数和每千人口卫生技术人员数"各产出指标之间的相关系数。
结果显示,各指标间均为正相关关系,无需对指标进行调整。全国
政府卫生支出与各产出指标之间呈高度相关关系,中西部地区投入
和产出指标相关系数值,明显大于东部地区。其中,东部地区政府
卫生支出与每千人口床位数、每千人口卫生技术人员数指标,相关
系数小于 0.4,属低度相关。同时,中西部地区政府卫生支出与医疗
机构数的相关系数值,高于其他指标(中度或高度相关)。

表 10-2 投入和各产出指标的相关系数

区域	指标	政府卫生支出	医疗机构数	千人口床位数	千人口卫生技术人员数
全国	政府卫生支出	1.000			
	医疗机构数	0.849	1.000		
	千人口床位数	1.000	0.853	1.000	
	千人口卫生技术人员数	0.999	0.829	0.999	1.000
东部	政府卫生支出	1.000			
	医疗机构数	0.653	1.000		
	千人口床位数	0.266	-0.020	1.000	
	千人口卫生技术人员数	0.146	-0.245	0.875	1.000
中部	政府卫生支出	1.000			
	医疗机构数	0.730	1.000		
	千人口床位数	0.709	0.443	1.000	
	千人口卫生技术人员数	0.529	0.295	0.942	1.000
西部	政府卫生支出	1.000			
	医疗机构数	0.838	1.000		
	千人口床位数	0.640	0.317	1.000	
	千人口卫生技术人员数	0.501	0.215	0.923	1.000

10.2.4 效率测算与分析

表 10-3 为 DEA（投入导向型）测算的东部、中部和西部地区，共 31 个省政府卫生支出资源配置效率，其中，涉及 DEA 综合效率、技术效率、规模效率和规模报酬相关分析等。

表 10-3　区域资源配置效率

区域	省份	2005 年				2010 年				2015 年			
		TE	PTE	SE	RTS	TE	PTE	SE	RTS	TE	PTE	SE	RTS
东部	北京	0.34	1.00	0.34	-1	0.20	1.00	0.20	-1	0.10	1.00	0.10	-1
	河北	0.67	0.81	0.82	-1	0.83	1.00	0.83	-1	1.00	1.00	1.00	-1
	天津	0.52	1.00	0.52	-1	0.34	1.00	0.34	-1	0.19	0.19	0.99	1
	辽宁	0.86	1.00	0.86	-1	0.61	0.92	0.67	-1	0.29	0.68	0.43	-1
	江苏	0.51	0.59	0.87	-1	0.27	0.28	0.95	-1	0.14	0.18	0.75	-1
	上海	0.30	1.00	0.30	-1	0.17	1.00	0.17	-1	0.06	0.23	0.25	-1
	浙江	0.48	0.53	0.89	-1	0.31	0.47	0.66	-1	0.18	0.43	0.41	-1
	广东	0.45	0.53	0.84	-1	0.32	0.39	0.82	-1	0.12	0.14	0.87	-1
	山东	0.49	0.58	0.85	-1	0.67	0.90	0.75	-1	0.34	1.00	0.34	-1
	海南	0.85	0.86	0.99	1	0.84	0.86	0.97	1	1.00	1.00	1.00	-1
	福建	0.57	0.59	0.98	1	0.45	0.45	1.00	1	0.23	0.23	1.00	-1
	均值	0.55	0.77	0.76	-	0.47	0.75	0.68	-	0.34	0.56	0.66	-

表10-3(续)

区域	省份	2005 年			2010 年			2015 年		
		TE	PTE	SE	RTS	TE	PTE	SE	RTS	TE	PTE	SE	RTS
中部	山西	0.75	0.86	0.87	-1	0.79	1.00	0.79	-1	0.36	0.42	0.85	-1
	河南	0.45	0.49	0.90	-1	0.87	1.00	0.87	-1	0.64	0.93	0.69	-1
	湖北	0.47	0.48	0.97	-1	0.71	0.72	1.00	-1	0.37	0.75	0.50	-1
	湖南	0.69	0.78	0.89	-1	1.00	1.00	1.00	-1	0.55	1.00	0.55	-1
	安徽	0.42	0.44	0.97	1	0.41	0.41	0.99	1	0.23	0.23	1.00	-1
	吉林	0.76	0.91	0.84	-1	0.56	0.78	0.72	-1	0.31	0.32	0.97	-1
	黑龙江	0.58	0.63	0.92	-1	0.54	0.70	0.77	-1	0.28	0.30	0.96	-1
	江西	0.58	0.59	0.99	1	0.87	0.88	0.99	1	0.30	0.30	1.00	1
	均值	0.59	0.65	0.92	-	0.72	0.81	0.89	-	0.38	0.53	0.82	-

表10-3（续）

| 区域 | 省份 | 2005 年 | | | 2010 年 | | | 2015 年 | | |
		TE	PTE	SE	RTS	TE	PTE	SE	RTS	TE	PTE	SE	RTS
	内蒙古	0.59	0.68	0.88	-1	0.53	0.68	0.79	-1	0.32	0.53	0.60	-1
	广西	0.49	0.50	0.98	1	0.73	0.73	1.00	1	0.33	0.35	0.94	-1
	重庆	0.55	0.57	0.96	1	0.49	0.49	0.99	1	0.46	0.68	0.67	-1
	四川	0.77	1.00	0.77	-1	0.86	0.99	0.87	-1	0.41	1.00	0.41	-1
	贵州	0.43	0.46	0.93	1	0.84	0.85	0.99	1	0.63	0.73	0.86	-1
	西藏	0.72	0.80	0.90	1	0.19	0.23	0.85	1	0.18	0.18	1.00	-1
西部	陕西	0.64	0.68	0.95	-1	0.90	1.00	0.90	-1	0.52	1.00	0.52	-1
	青海	1.00	1.00	1.00	-1	1.00	1.00	1.00	-1	0.95	1.00	0.95	-1
	宁夏	0.76	0.76	1.00	-1	0.66	0.75	0.87	-1	0.70	1.00	0.70	-1
	新疆	0.63	0.84	0.76	-1	0.38	1.00	0.38	-1	0.28	1.00	0.28	-1
	甘肃	1.00	1.00	1.00	-1	0.84	0.84	1.00	1	0.51	0.52	0.98	-1
	云南	0.51	0.51	1.00	1	0.33	0.33	1.00	1	0.17	0.18	0.98	-1
	均值	0.67	0.73	0.93	-	0.65	0.74	0.89	-	0.46	0.68	0.74	-

注：TE 表示 Technical Efficiency Score，综合效率；PTE 表示 Pure Technical Efficiency Score，技术效率；SE 表示 Scale Efficiency Score，规模效率；RTS 表示规模报酬，其中，0值表示规模报酬不变，1值表示规模报酬递增，-1值表示规模报酬递减。下同。

10.2.4.1 总体效率分析

表 10-3 展示了东部和中西部地区 2005 年、2010 年和 2015 年综合效率、技术效率和规模效率平均值比较结果，以判断不同区域资源配置效率水平和区域公平性。结果显示，15 年间各区域三类效率值总体呈增长趋势，但均小于有效值 1，以低效率状态为主。其中，仅 2005 和 2015 年东部技术效率、2015 年中西部技术效率、2005 年东部规模效率、2010 和 2015 年中西部规模效率无效值大于 0.7，达到中效率水平，且 2010 和 2015 年东部规模效率无效值大于 0.9，达到高效率水平，政府卫生支出整体利用效率偏低，存在资源配置低效风险。技术效率和规模效率分别处于低效率和中高效率状态。其中，规模效率变化明显，呈逐年降低趋势，且中高效率占比明显大于技术效率，技术效率是影响综合效率的主要原因。同时，2005 年、2010 年和 2015 年区域资源配置效率差异明显，存在公平性风险，其中，东部地区三类效率值均大于中西部，中西部是影响资源配置效率和公平性的主要区域。

10.2.4.2 综合效率分析

综合效率，常用来衡量政府卫生支出资源区域配置的总体情况，其值为技术效率值和规模效率值的乘积，若效率值为 1，则决策单元资源配置为有效；若效率值小于 1，则资源配置无效。由表 10-3 可知，2005、2010 和 2015 年，31 个省份综合效率总体呈无效状态，以低效率为主，2015 年较其他年份，低效率省份明显增加，且效率值相对偏小。同时，区域间和区域内资源配置效率差异较大，尤其是东部省份低效率排名靠后的较多。

2005 年，仅西部青海和甘肃效率值有效，其余 29 省份无效；西部宁夏、西藏和四川，中部吉林和山西，东部海南和辽宁无效值为中效率；在低效率区间，以无效值 0.6 为分界点，中部湖南、东部河北、西部陕西和新疆效率排名相对靠前，而东部上海和北京、中部安徽和西部贵州排名倒数四位。2010 年，仅西部青海和中部湖南处于效率前沿面，DEA 有效；西部陕西无效值较 2005 年有所增大，由中效率转为高效率；在中效率区间，除 2005 年西部四川、中部山西和东部海南无效值无较大变化外，西部甘肃、贵州和广西，中部江西、湖北和河南，东部河北的无效值，均由低效率转为中效率；在低效率区间，以无效值 0.6 为分界点，东部山东和辽宁、西部宁夏效率排名相对靠前，而东部上海和北京、西部西藏效率排名最末。2015 年，仅东部海南和河北 DEA 有效，其中，河北省效率值逐年增加；在高中效率区间，明显出现省份断层现象，除西部青海为高效率外，其余 28 个省份均处于低效率区间，且效率值相对偏小；在低效率区间，以无效值 0.6 为分界点，仅西部宁夏和贵州、中部河南效率值排名相对靠前，而东部 6 个省份效率值小于 0.2，排名最末。通过上述分析，发现政府卫生支出区域总体资源配置效率水平低，且区域差异大，存在低效率和公平性风险，尤其是东部北京和上海等发达省份效率排名最末，原因与规模效率偏低有关。

10.2.4.3 技术效率分析

技术效率反映了政府卫生支出规模一定的情况下，各地政府卫生资源规划、配置方式和结构的合理程度。由表 10-3、图 10-1、图 10-2 和图 10-3 可知，15 年间，31 个省份技术效率有效率略有提高，有效值主要集中在东部和西部省份，以东部北京和西部青海为典型代表，但整体仍以（无效值）低效状态为主。其中，高效率省份比例有所降低，中高效率省份主要集中在中西部地区，如贵州、广西和四川；低效率省份比例 2010 年波动较大，呈明显下降趋势，主要集中在东部和西部地区，如东部广东和江苏、西部西藏和云南。

2005 年，7 个省份效率值有效，集中于东部和西部地区，分别是东部北京、上海、天津和辽宁，西部四川、青海和甘肃。8 个省份为中高效率，仅中部吉林技术效率值为 0.91，属高效率，中效率主要集中在西部地区；16 个省处于低效状态，中部安徽、河南和湖北，西部贵州、广西和云南技术效率排名最末。2010 年，中部有效占比有所增加，除（2005 年）东部北京、上海、天津，西部青海外，新增东部河北，中部山西、河南、湖南，西部新疆和陕西，共 10 个省份。12 个省为中高效率，其中，3 个高效值 9 个中效值，分别集中于东部和中西部，其中，东部辽宁和山东，西部四川技术高效率排名相对靠前。9 个省份处于低效率状态，以东部江苏和广东，西部云南和西藏为典型代表。2015 年，技术效率有效的省份主要集中在西部地区。其中，西部有效省份占比由 25% 增加到 41.67%，除（2010 年）东部北京和河北，中部湖南、西部青海和陕西外，新增东部山东和海南，西部四川、宁夏和新疆。仅 3 个省份为中高效率，效率占比（较 2010 年）下降 75%，为 15 年最低，其中，东部河南无效值略高于中部湖北和西部贵州，为高效率。同时，18 个省技术效率为低效状态，数量较 2010 年增加一倍，为 3 年最高，主要集中在东部和西部地区，其中，东部广东、江苏和天津，西部西藏和云南效率值低于 0.2，排名落后。上述结果表明，31 个省技术效率整体呈现低效率状态，且区域间及区域内技术效率配置公平性较差，存在潜在风险，间接体现出政府卫生支出在资源配置方式和配置结构方面的不合理，急需因地制宜，做出相应调整。

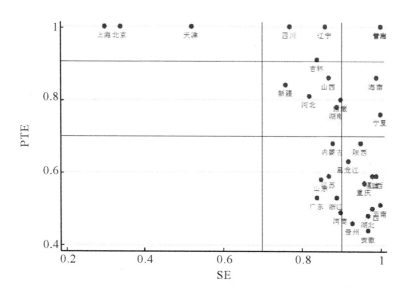

图 10-1　2005 年技术效率和规模效率

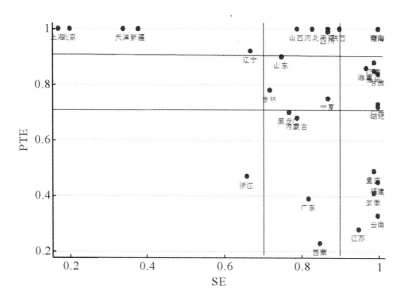

图 10-2　2010 年技术效率和规模效率

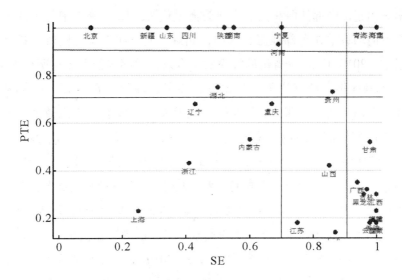

图 10-3　2015 年技术效率和规模效率

10.2.4.4　规模效率分析

规模效率表示由靠近最优生产规模而引发的生产率增加量，DEA 有效值为 1，即政府卫生支出接近最优配置规模。由表 10-3、图 10-1、图 10-2 和图 10-3 可知，15 年间，31 个省规模效率有效值略有增加。其中，2005—2010 年和 2015 年规模效率有效值分别集中在西部和东部省份，典型代表为西部青海和甘肃、东部福建。无效值以中高效率为主，集中于中西部地区，如中部江西和西部贵州，且中高效率省份占比呈逐年降低趋势。低效率省份均集中在东部地区，以东部北京和上海最为典型。2015 年低效率省份占比出现回弹现象，由 9.67%（2005）增加到 41.94%（2015）。

2005 年，4 个省份的规模效率值有效，为西部青海、宁夏、甘肃和云南；12 个省份（规模效率无效值）为高效率，东部、中部和西部省份内部占比分别为 18.18%、62.50% 和 41.67%，以东部海南、福建，中部江西和西部广西为典型代表。12 个中效率值和 3 个低效值均集中在东部地区，其中，北京、上海和天津规模效率排名最末。2010 年，7 个省份的规模效率有效，中部省份占比有所增加，除（2005 年）西部青海、甘肃和云南外，新增东部福建、中部湖北、湖南和西部广西。7 个省份（规模效率无效值）为高效率，分别为东部江苏、海南，中部安徽、江西，西部重庆、贵州和陕西。11 个省份处于中效率状态，主要集中在中西部地区，以中部河南、山西、西部宁夏和四川为典型代表。同时，6 个省份为低效率，东部地区省份占比为 83.33%，典型省份与 2005 年基本一致，均为北京、上海和天津。2015 年，6 个省份的规模效率有效，主要集中在东部，其省份内部占比为 83.33%，其中，较 2010 年，福建省仍处于效率前沿面，DEA 有效。7 个高效率和 5 个中效率省份，主要集中在西部地区，分别以高效率的甘肃和云南、中效率的贵州和宁夏为典型代表。13 个低效率省份，东部和西部省份内部占比为 45.45% 和 41.67%，其中，北京、上海和新疆排名落后。上述结果表明，31 个省规模效率基本以无效状态为主，为中高效率，区域间规模效率差值较大，存在明显的规模配置低效率和公平性风险，同时，东部发达省份的低效值分布特点，间接说明政府卫生支出规模支出过大，应适当缩减支出，以接近最优规模配置。

10.2.4.5 规模效率与技术效率分析

综合效率等于规模效率和技术效率的乘积，技术和规模组合效率点越接近效率前沿面，其变为有效值的可能性就越大，是最应被重视和提高的效率部分，同时，对远离前沿面的组合效率点，应该进行风险防范。DEA 无效值中，技术和规模组合效率共三类，分别为技术有效且规模无效、技术无效且规模有效、技术无效且规模无效。对 2005 年、2010 年和 2015 年东中西部资源配置效率无效值，进行技术和规模组合效率分析,结果如下:大部分省份技术和规模组合效率值远离效率前沿面,处于低效率状态,而中高效率主要集中在中西部地区,属技术无效且规模无效。

2005 年,仅 4 个省份的技术和规模组合效率,为技术无效且规模无效,处于中效率状态,按效率发展潜力排名,依次为中部山西、东部河北、西部新疆和中部湖南。其中,在规模报酬递减的情况下,除新疆需增加政府卫生支出规模投入外,其他各省份改变政府卫生支出方式和结构,可有效提高综合效率,实现最优规模配置;2010 年,西部陕西技术有效且规模无效,属高效率,同时西部宁夏、中部吉林和黑龙江依次更接近效率前沿面,为技术无效且规模无效;2015 年,西部青海技术有效且规模无效,处于高效率状态,且仅西部贵州无效值为中效率,属技术无效且规模无效。上述结果表明,政府卫生支出资源配置效率整体偏低,中西部是提高效率,降低公平性风险的主要区域。

10.2.4.6   规模报酬分析

规模报酬是指其他条件不变时,相同比例投入能够带来的边际产出,分为规模报酬递增、规模报酬不变和规模报酬递减三种类型,即区域"政府卫生支出"投入增加比例与"卫生资源"产出增加比例关系为大于、等于和小于。由表 10-4 可知,2005 年、2010 年和2015 年 31 个省政府卫生支出资源配置均未出现规模报酬递增,为规模报酬递减,且递减比例逐年增加,其中,西部地区规模报酬递减比例从 58.33%(2005)增加到 100%(2010)。同时,区域间规模报酬结果表明,政府卫生支出区域配置不合理,15 年间东部地区政府卫生支出利用率明显低于中西部地区。上述分析说明,政府卫生支出存在严重的区域资源配置风险,且状况日趋恶化。

表 10-4 DEA 规模报酬分析

单位:%

年份	规模报酬递减			规模报酬不变		
	东部	中部	西部	东部	中部	西部
2005 年	81.82	75.00	58.33	18.18	25.00	41.67
2010 年	81.82	75.00	50.00	18.18	25.00	50.00
2015 年	90.91	87.50	100.00	9.09	12.50	0.00

注:图中数值为规模报酬递减和规模报酬不变省份占各区域省份数量比重。

总之,基于上述综合效率分析,通过典型低效省份比较,进一步分析产出指标对政府卫生支出资源配置的影响程度。结果显示,"政府卫生支出"投入和"资源配置"产出在东部地区,尤其是经济发达省份,资金配置数量明显多于中西部地区,但资金利用率低,资源配置处于低效状态。同时,考虑到区域差异,对综合效率排名靠后的东部上海、北京、中部安徽和西部西藏分别进行研究。其中,北京和上海的政府卫生支出、每千人口床位数和每千人口卫生技术人员数均超过东部各指标均值,且卫生机构数相对较小,因受医疗资源区域"虹吸效应"影响,异地跨省就医比例增加,资源配置负担加重,造成效率偏低。中部安徽省政府卫生支出低于区域均值,而医疗卫生机构数、每千人口床位数和每千人口卫生技术人员数却大于均值,说明安徽省政府卫生支出资源配置低效,主要是受政府卫生支出规模影响,资金配置不足导致医疗资源配置无法涉及到整个省份,西部西藏的政府卫生支出与医疗机构卫生数明显低于均值,但每千人口床位数和每千人口卫生技术人员数约占区域均值的80%,恶劣的低水平生活环境,加重了优质医疗卫生机构的配置难度。上述分析说明,政府卫生支出的区域资金配置存在公平性风险,且严重影响区域医疗卫生资源配置,还存在次生资源配置公平性风险和低效风险。同时，中西部地区政府卫生支出不足，导致区域卫生资源配置低效。

10.3　区域资源配置风险因素分析

　　区域卫生资源配置是政府卫生支出区域资金配置的直接产物，卫生资源配置在一定程度上能够反映出区域资金配置状况。同时，区域资源配置公平性风险和低效风险由区域资金配置风险次生。因此，本节利用 2005、2010 和 2015 年 31 个省相关数据，对区域资源配置风险进行影响因素分析。

10.3.1　风险因素确定

　　经过专家焦点访谈等方法，聘请 10 名专家从已建立的政府卫生支出风险因素指标体系，筛选与区域资源配置风险相关的影响因素，共 16 个指标（见表 10-5）。涉及人口因素、人群健康水平、卫生保健因素、制度因素、社会因素、经济因素 6 个维度，被解释变量为区域资源配置结构，使用"东部配置效率/中西部配置效率"来衡量。

表 10-5　区域资源配置风险因素

变量	变量分类	变量指标	变量代称
被解释变量	区域资源配置结构	东部配置效率/中西部配置效率	radio

表10-5(续)

变量	变量分类	变量指标		变量代称
解释变量	人口因素	65岁及以上人口比例		aged
	人群健康水平	人均期望寿命		life
		婴儿死亡率		infant
		5岁以下儿童死亡率		child
		孕产妇死亡率		pregnant
		人口死亡率		death
		甲乙类法定报告传染病发病率		epidemic
	卫生保健因素	病床使用率		bedrate
		医师日均担负住院床日		docbed
		医师日均担负诊疗人次		docpeo
	制度因素	财政支出分权		finpow
		一般性转移支付		ftransf
		财政自给率		finself
	社会因素	城镇化率		urban
	经济因素	人均GDP		GDP
		政府卫生支出占GDP比重		gGDP

10.3.2 指标统计描述

对各变量的最小值、最大值、平均值、中位数和标准差进行统计描述,如表10-6所示。其中,被解释变量"资源配置结构"的最小值为0.67,最大值为0.78,均值为0.73,中位数为0.73,标准差为0.07。

表 10-6 指标变量统计描述

变量	最小值	最大值	平均值	中位数	标准差
radio	0.67	0.78	0.73	0.73	0.07
aged	8.90	10.47	9.69	9.69	1.11
life	74.83	76.34	75.59	75.59	1.07
infant	8.10	13.10	10.60	10.60	3.54
child	10.70	16.40	13.55	13.55	4.03
pregnant	20.10	30.00	25.05	25.05	7.00
death	7.11	7.11	7.11	7.11	0.00
epidemic	223.60	238.69	231.15	231.15	10.67
bedrate	79.00	79.50	79.25	79.25	0.35
docbed	1.60	1.90	1.75	1.75	0.21
docpeo	7.50	8.40	7.95	7.95	0.64
finpow	4.62	5.89	5.25	5.25	0.89
ftransf	13 235.66	28 455.02	20 845.34	20 845.34	10 761.71
finself	0.55	0.55	0.55	0.55	0.00
urban	49.95	56.10	53.03	53.03	4.35
GDP	30 876.00	50 251.00	40 563.50	40 563.50	13 700.19
gGDP	1.39	1.81	1.60	1.60	0.30

10.3.3 指标相关性分析

由表 10-7 可知，某些自变量之间存在高度相关性，相关系数超过 0.9。例如，一般性转移支付和人均 GDP 的相关系数为 1.000，两者与 65 岁及以上人口比例的相关系数分别为 0.999 和 1.000；城镇化率和人均期望寿命的相关系数为 1.000，两者与孕产妇死亡率呈负相关关系，相关系数分别为-0.900 和-0.992。因此，偏最小二乘回归作为研究方法优势显著。

表10-7　指标变量相关系数

	radio	aged	life	infant	child	pregnant	death	epidemic	bedrate	docbed	docpeo	finpow	ftransf	finself	urban	GDP	gGDP
radio	1.000																
aged	-0.395	1.000															
life	-0.471	0.996	1.000														
infant	0.782	-0.882	-0.918	1.000													
child	0.772	-0.889	-0.924	1.000	1.000												
pregnant	0.797	-0.870	-0.908	1.000	0.999	1.000											
death	-0.819	0.851	0.892	-0.998	-0.997	-0.999	1.000										
epidemic	0.582	-0.977	-0.992	0.962	0.966	0.955	-0.943	1.000									
bedrate	-0.803	0.865	0.904	-0.999	-0.999	-1.000	1.000	-0.952	1.000								
docbed	0.409	0.676	0.612	-0.249	-0.264	-0.225	0.189	-0.504	0.215	1.000							
docpeo	-0.623	0.965	0.983	-0.975	-0.978	-0.969	0.959	-0.999	0.966	0.458	1.000						
finpow	-0.635	0.961	0.981	-0.978	-0.981	-0.973	0.963	-0.998	0.970	0.445	1.000	1.000					
ftransf	-0.362	0.999	0.993	-0.864	-0.872	-0.851	0.831	-0.969	0.846	0.703	0.954	0.950	1.000				
finself	0.819	-0.851	-0.892	0.998	0.997	0.999	-1.000	0.943	-1.000	-0.188	-0.959	-0.963	-0.831	1.000			
urban	-0.454	0.998	1.000	-0.910	-0.917	-0.900	0.883	-0.989	0.895	0.627	0.980	0.977	0.995	-0.883	1.000		
GDP	-0.380	1.000	0.995	-0.874	-0.881	-0.861	0.842	-0.973	0.856	0.689	0.960	0.956	1.000	-0.842	0.997	1.000	
gGDP	-0.495	0.994	1.000	-0.929	-0.934	-0.919	0.904	-0.995	0.915	0.590	0.988	0.986	0.989	-0.904	0.999	0.992	1.000

10.3.4 实证结果分析

表 10-8 为潜在因子对自变量（X）和因变量（Y）的方差解释比例，用于综合解释变量变异信息。在区域资源配置风险因素的偏最小二乘回归模型中，变量潜在因子数目为 2，潜在因子 t_1 和 t_2 具有很好信息提取效果，可累积解释自变量（x）和解释因变量（y）100% 的信息。其中，t_1 可以解释因变量（y）49.80% 的信息，对自变量（x）的信息利用率为 89.20%。

表 10-8　潜在因子已解释的方差比例

潜在因子	X 方差	累积 X 方差	Y 方差	累积 Y 方差（R^2）	调整后 R^2
t_1	0.892	0.892	0.498	0.498	−0.004
t_2	0.108	1.000	0.502	1.000	—

表 10-9 为潜在因子的系数估计和变量投影重要性，因变量关于自变量的偏最小二乘回归结果为

$$radio = 0.439 + 0.005 aged + 0.002 life - 0.054 death - 0.002 bedrate +$$
$$0.270 docbed - 0.003 docpeo - 0.002 finpow + (7.141e-07) ftransf +$$
$$0.068 finself + 0.001 urban + (4.923e-07) GDP + 0.005 gGDP$$

$$(10-1)$$

表 10-9　系数估计和变量重要性

自变量	因变量	变量投影重要性	
X	Y（radio）	t_1	t_2
常数	0.439	—	—
aged	0.005	0.634	0.767

表10-9(续)

自变量	因变量	变量投影重要性	
X	Y（radio）	t_1	t_2
life	0.002	0.755	0.679
infant	0.000	1.253	1.056
child	0.000	1.237	1.026
pregnant	0.000	1.278	1.104
death	-0.054	1.312	1.175
epidemic	0.000	0.932	0.666
bedrate	-0.002	1.287	1.123
docbed	0.270	0.656	2.231
docpeo	-0.003	0.999	0.705
finpow	-0.002	1.017	0.721
ftransf	7.141e-07	0.580	0.820
finself	0.068	1.312	1.176
urban	0.001	0.727	0.695
GDP	4.923e-07	0.608	0.791
gGDP	0.005	0.793	0.662

其中，Infant、child、pregnant和epidemic的估计参数约为0.00。此外，人口死亡率、病床使用率、医师日均担负诊疗人次和财政支出分权的参数估计为负值，即自变量越大，区域资源配置效率差异越小，能够有效规避区域资源配置风险。其中，财政支出分权度越高，配置效率差异越小，即各地政府的财政卫生支出（规模和结构）自主权越高、支出责任范围越大，越有利于基层政府因地制宜地配置卫生资源。同时，医师日均担负住院床日数对资源配置结构的影响最大，医师日均担负住院床日数每变动一单位，资源配置结构将

变动 0.270 单位；而财政自给率和人均 GDP 的估计结果与预期不符。一方面，区域经济发展水平不能直接有效体现医疗卫生资源配置状况；另一方面，受自身属性影响，医疗卫生资源受市场这只"看不见的手"的影响相对较小，主要由政府这只"看得见的手"，进行资源"供需"调节和配置。

VIP（variable importance in the projection）值大于 1，其在解释因变量方面作用相对越大。在潜在因子 t_1 和 t_2 情况下，婴儿死亡率、5 岁以下儿童死亡率、孕产妇死亡率和人口死亡率的自变量数值均大于 1，对区域资源配置结构的解释能力相对较大。如从潜在因子 t_1 进行分析，按自变量大于 1、且对因变量的解释重要性进行排序，排名前 7 的自变量依次是人口死亡率（1.312）、财政自给率（1.312）、病床使用率（1.287）、孕产妇死亡率（1.278）、婴儿死亡率（1.253）、5 岁以下儿童死亡率（1.237）和财政支出分权（1.017）。结果表明，人群健康水平是影响区域资源配置的主要维度，如要缩小政府卫生支出区域资源配置效率差异，规避风险，应重视上述相关因素的协调发展。

10.4　小结

本章使用基尼系数和泰尔指数，发现政府卫生支出区域资金分配存在存在公平性风险，且处于风险警戒状态，尤其是东部和西部地区。进一步结合数据包络分析发现，区域资金分配存在公平性风险，间接次生资源配置存在存在公平性风险和低效风险。其中，综合效率和规模效率以无效状态为主，技术效率呈现低效率，技术效率是决定综合效率高低的主要原因；各类效率的区域差异较大，中西部地区是提高资源配置效率、降低配置公平性风险的主要区域；

风险因素实证结果显示，人群健康水平是影响区域资源配置的主要维度，人口死亡率和病床使用率对自变量解释因变量的重要性较高，且呈负相关关系，可有效降低区域资源配置风险。

11 政府卫生支出健康生产效率风险分析

卫生服务体系通过完整的机制运行，以提供卫生服务和产品的形式，满足人群医疗卫生服务需求。因卫生服务具有公益性和社会福利性，主要由政府承担筹资职责。各级政府主要以财政资本支出的形式，向卫生机构"购买"产品和服务，以提高人群健康水平。政府卫生支出对健康的资本投入，可有效释放个体和群体的医疗卫生服务需求，提高人力健康资本产出，属生产性支出。

目前，涉及政府卫生支出健康生产效率测量和（效率）影响因素研究的文献较少，且政府卫生支出健康效率评价主要包括参数法和非参数法。非参数法因不受资料类型限制，适用范围较广，在健康生产效率测量方面较为常用，其主要包括数据包络分析和无边界分析，其中，数据包络分析（data envelopment analysis，DEA）方法使用最为广泛。因此，本章使用数据包络分析方法，对政府卫生支出健康生产效率进行测算和风险识别，并实证检验其影响因素。

11.1 指标确定

政府卫生支出健康产出指标，主要通过文献评述法获得。基于世界卫生组织衡量区域医疗卫生效果和健康水平的"期望寿命、婴儿死亡率和孕产妇死亡率"3大指标，以"健康产出""健康生产函数"

"健康水平""社会人群健康状况""健康评价""卫生支出评价/评估"等词作为关键词，以这些关键词及其组合作为文献检索表达式，共检索国内外相关文献 382 篇；又根据数据可得性和指标合理性、重要性和敏感性进行筛选和评分，选取"人口死亡率、人均期望寿命、婴儿死亡率、5 岁以下儿童死亡率、孕产妇死亡率、健康寿命年和伤残调整生命年"7 个指标，其中，"健康寿命年和伤残调整生命年"未纳入（年鉴）卫生统计类型。考虑到相关资料的可获得性，本书最终采用"人口死亡率（‰）、人均期望寿命（岁）、婴儿死亡率（‰）、5 岁以下儿童死亡率（‰）和孕产妇死亡率（1/10 万）"5 个常规指标，作为"政府卫生支出（亿元）"直接健康产出，分析政府卫生支出健康生产效率。

11.2　指标描述性分析

1. 人群总体健康水平分析

世界卫生组织认为，妇幼保健水平是衡量一个国家或地区医疗卫生服务体系建设状况的重要标准。从全国层面来看，随着政府卫生支出的不断增加，人群健康水平呈上升趋势，其中，人均期望寿命与政府卫生支出变化趋势一致，呈正相关关系。15 年间，孕产妇死亡率、婴儿死亡率和 5 岁以下儿童死亡率呈下降趋势，说明近年来我国人群健康水平有较大改善。虽然当前人口死亡率较为稳定，但随着人口老龄化的日益严重，未来一段时间，我国人口死亡率可能在一定程度上有所上升。

2. 政府卫生支出与人均期望寿命分析

2005、2010 和 2015 年各省政府卫生支出和人均期望寿命呈正相关关系，即政府卫生支出增加，人均期望寿命提高。其中，人均期望寿命呈上升趋势，由 73.57 岁（2005）增加到 75.96 岁（2015）。同时，人均期望寿命具有明显区域差异，东部省份人均期望寿命明显高于中、西部地区，2015 年差值分别为 3.62 岁和 6.04 岁，与地域社会经济发展状况有关，经济发达省份的人群食品与营养供给、受教育程度、医疗卫生服务水平和可及性相对较高，直接或间接促进人均期望寿命提高。

3. 政府卫生支出与人口死亡率分析

2005、2010 和 2015 年各省政府卫生支出和人口死亡率无明显曲线变化关系，其中，15 年间人口死亡率的曲线变化平稳，2015 年较 2010 年所有回弹，增幅 2.47%。同时区域间人口死亡率变化不大，东部地区略低于中西部地区，其中，2015 年较 2005 年，东部和西部人口死亡率降幅分别为 2.88% 和 3.44%，而中部地区死亡率出现回弹，回弹率为 4.55%，与青壮劳动力外迁、属地人口老龄化有直接关系。随着区域人口老龄化的不断加重，人口死亡率在未来某时段内，可能会有一定幅度提高。根据我国人口普查数据发现，中部地区人口老龄化比例由 6.45%（2000）增加到 10.8%（2015），增幅 4.35%，明显快于同期东部（3.13%）和西部（4.9%）地区。

4. 政府卫生支出与孕产妇死亡率分析

2005、2010 和 2015 年各省政府卫生支出与孕产妇死亡率曲线变化方向相反，为负相关关系。其中，孕产妇死亡率整体呈下降趋势，由 2005 年的 39.02（1/10 万）下降到 2015 年的 18.30（1/10 万），降幅为 53.10%；西部地区孕产妇死亡率明显高于东部和中部地区，特别是西藏和青海等省份，恶劣的生活环境对医疗卫生服务的可及性产生了影响，间接加重了孕产妇死亡率和婴儿死亡率的控制难度。而中部地区黑龙江省 2015 年较 2005 年出现 0.45（1/10 万）的增长回弹，除受剖腹产率和二胎政策影响外，东北地区经济发展相对滞后、人口大量外迁也对孕产妇死亡率回弹有较大影响。

5. 政府卫生支出与婴儿死亡率分析

2005、2010 和 2015 年各省政府卫生支出和婴儿死亡率呈反向变动关系，即政府卫生支出增加，婴儿死亡率降低。其中，婴儿死亡率整体呈下降趋势，15 年间下降 57.37 个百分点。福建 2010 年较 2005 年婴儿死亡率回弹为 4.85%，山东和湖北 2015 年较 2010 年婴儿死亡率回弹为 6.25% 和 5.66%。2015 年全国婴儿死亡率为 8.1‰，8 个省份高于全国数值，分别为东部辽宁、中部黑龙江、西部贵州、云南、西藏、陕西、青海和新疆；婴儿死亡率具有明显地域差异，由东向西逐渐升高，东部地区婴儿死亡率明显低于中西部地区，约占西部地区 50%。其中，东部安徽、海南和西部内蒙古婴儿死亡率下降幅度最大，分别为 79.15%、73.35% 和 75.28%。

6. 政府卫生支出与 5 岁以下儿童死亡率分析

2005、2010 和 2015 年各省政府卫生支出和 5 岁以下儿童死亡率呈反向变动关系，即政府卫生支出增加，5 岁以下儿童死亡率降低。其中，5 岁以下儿童死亡率整体呈下降趋势，2015 年全国 5 岁以下儿童死亡率为 10.70‰，较 2005 年下降 52.44%。同时，5 岁以下儿童死亡率具有明显区域差异，由东向西逐渐升高，且区域间波动幅度逐年变缓，说明 5 岁以下儿童死亡率整体控制较好，区域差距不断缩小。其中，西部各省 5 岁以下儿童死亡率逐年下降，但仍是防控的关键，2015 年 5 岁以下儿童死亡率为 11.89‰，明显高于东部（5.30‰）和中部（7.53‰）地区。

11.3 指标相关系数分析

DEA 效率评价，投入和产出指标应均呈正相关关系，即投入越大，产出越大的模型运算要求。表 11-1 列出了"政府卫生支出"投入指标和"人口死亡率、人均期望寿命、婴儿死亡率、5 岁以下儿童死亡率和孕产妇死亡率"各产出指标之间的相关系数。结果显示，"政府卫生支出"与"人口死亡率、人均期望寿命"2 个产出指标之间呈高度相关关系，而"婴儿死亡率、5 岁以下儿童死亡率和孕产妇死亡率"与"政府卫生支出"呈负相关关系，不符合投入和产出指标呈正相关关系的 DEA 计算要求，因此，对上述 3 个产出指标数值（M）做了"1-M"处理，重新计算政府卫生支出和 5 个产出指标之间的相关关系。通过数值处理，"政府卫生支出"投入指标与所有健康产出指标的相关系数均为正值，满足 DEA 测算条件。

表 11-1　投入和各产出指标的相关系数

指标	政府卫生支出	5 岁以下儿童死亡率	婴儿死亡率	人均期望寿命	人口死亡率	孕产妇死亡率
调整前						
政府卫生支出	1.000					
5 岁以下儿童死亡率	-0.994	1.000				
婴儿死亡率	-0.990	1.000	1.000			
人均期望寿命	0.989	-0.999	-1.000	1.000		
人口死亡率	0.815	-0.876	-0.889	0.892	1.000	
孕产妇死亡率	-1.000	0.996	0.993	-0.992	-0.826	1.000
调整后						
政府卫生支出	1.000					
5 岁以下儿童死亡率	0.994	1.000				
婴儿死亡率	0.990	1.000	1.000			
人均期望寿命	0.989	0.999	1.000	1.000		
人口死亡率	0.815	0.876	0.889	0.892	1.000	
孕产妇死亡率	1.000	0.996	0.993	0.992	0.826	1.000

11.4 健康生产低效率风险分析

表 11-2 为 DEA（投入导向型）测算的东部、中部和西部地区，共 31 个省政府卫生支出健康生产效率，其中，涉及 DEA 综合效率、技术效率、规模效率和规模报酬相关分析等。

表 11-2 政府卫生支出健康生产效率

区域	省份	2005 年				2010 年				2015 年			
		TE	PTE	SE	RTS	TE	PTE	SE	RTS	TE	PTE	SE	RTS
东部	北京	0.09	0.77	0.12	−1	0.14	1.00	0.14	−1	0.19	1.00	0.19	−1
	河北	0.09	0.79	0.11	−1	0.11	0.55	0.19	−1	0.16	0.27	0.61	−1
	天津	0.31	1.00	0.31	−1	0.37	1.00	0.37	−1	0.44	1.00	0.44	−1
	辽宁	0.15	0.46	0.33	−1	0.17	0.92	0.18	−1	0.33	1.00	0.33	−1
	江苏	0.08	1.00	0.08	−1	0.10	1.00	0.10	−1	0.15	1.00	0.15	−1
	上海	0.12	1.00	0.12	−1	0.18	1.00	0.18	−1	0.27	1.00	0.27	−1
	浙江	0.09	0.38	0.25	−1	0.11	0.58	0.20	−1	0.18	1.00	0.18	−1
	广东	0.07	0.24	0.28	−1	0.09	0.38	0.23	−1	0.09	0.35	0.25	−1
	山东	0.09	0.53	0.17	−1	0.09	0.70	0.13	−1	0.14	0.62	0.22	−1
	海南	1.00	1.00	1.00	0	0.71	1.00	0.71	−1	0.90	1.00	0.90	−1
	福建	0.15	0.47	0.31	−1	0.21	0.53	0.40	−1	0.26	0.90	0.29	−1
	均值	0.19	0.64	0.27	−	0.19	0.80	0.24	−	0.26	0.76	0.34	−
中部	山西	0.16	0.39	0.41	−1	0.22	0.50	0.44	−1	0.29	0.57	0.51	−1
	河南	0.10	0.34	0.29	−1	0.09	0.58	0.16	−1	0.14	0.78	0.18	−1
	湖北	0.18	0.45	0.40	−1	0.14	0.60	0.24	−1	0.17	0.19	0.89	−1
	湖南	0.15	1.00	0.15	−1	0.14	1.00	0.14	−1	0.20	1.00	0.20	−1
	安徽	0.14	0.54	0.27	−1	0.13	0.33	0.40	−1	0.18	0.58	0.32	−1
	吉林	0.26	1.00	0.26	−1	0.24	0.75	0.32	−1	0.35	0.94	0.37	−1
	黑龙江	0.20	0.67	0.30	−1	0.19	0.33	0.56	−1	0.34	0.75	0.46	−1
	江西	0.21	0.47	0.44	−1	0.16	0.77	0.21	−1	0.22	0.41	0.55	−1
	均值	0.17	0.61	0.31	−	0.16	0.61	0.31	−	0.24	0.65	0.43	−

表11-2(续)

区域	省份	2005 年				2010 年				2015 年			
		TE	PTE	SE	RTS	TE	PTE	SE	RTS	TE	PTE	SE	RTS
西部	内蒙古	0.18	0.24	0.74	-1	0.20	0.33	0.60	-1	0.31	0.64	0.48	-1
	广西	0.18	0.50	0.37	-1	0.15	0.24	0.61	-1	0.24	0.81	0.30	-1
	重庆	0.23	1.00	0.23	-1	0.25	1.00	0.25	-1	0.32	1.00	0.32	-1
	四川	0.09	0.74	0.13	-1	0.09	0.61	0.15	-1	0.14	0.44	0.32	-1
	贵州	0.25	1.00	0.25	-1	0.18	0.90	0.20	-1	0.27	1.00	0.27	-1
	西藏	0.26	0.98	0.27	-1	0.78	0.80	0.97	1	1.00	1.00	1.00	0
	陕西	0.19	0.30	0.65	-1	0.16	0.55	0.29	-1	0.25	0.41	0.61	-1
	青海	1.00	1.00	1.00	0	1.00	1.00	1.00	0	0.85	1.00	0.85	-1
	宁夏	0.76	1.00	0.76	-1	0.81	1.00	0.81	-1	1.00	1.00	1.00	0
	新疆	0.15	0.16	0.98	-1	0.19	0.22	0.86	-1	0.28	0.29	0.98	1
	甘肃	0.25	0.93	0.27	-1	0.25	0.65	0.38	-1	0.36	1.00	0.36	-1
	云南	0.11	0.38	0.29	-1	0.14	0.72	0.19	-1	0.22	0.42	0.53	-1
	均值	0.31	0.68	0.49	-	0.35	0.67	0.53	-	0.44	0.75	0.59	-

注：TE 表示 Technical Efficiency Score，综合效率；PTE 表示 Pure Technical Efficiency Score，技术效率；SE 表示 Scale Efficiency Score，规模效率；RTS 表示规模报酬，其中，0 值表示规模报酬不变，1 值表示规模报酬递增，-1 值表示规模报酬递减。下同。

11.4.1 总体效率分析

根据表 11-2，东部、中部和西部 31 个省份 2005 年、2010 年和 2015 年间综合效率、技术效率和规模效率平均值比较结果，可以判断政府卫生支出健康生产效率水平。结果显示，15 年间各区域三类效率值总体呈增长趋势，但均小于有效值 1，且效率变化不大。除东部技术效率（2010 年和 2015 年）、西部技术效率（2015 年）外，其他各类数值均小于 0.7，属低效率，这说明政府卫生支出整体健康利用效率偏低，存在健康生产低效风险。其中，技术效率占比明显大于规模效率，规模效率是影响综合效率的主要原因，低效风险主要体现在政府卫生支出规模效率上，政府仍需加大卫生健康财政支出。

233

而东部和中部地区规模效率偏低，其原因各不相同，分别为东部政府卫生支出规模过大和中部政府卫生支出规模配置不足。同时，西部综合效率大于东部和中部地区，中部地区综合效率最低，这说明区域间政府卫生支出健康生产效率不公平性尚存，政府卫生支出健康生产效率与经济发展状况无明确关联，中部地区是导致政府卫生支出健康生产低效风险的主要区域。

11.4.2　综合效率分析

综合效率，常用来衡量政府卫生支出健康生产效率的总体情况，其值为技术效率值和规模效率值的乘积，若效率值为1，则决策单元资源配置为有效；若效率值小于1，则资源配置无效。由表11-2可知，2005、2010和2015年，31个省综合效率呈无效状态和逐年增长趋势。其中，高效率和中效率区间出现明显省份断层现象，绝大多数省份效率无效值小于0.7，为低效率。

2005年，东部海南和西部青海省DEA效率值有效，其余29省份无效。无高效率省份，且仅西部宁夏回族自治区无效值为中效率。在低效率区间，东部天津、中部吉林、西部西藏和贵州排名相对靠前，而东部广东、江苏和山东并未发挥经济发达省份应有的效率排名，效率排名靠后。2010年，西部青海处于效率前沿面，DEA有效。无高效率省份，且西部西藏无效值较2005年有所增大，与宁夏处于中效率状态。在低效率区间，仅东部天津无效值超过0.3，为0.37，其他各省均小于0.26，其中，中部吉林，西部重庆和甘肃效率排名相对靠前，而东部广东、山东，中部河南，西部四川效率排名最末。2015年，西部西藏和宁夏DEA有效，其中，西藏效率值逐年增加；仅东部海南省无效值为0.9，属高效率；西部青海处于中效率区间；27个省份为低效率，数值较2005年和2010年有所增长。

以无效值 0.3 为分界点，东部天津、辽宁，中部黑龙江、吉林，西部甘肃的效率值排名相对靠前，且东部 54.55% 的省份无效值小于 0.2，其中，广东效率值为 0.09，排名最末。上述结果表明，政府卫生支出健康生产效率水平低，存在低效风险，特别是东部广东和山东等发达省份效率排名最末，原因与规模效率偏低有关，应充分提高规模效率。

11.4.3　技术效率分析

技术效率反映了政府卫生支出规模一定的情况下，各省政府医疗健康规划和健康资金管理水平。由表 11-2、图 11-1、图 11-2 和图 11-3 可知，15 年间，31 个省技术效率有效率略有提高，有效值主要集中在东部省份，而无效值以低效率为主。

2005 年，10 个省份效率值有效，集中于东部和西部地区；5 个省份为中高效率，仅西部甘肃和西藏技术效率值大于 0.9，属高效率，中效率主要集中在东部地区；16 个省份处于低效状态，西部新疆和内蒙古技术效率排名最末。2010 年，东部有效占比有所增加，占 9 个有效省份的 55.56%；6 个省份为中高效率，其中，东部辽宁和西部贵州为高效率，中西部 4 个省份为中效率，分别为中部吉林、江西，西部云南、西藏。16 个省份处于低效率状态，以中部安徽、黑龙江，西部广西、内蒙古为典型代表。2015 年，技术效率有效的 14 个省份主要集中在东部地区，其中，东部除（2005 年、2010 年）北京、天津、上海和海南外，新增江苏和浙江 2 省，且西部有效省份占比由 33.33% 增加到 42.86%。仅 5 个省份为中高效率，其中，中部吉林略高于东部福建和西部广西，均为高效率，而中部河南和黑龙江为中效率。同时，12 个省份技术效率为低效状态，较 2005 年和 2010 年省份数有所降低，主要集中在中西部地区，其中，中部湖北和西部新疆效率值低于 0.3，排名落后。上述结果表明，31 个省份技术效率呈现低效率，且区域间技术效率配置公平性较差，存在潜在风险，尤其在中西部地区，急需因地制宜，根据中西部各省份技术效率实际情况，做出相应的政府医疗健康规划和健康资金管理调整。

11.4.4 规模效率分析

规模效率表示由靠近最优生产规模而引发的生产率增加量，DEA 有效值为 1，即政府卫生支出在健康生产效率方面接近最优配置规模。由表 11-2、图 11-1、图 11-2 和图 11-3 可知，15 年间，31 个省规模效率有效值无明显增加，出现有效值和（无效值）中高效率省份断层现象，无效值以低效率为主，主要集中在东部，以东部北京和江苏最为典型。

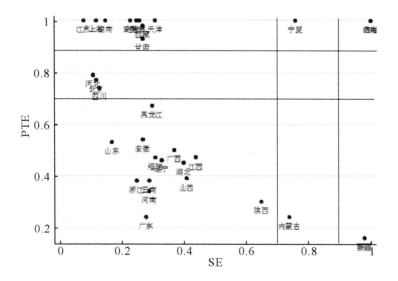

图 11-1　2005 年技术效率和规模效率

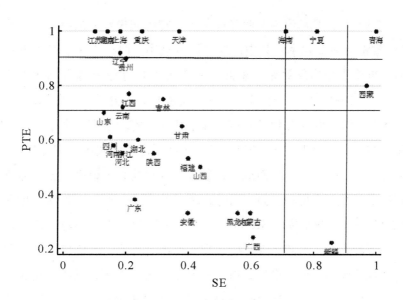

图 11-2 2010 年技术效率和规模效率

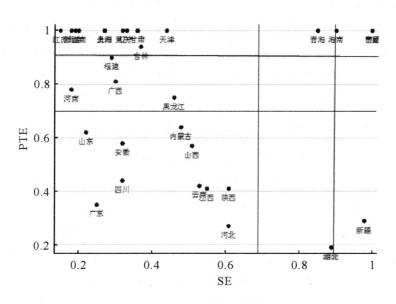

图 11-3 2015 年技术效率和规模效率

2005 年，东部海南和西部青海 2 个省的规模效率值有效。西部 3 个省份为中高效率，其中，新疆属高效率，内蒙古和宁夏为中效率。26 个省份为低效率，东部、中部和西部省份内部占比分别为 90.91%，100.00% 和 66.67%。以无效值 0.2 为分界点，中部山西、江西和西部陕西排名相对靠前，而东部 5 个省份效率排名落后，以江苏和河北为典型代表。2010 年，仅西部青海的规模效率有效。4 个省份为中高效率，除西藏外，其余 3 省份均为中效率，分别为东部海南、西部宁夏和新疆。同时，26 个省份为低效率，东部、中部和西部省份占比分别为 38.46%、30.77% 和 30.77%，其中，中部各省均为低效率，东部北京、山东和江苏排名落后。2015 年，宁夏和西藏规模效率有效。东部海南和西部新疆为高效率，且中部湖北和西部青海为中效率。25 个省为低效率，主要集中在东部，东部省份内部占比为 90.91%，其中，北京、浙江和江苏排名最末。上述结果表明，31 个省份规模效率基本以无效状态为主，存在明显的规模配置低效率风险。东部发达省份政府卫生支出规模过大，健康生产低效，应适当缩减相关支出，以接近最优规模配置。

11.4.5　规模效率与技术效率分析

综合效率等于规模效率和技术效率的乘积，则技术和规模组合效率点越接近效率前沿面，其变为有效值的可能性就越大，是最应被重视和提高的效率部分；同时，对远离前沿面的组合效率点，应该进行风险防范。DEA 无效值中，技术和规模组合效率共三类，分别为技术有效且规模无效、技术无效且规模有效、技术无效且规模无效。对 2005 年、2010 年和 2015 年东中西部 31 个省份健康生产效率无效值，进行技术和规模组合效率分析，结果如下，大部分省份技术和规模组合效率值远离效率前沿面，处于低效率状态，而中高效率主要集中在西部地区，属技术有效且规模无效。

2005 年，仅西部宁夏为技术有效且规模无效，属中效率状态，而技术无效且规模无效的低效率主要集中于东部和中部，以东部浙江和中部河南为典型代表。2010 年，3 个省份的技术和规模组合效率值接近效率前沿面，分别为技术无效且规模无效的西部西藏、技术有效且规模无效的东部海南和西部宁夏；同时，15 省份无效数值为技术无效且规模无效，中部省份内部占比为 62.50%，东部广东和中部安徽排名相对落后。2015 年，东部海南和西部青海，分别为高效率和中效率的技术有效且规模无效；同时，10 个省的技术和规模组合效率为低效率，属技术无效且规模无效，主要集中在西部地区，如西部四川和东部广东。上述结果表明，政府卫生支出健康生产效率偏低，西部是有效提高健康生产效率的主要区域，而东部是防范政府卫生支出健康生产低效风险的关键。见图 11-1、图 11-2和图 11-3。

11.4.6　规模报酬分析

规模报酬是指其他条件不变时，相同比例投入能够带来的边际产出，分为规模报酬递增、规模报酬不变和规模报酬递减三种类型，即"政府卫生支出"投入增加比例与"健康"产出增加比例关系为大于、等于和小于。由表 11-3 可知，仅西部省份健康生产效率（2010 和 2015）出现规模报酬递增，区域内部占比 8.33%，为西藏（2010）和新疆（2015）；东部（2005）和西部（2005、2010 和 2015）为规模报酬不变，其中，西部规模报酬不变比例由 8.33%（2005）增加到 16.67%（2015）；同时，东部和中部效率整体呈现规模报酬递减，西部规模报酬递减的省份占比逐年降低，其中，中部区域内部占比（2005、2010 和 2015），东部从 90.91%（2005）增加到 100%（2015）。上述分析说明，"政府卫生支出"投入与"健康"产出间配比存在严重问题，且状况日趋恶化。

表 11-3 DEA 规模报酬分析

单位:%

年份	规模报酬递减			规模报酬不变			规模报酬递增		
	东部	中部	西部	东部	中部	西部	东部	中部	西部
2005	90.91	100.00	91.77	9.09	–	8.33	–	–	–
2010	100.00	100.00	83.33	–	–	8.33	–	–	8.33
2015	100.00	100.00	75.00	–	–	16.67	–	–	8.33

注：图中数值为规模报酬递减和规模报酬不变省份占各区域省份数量比重。

总之，结合典型低效省份 DEA 效率测算结果，对政府卫生支出和健康指标进行进一步分析。结果显示，东部山东、广东和西部四川为"高投入、低产出"的效率模式，政府卫生支出高于区域均值，但综合效率相对低效，原因与规模效率偏低有关，大量卫生财政资金利用率不高；同时，对健康指标区域均值比较分析，发现 3 省份综合效率分别受 5 岁以下儿童死亡率、人均期望寿命和人口死亡率影响较大，3 省份应适当缩减政府卫生支出，调整 5 类健康产出指标的资金投入结构。

11.5 风险因素分析

11.5.1 风险因素确定

经过专家焦点访谈等方法，聘请 10 名专家从已建立的政府卫生支出风险因素指标体系，筛选与健康生产效率风险相关的影响因素，共 11 个指标（见表 11-4），涉及卫生保健因素、制度因素、社会因素、文化因素、经济因素 5 个维度。被解释变量为健康生产效率，使用 DEA 综合效率来衡量。

表 11-4 健康生产效率风险因素

变量	变量分类	变量指标	变量代称
被解释变量	健康生产效率	DEA（综合效率）	effi
解释变量	卫生保健因素	医疗卫生机构数	num
		每千人口床位数	bedrate
		每千人口卫生技术人员数	peorate
	社会因素	城镇化率	urban
		城镇人均医疗保健支出占消费性支出比重	cityh
		农村人均医疗保健支出占消费性支出比重	vilh
		15 岁及以上人口受教育程度	edu
	文化因素	人均 GDP	GDP
	经济因素	政府卫生支出占 GDP 比重	gGDP
		财政支出分权	finpow
	制度因素	财政自给率	finself

11.5.2 指标统计描述

对各变量的最小值、最大值、平均值、中位数和标准差进行统计描述，其中，被解释变量"健康生产效率"的平均值为 0.33、中位数为 0.26、最小值为 0.09、最大值为 1.00、标准差为 0.25。见表 11-5。

表 11-5 指标变量统计描述

变量	均值	中位数	标准差	最小值	最大值
effi	0.33	0.26	0.25	0.09	1.00

表11-5（续）

变量	均值	中位数	标准差	最小值	最大值
num	30 592.16	26 446.00	21 740.42	4 149.00	78 156.00
bedrate	5.13	5.14	0.63	4.02	6.37
peorate	5.94	5.80	1.10	4.40	10.40
urban	55.68	55.12	14.40	20.50	87.60
cityh	7.15	7.10	1.86	3.10	11.20
vilh	9.18	9.10	2.28	2.40	13.90
edu	6.77	5.31	6.59	1.72	37.33
GDP	5.40	4.30	2.30	2.66	10.90
gGDP	2.38	2.08	1.28	1.01	7.42
finpow	0.51	0.46	0.26	0.12	1.35
finself	0.50	0.47	0.19	0.10	0.89

11.5.3 指标相关性分析

由表11-6可知，除了15岁及以上人口受教育程度和政府卫生支出占GDP比重与健康生产效率呈正相关（中度相关）外，其他9个指标均呈现负相关关系；某些自变量之间存在高度相关性，相关系数超过0.8。例如，财政自给率、城镇化率与人均GDP的相关系数分别为0.843和0.863，呈高度正相关。由于政府卫生支出健康生产效率取值在"0"和"1"之间，属于因变量为"片段"和"切割"数值，为避免参数估计的信息偏移，采用Tobit回归模型作为研究方法。

表 11-6　指标变量相关系数

	effi	num	bedrate	peorate	urban	cityh	vilh	edu	GDP	gGDP	finpow	finself
effi	1.000											
num	−0.274	1.000										
bedrate	−0.104	0.137	1.000									
peorate	−0.107	−0.202	0.267	1.000								
urban	−0.231	−0.184	0.014	0.661	1.000							
cityh	−0.100	−0.044	0.421	0.132	0.089	1.000						
vilh	−0.030	0.029	0.524	0.209	0.130	0.825	1.000					
edu	0.612	−0.228	−0.110	−0.361	−0.543	−0.380	−0.432	1.000				
GDP	−0.174	−0.253	−0.135	0.634	0.863	−0.143	−0.070	−0.343	1.000			
gGDP	0.641	−0.337	0.057	−0.239	−0.491	−0.207	−0.213	0.877	−0.364	1.000		
finpow	−0.337	0.577	−0.037	0.153	0.282	−0.290	−0.155	−0.364	0.341	−0.422	1.000	
finself	−0.444	0.050	−0.228	0.499	0.773	−0.225	−0.180	−0.568	0.843	−0.659	0.592	1.000

11.5.4　实证结果分析

表 11-7 的 Tobit 回归结果表明，异方差小于 0.25，为低度异质性，非观测因素对自变量和因变量无明显扰动影响。在 0.01 的显著水平上，自变量"每千人口卫生技术人员数、城镇化率、农村人均医疗保健支出占消费性支出比重、人均 GDP、政府卫生支出占 GDP比重、财政支出分权"与因变量"政府卫生支出健康生产效率"之间存在正相关关系，且统计不显著。同时，"城镇人均医疗保健支出占消费性支出比重、财政自给率"与因变量之间存在负相关关系，且统计不显著；而"每千人口床位数"与因变量呈显著负相关关系，即随着床位数不断增加，健康生产效率值呈下降趋势。负的估计参数在一定程度上，反映了政府卫生支出在盲目扩张医疗卫生机构规模和床位数等方面存在政策方向偏差。而在 0.05 的显著水平上，"15 岁及以上人口受教育程度"与因变量呈正相关关系，统计显著，

相关系数为 0.027，与理论预期相符。通过查阅相关文献，发现教育是提高人群健康水平的重要手段和途径。一方面，通过教育可以提高人口素质，间接生产人力资源健康存量；另一方面，教育可以增加个体可支配收入，间接影响医疗卫生服务需求，提高个体健康水平，从而共同降低政府卫生支出。

表 11-7　健康生产效率风险因素分析（Tobit）

变量	回归系数	标准差	t	P<ltl	95%可信区间	
num	2.57e-07	2.44e-06	0.110	0.917	-4.84e-06	5.35e-06
bedrate	-0.146	0.066	-2.220	0.038**	-0.284	-0.009
peorate	0.035	0.043	0.800	0.432	-0.056	0.125
urban	0.007	0.005	1.240	0.230	-0.005	0.018
cityh	-0.020	0.033	-0.600	0.554	-0.090	0.050
vilh	0.041	0.031	1.330	0.199	-0.023	0.106
edu	0.027	0.014	1.970	0.063*	-0.002	0.056
GDP	0.005	0.046	0.100	0.918	-0.092	0.101
gGDP	0.033	0.069	0.490	0.631	-0.110	0.177
finpow	0.078	0.223	0.350	0.730	-0.388	0.544
finself	-0.660	0.636	-1.040	0.312	-1.987	0.666
常数	0.273	0.467	0.590	0.565	-0.700	1.247
/sigma	0.170	0.023	0.000	0.000	0.122	0.217

注：Me-OA=M×（10 的-A 次方）科学计数法，*显著水平 0.1，**显著水平 0.05。

11.6　小结

本章选用人口死亡率、人均期望寿命、婴儿死亡率、5 岁以下儿童死亡率和孕产妇死亡率为健康产出指标，对 2005 年、2010 年和 2015 年政府卫生支出健康生产效率进行测算，测算结果显示，政府卫生支出健康生产效率存在低效率风险，规模效率是影响综合效率的主要原因。西部综合效率大于东部和中部地区，中部地区效率最低，说明区域间政府卫生支出健康生产效率不公平性尚存，政府卫生支出健康生产效率与经济发展状况无明确关联，中部地区是导致政府卫生支出健康生产低效风险的主要区域。风险因素实证结果显示，每千人口床位数与政府卫生支出健康生产效率呈显著负相关关系，而 15 岁及以上人口受教育程度与政府卫生支出健康生产效率呈显著正相关关系，与理论预期相符。盲目扩张医疗卫生机构规模和床位数等政策措施，不利于政府卫生支出健康生产效率的提高，同时，需进一步提高人群受教育程度，加大卫生健康教育和宣传力度，减少不合理的政府卫生支出。

12 讨论与政策建议

12.1 结论

新医改以来，政府卫生支出绝对规模和相对规模快速增加。2009 年，政府卫生支出约为 6 194.55 亿元，年均增长率达到 16.91%，GDP 占比 1.38%。同时，2009—2017 年人均政府卫生支出保持持续增长趋势，实际值从 464.18 元（2009 年）上升到 1 093.88 元（2017 年），增长约 1.36 倍。面对不断增加的政府卫生支出，人们更关注政府卫生支出规模的充足性、可持续性，结构的合理性，资金使用的有效性，以及其是否存在风险和潜在风险。这对解决"看病贵、看病难""因病致贫、因病返贫"和"提高人群健康水平"等具有重要理论和现实意义。因此，本书从"政府卫生支出风险"视角，对政府卫生支出规模风险、结构风险和效率风险进行理论分析和实证研究，得到以下主要结论。

（1）政府卫生支出风险的基本理论

对政府卫生支出风险的内涵和外延进行了界定，构建了"2 个理论基础、2 个目标维度、3 个层次"的政府卫生支出风险理论框架，以及"4 个维度"的政府卫生支出风险逻辑框架。

246

（2）政府卫生支出方面存在的风险因素

构建了涵盖"9个条目"的政府卫生支出风险维度框架；"9个维度、51个指标"的政府卫生支出风险因素指标体系。

（3）政府卫生支出充足性与可持续性方面存在的风险

2020年政府卫生支出规模尚不存在充足性和可持续风险；甲乙类法定报告传染病发病率和政府卫生支出占财政支出比重，是影响政府卫生支出规模的关键因素。

（4）政府卫生支出结构方面存在的风险

个人卫生支出和政府卫生支出占卫生总费用比例之间，存在长期平稳的单向负因果关系，而个人卫生支出和医疗卫生服务支出占政府卫生支出比例之间，不存在长期平稳关系。个人卫生支出和医疗保健支出占政府卫生支出比例之间，存在长期平稳的单向负因果关系，医保基金存在超支风险。个人与政府共同承担医保基金超支风险、控制门诊慢病的就诊次数增长率和大病医保就诊人次增长率、适当降低住院补偿比例，控制住院费用过快增长趋势、改革"一制多档"为"一制一档"缴费方式、推进和实施分级诊疗制度，是规避医保基金出现超支风险的关键。

（5）政府卫生支出供需分配方面存在的风险

政府卫生支出供需分配尚存在风险。人口死亡率、每千人口医疗卫生机构床位数、病床使用率、医师日均担负住院床日、医师日均担负诊疗人次、人均GDP、政府卫生支出占GDP比重，是影响政府卫生支出供需分配的关键风险因素。

（6）政府卫生支出城乡分配方面存在的风险

政府卫生支出城乡分配存在均等性风险。城乡（区域）内部配置结构不均等是导致政府卫生支出城乡分配风险的关键区域，同时，农村卫生厕所普及率、甲乙类法定报告传染病发病率、每千人口医疗卫生机构床位数、财政支出分权、农村人均医疗保健支出占消费性支出比重、人均 GDP，是影响政府卫生支出城乡分配的关键风险因素。

（7）政府卫生支出层级分配方面存在的风险

政府卫生支出结构层级和医疗功能层级存在低效风险，规模效率是导致结构层级和医疗功能层级低效率、预防功能层级无效状态的关键风险点。政府卫生支出层级分配存在均等性风险，三级医疗卫生机构和预防职能是关键风险点。婴儿死亡率和政府卫生支出年平均增长速度，是影响政府卫生支出结构层级分配的关键风险因素。财政补助收入占医疗卫生机构总收入比例、15 岁及以上人口受教育程度、农村人均医疗保健支出占消费性支出比重，是影响政府卫生支出功能层级分配的关键风险因素。

（8）政府卫生支出区域分配方面存在的风险

政府卫生支出区域资金分配存在公平性风险，东部和西部地区是关键风险区域。政府卫生支出区域资源配置存在公平性风险和低效风险。技术效率是决定综合效率高低的关键风险点，中西部地区是关键风险区域。人口死亡率和病床使用率是影响政府卫生支出区域资源配置的关键风险因素。

（9）政府卫生支出健康生产效率方面存在的风险

政府卫生支出健康生产效率存在低效率风险，规模效率是影响综合效率的关键风险点。中部地区是导致政府卫生支出健康生产低效的关键风险区域。每千人口床位数、15 岁及以上人口受教育程度是影响政府卫生支出健康生产效率的关键风险因素。

12.2 讨论

1. 重新审视政府在卫生支出方面的关键作用

政府卫生支出相对数量不足的原因，不在于经济发展速度和水平，而在于政府追求社会公共卫生利益的政治意愿有所下降，并在政府卫生支出的观念和指导思想方面出现了偏差。如果盲目追求经济增长，可能导致政府公共卫生职能的缺失。另外，大部分卫生决策者将政府卫生支出定义为消费，而不是投资，尚未认识到增加政府卫生支出不仅可以将有形资本转换为无形人力健康资本，间接促进经济增长，而且能够有效防范社会风险，稳定社会秩序。政府卫生支出实质上是社会公平的重要体现，政府应将规避"因病致贫和因病返贫"、促进人群健康水平作为政府卫生支出的根本社会目标，在社会效益基础上，促进经济增长。

按经济属性，医疗卫生服务可分为基本医疗卫生服务、公共卫生服务和非基本医疗卫生服务，按其外部效应特点归类为准公共产品、公共产品和私人产品，在市场经济体制下，我们常常忽略我国卫生事业的社会福利和公益性质，导致政府在提供公共产品（服务）和部分准公共产品（服务）方面职责缺失，立法、筹资、监管等方面存在缺位。同时，以公有制为主体的经济性质，决定了政府存在垄断医疗卫生资源、干预医疗机构运营和独揽医保管理权等一系列越位行为。由此可见，政府缺位和越位是导致政府卫生支出资金浪费和效率低下的主要原因，严重影响支出公平性。

2. 着重理顺政府的卫生财权与事权上的责任

目前，国际通常将分税制分为划分事权、划分税种、分设机构和转移支付4个组成部分，我国除分设机构外，其他部分仍需完善。

同时，规模效益、公平、补助和受益等原则，是公共财政制度的根本出发点和基本要求，而我国分税制度（1994）存在"收入集权和支出分权"不对称、"财权和事权"不匹配等特征，在财权集中上移的同时，事权却逐级向下分解。该财政分权特点对政府卫生支出具有负向作用，例如，吕炜等（2010）认为财政分权体制障碍是导致政府卫生支出不足的主要原因[190]，盘章宇（2010）发现分税制对地方政府医疗卫生服务供给有负面影响[191]，而王箐（2012）和李郁芳（2015）进一步提出财政分权降低了政府卫生支出增长速度和效率[192-193]。在财政分权背景下，各级政府间卫生事权划分尚不明确，上级政府有将财权截留、卫生事权下移的意愿倾向，并使用行政集权调整财政体制。当前，医疗卫生事业的政府职责主要由基层政府承担，且各级政府卫生支出负担结构呈现"中央政府辅助、地方政府主要承担"的特点。2016年政府"医疗卫生与计划生育"预算支出为13 158.77亿元，其中，中央和地方承担比例分别为0.69%和99.31%，地方政府卫生支出约是中央支出的143.35倍[194]。而在地方政府中，基层政府（县和乡镇）受中央—地方财政配套等政策措施影响，承担着绝大多数政府卫生财政支出责任。基层政府，尤其是西部农村政府，财力有限，往往无法确保基层医疗卫生服务拥有充足财政资金支持。这种状况必然导致地方政府对医疗卫生服务的投入积极性较差，基层无法做好"疾病初级防控"守门人作用，医疗卫生服务无法下沉，卫生资源进一步上移，间接造成医疗卫生资源层级间浪费和配置效率低下。

目前，我国转移支付主要包括税收返还、一般性转移支付和专项转移支付，而这三类支付方式均未发挥其应有作用。首先，税收返还的金额测算使用"基数法"[196-197]，由于该测算方法缺乏对各地收入能力和支出需求的客观测评标准，导致区域间财力差距拉大，政府卫生支出的"马太效应"[198]随即产生，即经济发展水平高的地区政府卫生支出规模越来越大，而经济落后地区政府卫生支出则越来越少，最终导致区域间政府卫生支出资源配置和健康生产效率出现公平性风险。其次，一般性转移支付以均衡财力、缩小区域财力差距为主要目标，可有效保障经济欠发达的中西部基层政府对基本医疗卫生服务的供给。但目前，医疗卫生领域的一般性转移支付，数量规模相对较小，对缩小区域间政府卫生支出差距作用甚微。最后，专项转移支付体现了中央政府特定的卫生政策意图，是最常被使用的（卫生）转移支付方式，一般用于引导和保障政府最低标准医疗卫生服务的提供，然而该方式在实施过程中目标错位、弊端明显。专项转移支付资金配置内容相对繁琐，缺乏明确事权依据和法定程序，配置标准相对具有不客观性。同时，专项转移支付的着重点在于人员培训和装备配置等方面，缺少对基本医疗卫生服务和医疗保障支出（地方政府卫生支出占比最高）的区域均衡和分担。其中，医疗卫生服务和公共卫生服务的专项转移支付应以服务均等为根本目标，而非地方政府用以维持相关机构运行和人员工资发放。专项财政资金以层层下拨的形式下发，导致专项拨款中间环节较多，层级政府资金截留、挪用和克扣等现象严重。由于中央政府对专项转移支付的主观随意性较强，政治寻租行为[199-120]应运而生，地方政府无法形成可预期的，相对稳定的专项资金来源和规划，造成大量资金浪费、效率低下。

3. 有效增加政府卫生支出的绝对和相对规模

政府卫生支出是指在医疗卫生领域，政府为履行其职责，通过公共财政预算直接用于医疗、医保、医药、机构建设、设备配置等方面的资金补助，其根本目的在于提高人群健康水平，规避"因病致贫和因病返贫"风险。国内外研究表明，充足且可持续性的政府卫生支出，是提高国民健康状况，维护社会公平稳定的基本保障。虽通过上文风险测算，2020 年政府卫生支出未偏离"十三五"期间政府卫生筹资目标[192]，尚不存在充足性和可持续性风险，但与国际横向比较，我国政府卫生支出绝对规模和相对规模仍有较大增长空间。2009 年以后，虽然政府卫生支出占卫生总费用（2017，28.91%）、财政支出比重逐年增加，且增速略高于经常性财政支出[192,4]。但目前，尚无相关文件、法律法规，对政府卫生支出与GDP、财政支出的占比数值做出明确规定，政府卫生支出与国民经济未保持同比增长态势，政府卫生支出占 GDP 比重仅从 1.38%（2009）增加到 1.84%（2017），增幅有限，为 33.33%。教育与医疗卫生同为民生重点，而政府卫生支出占 GDP 比重却明显低于法律中"20 世纪末教育支出占 GDP 比重达到4%"的规定[193]。

4. 正确看待医疗保障支出有限的保障程度

医疗保障支出是政府卫生支出的重点，具有共担疾病风险（大数法则[194]）、降低灾难性卫生支出的重要作用。除逆向选择、道德风险（始终伴随）外，当前，我国社会医疗保险制度较低的（市级）统筹模式、筹资标准和筹资水平，是导致医疗保障程度极为有限的主要原因。一方面，区域、城乡间社会医疗保障水平差异明显。市级统筹制度"区域互济性"较差，抵御疾病风险的能力弱，极易发生基金超支风险。而社会医疗保险"条块化、碎片化"的管理模式，致使各地医保政策差异明显，严重限制了异地就医和异地结算等政策的落实[195-196,66]。同时，受户籍制度影响，城乡间医疗保障水平存在不公平现象，居民医疗保险（新农合、城镇居民医疗保险）占社会医疗保障经费的比重明显低于城镇职工医疗保险。2007—2017 年社会医疗保障经费支出主要以城镇职工医疗保险为主，均值占比约为 48.71%，而居民医疗保险占比为 27.32%，仅为城镇职工医疗保险的 56.08%[8]。另一方面，社会医疗保险虽然承担着"提供基本医疗卫生保障"的职能，但制度却无法覆盖全体人民，致使大量公共医疗保障需求难以得到有效满足。近年来，我国高血压、糖尿病、癌症、心血管疾病等慢性病高发，疾病经济负担加重，易发生灾难性卫生支出。截至 2017 年 12 月，60 岁及以上人口占比为 17.30%，其中，65 岁以上人口达到 15 831 万人，社会老龄化现象严重，人口老龄化已成为慢性病患病率（发病率）急增的主要原因，社会医疗保险已出现代际转移倾向[197]。而与此同时，我国社会医疗保障制度仍以"医疗门诊与住院报销"作为保障重点，其保障水平呈现极大局限性，因此，不得不派生出"大病保险、慢病保险"等医保补充形式，造成医疗保障职能混乱，管理成本大幅增加。此外，社会医疗保障制度在疾病预防、早发现、早诊断和早治疗等公共卫生方面没有较大促进和保障作用，数据显示，2015—2017 年，传染病处于前十位"主要疾病死亡率及死因构成"[198]，充分表明社会医疗保险，在公共卫生领域保障范围相对有限。

5. 政府卫生支出供需分配尚需均衡

1990—2017 年政府卫生支出主要以"补供方"为主，"供/需"平均比例为 2.04[8,198]。2009 年新医改方案提出政府卫生支出"供需统筹兼顾"，8 500 亿政府卫生支出中"2/3"比例将用于"补需方"[4,5,7]。但相关数据显示，2009—2017 年"供/需"比例为 1.13~1.46，其中，2009—2010 年受公立医院补偿机制改革影响，该比例出现回弹，为 1.41 和 1.46[8,198]，"补需方"虽逐渐受到政府重视，但尚未达到"供/需"比例风险阈值（1.028）要求，目前，政府卫生支出尚存在供需分配风险。

按照功能构成分类，1990—2017 年政府卫生支出主要以医疗卫生服务支出和医疗保障支出两部分实现"补供"与"补需"，平均份额分别为 51% 和 35%[8,198]。对政府卫生支出"供需"机制分析发现，"补供方"是政府卫生财权和事权不匹配，缺乏卫生支出责任意识，将医药费用负担转嫁给患者的重要体现。由"看病难、看病贵"导致的政府卫生财政"被动性"支出机制，因缺乏政策主动性和

"弱化政府责任"路径依赖，没有及时调整医疗卫生服务价格（严重低于市场价值），间接应允医疗卫生机构通过"医疗服务收费"等形式弥补卫生财政缺口，使"控制成本"难以实现。目前，"补需方"的社会医疗保障制度呈现"卫生筹资公平性较差、疾病风险共担作用不明显"等特点[202]。社会医疗保障制度具有"提供基本医疗卫生保障"的职责，其中，"基本医疗卫生服务"财政补助的"利贫"特性，决定了政府对医疗保障的财政补偿，应更倾向于低收入、高患病风险群体（如老年人口）。该群体虽对医疗卫生服务"需要和利用"较高，但受自身经济条件限制，卫生"支付能力"较低，个体参保意愿不强、且缴费档次通常较低。由于医疗保障制度的局限性（保障水平、保障范围），一旦发生疾病风险，其家庭疾病（就医）经济负担将相对较高，极易发生"贫困性卫生支出"。

6. 政府卫生支出区域、城乡分配尚需均衡

目前，我国区域和城乡间普遍存在卫生资金分配和资源配置不公平和不均等现象[210-211]。区域和城乡间政府卫生支出资金分配不均等是导致资源配置不公平的主要原因。实证研究结果表明，受经济发展水平、横向转移支付、城乡二元结构[212]等影响，政府卫生支出在区域差异和城乡结构方面均存在公平性风险，其中，农村和中西部地区是提高资源配置效率，降低风险的关键，卫生财政资金应向农村和中西部地区倾斜。

实际上，当经济发展水平较高的地区，卫生资源配置和人群健康达到一定水平后，继续增加政府卫生支出，所获得的边际收益反而会降低。此时，将更多政府卫生支出转移给"边际效益较高"的经济不发达地区，更符合"帕累托优化"原则。同时，2017年中西部一些经济不发达省份的政府卫生支出占卫生总费用比重，明显高于东部经济发达地区，例如，中部安徽（33.36%）、江西（39.63%），西部贵州（42.22%）、青海（47.15%）明显高于东部北京（23.13%）和上海

(21.54%)[8]，结果表明，经济欠发达地区的政府的卫生支出意愿和行为并不低于经济发达地区，经济发展水平是导致各地区政府卫生支出绝对规模差距较大的主要原因。

长期以来，我国城乡居民在享有医疗、教育、文化、公共设施等方面存在明显差异。经济发展水平和公共服务供给机制（制度化、条块化），是导致政府卫生支出"城乡二元结构"明显的主要原因。例如，新农合和城镇居民医疗保险受制度分割化影响，在政策和并网链接等方面存在一系列问题，严重制约城乡医保资金统筹。其次，2017年农村居民人均医疗保健支出占人均可支配收入的7.88%，是城镇居民占比的1.62倍[8]，疾病经济负担相对较重。从经济层面来看，城乡经济发展水平和居民收入差距是造成家庭卫生经济支付能力及健康不公平性的主要原因，尤其是西部农村低收入群体，其家庭灾难性卫生支出发生率极高。

7. 政府卫生支出层级分配尚需均衡

当前，我国政府卫生支出存在"重三级、轻基层""重医疗、轻预防"的政策倾向。实证研究结果表明，该倾向导致基于生产效率的政府卫生支出结构层级（三级/基层）和功能层级（医疗/预防）资金分配存在均等性风险，结构层级和医疗功能层级存在低效率风险。其中，规模效率是导致结构层级和医疗功能层级低效率、预防功能层级无效状态的主要原因，即政府卫生支出的层级结构配置尚未合理。自分税制改革（1994）以来，卫生事业经费被划归于地方政府财政预算，实行"一级政府办一级卫生事业"。其中，三级医疗卫生机构的隶属关系和财政补助收入主要来源于中央、省和市（区）级政府，而基层医疗卫生机构的财政补助主要来自市（区）和县级政府，直接导致三级医疗卫生机构财政补助水平明显高于基层医疗卫生机构，政府卫生支出结构层级（三级/基层）资金配置差距较大。同时，各层级医疗卫生机构职能划分不明确，按各自提供医疗卫生产品/服务的性质，应划分为提供疑难、专科性质医疗卫生服务（三级）和预防、全科性质基本医疗卫生服务（基层）。而在分级诊疗制度不完善、疾病防控不足、（基层）医疗卫生服务薄弱的实际情况下，当（三级）医疗卫生服务价格低于市场价值时，非理性的供方"诱导需求"和需方"用脚投票"，会使大量医疗卫生资源向上集聚于三级医疗卫生机构，从而挤占基层公共卫生和基本医疗卫生服务卫生经费，导致各层级医疗卫生机构所占有的医疗卫生资源与其职能不对称。从卫生经济的成本收益率分析，"预防"重于"治疗"，预防性卫生支出（传染病、慢性病防治）能有效降低疾病发病率和患病率，产生极强正外部性的经济、健康效应，是市场失灵的主要领域，需政府给予专项财政补助。而受"短视化"政绩考核（晋升）体制[213]影响，地方政府对具有长期经济和健康效应的预防性公共卫生重视程度不足。其中，2010—2017 年，政府卫生支出医疗与预防的比例均值为 3.49[8,198]，防治比例极不合理，存在健康生产低效率风险。同时，2003 年 SARS、2007 年禽流感、2019 年新型冠状病毒再次暴露政府卫生支出"重医疗、轻预防"的潜在风险和严重后果。因此，完善政府卫生支出结构层级分配、形成合理防治支出比例成为当务之急。

8. 政府卫生支出健康生产效率尚需提高

按政策目标效率原则，政府卫生支出效率可以分为产出效率（卫生资源配置效率）和结果效率（健康生产效率），产出效率间接影响结果效率，两者均遵循效率和公平性原则[214]。实证研究结果显示，受医疗卫生服务需求集聚效应（经济发达地区资源过剩和经济欠发达地区资源不足。三级机构工作强度大和基层机构资源闲置）和政府卫生绩效考核机制（重视投入轻视产出、重视形式轻视结果）等因素影响，我国政府卫生支出效率存在公平性和低效风险。同时，DEA 技术效率和规模效率分别是决定资源配置和健康产出综合效率的主要原因，即加大卫生财政支持力度，完善政府卫生资源区域规划势在必行。目前，我国政府卫生支出主要依据人口结构和经济发展水平进行区域卫生资源规划，忽略了区域公平性原则，不利于经济欠发达地区的卫生资源配置。

12.3 建议

针对以上风险研究的结论与讨论，本书从政府卫生支出规模、结构和效率三个层面，提出规避风险的政策建议，共七点。

1. 合理划分各级政府卫生支出责任，优化转移支付制度

我国卫生财权和事权不匹配状况，与国际上中央（单一制）和省级（联邦制）政府承担医疗卫生等基本公共服务的制度设计截然相反。因此，推动层级政府财权和事权划分的法制化、促进财政层级扁平化具有其必要性。其次，应进一步加强中央政府在医疗卫生领域，尤其是公共卫生领域的责任意识。依据医疗卫生服务空间外溢性特点，对一些具有全国外溢性的基本公共卫生服务和事件（计划免疫、传染病、突发公共卫生事件）、健康教育（计划生育）、健康研究、农村和贫困人群卫生经费等应由中央政府承担，具有区域外溢性、需求特殊的医疗卫生服务及产品应由中央和地方政府共同承担，同时，基层政府（县和乡镇）实际卫生支出大部分应中央和省级政府共担，尤其确保由一级医院和乡镇卫生院转型的社区卫生服务（中心）站的日常经费充足[195]。

调整和优化转移支付制度，进一步明确事权依据，制定具有法律效力的程序和标准，并加强监督管理，提高资金流动的透明度。用"因素法"[191]取代"基数法"核算税收返还金额，进一步提高一般性转移支付占比，缩减、整合和规范专项转移支付项目，适当放

宽专项拨款使用范围，加大对（正外部性）公共卫生的专项财政支持力度。同时，对财政困难、（资金）卫生边际效用较大的地区，中央政府应通过专项转移支付将"配套拨款"转为"全额拨款"，实现区域相对均衡配置。

2. 拓宽政府卫生筹资渠道，确保政府卫生支出逐年适度增加

政府卫生支出源于公共财政支出，是政府直接用于医疗卫生领域的一种健康性投资。但从当前公共财政状况来看，在政府财力有限的情况下，无限制、大幅度增加政府卫生支出是不现实的。因此，在明确政府责任意识（主导地位）、卫生财权和事权相匹配的基础上，合理拓宽政府卫生筹资渠道、适度增加政府卫生支出数量规模有其必要性。第一，卫生领域需尽快通过制定卫生相关法律，将政府卫生支出绝对规模和相对规模（政府卫生支出占卫生总费用、公共财政和 GDP 比重）加以法律化，进一步规范卫生财政预算制度，建立"第三方"监管机制，确保各层级政府卫生支出的充足性和可持续性。第二，建立政府卫生支出多元筹资渠道，通过 PPP 模式（政府与社会资本合作），以社会办医和商业医疗保险等形式，将社会资本融入医疗卫生服务领域。第三，借鉴国外经验，利用税收专项（提高酒精和烟草等消费税税率）、卫生彩票、卫生债券等形式开拓政府卫生筹资渠道。

3. 完善全民医疗保险制度，增强医保基金抵御风险能力

医保财政支持力度，需根据国民经济发展状况做出适时调整，实现"全民覆盖"的社会医疗保障制度极为重要。提高统筹层次可有效增强基金抗风险能力[199]，但应充分考虑各地经济发展状况、人口结构、基金经办水平、监管状况等因素，在权衡收益（由抗风险能力增强带来）和损失（由道德风险增加带来）利弊的基础上，打破户籍制度、实行医保省级统筹，并逐渐完善医保异地结算平台[200]。进一步统筹和完善城乡医疗保障制度，将医保政策向农村、

农民工、城镇低收入群体倾斜，确保医疗保障制度的公平性。同时，借鉴国外经验，建立中央医保基金管理机构，实行医保基金"统收、统管和统支"模式，并接受第三方机构对医保基金风险的日常评估和监管。中央医保基金管理机构对医保基金实行总额预付、按人头付费，或 DRGs 付费[201]，重新梳理、划分社会医疗保险的职责并不断扩大保障范围（尤其是针对公共卫生领域），最终将"医保基金与职责事权"匹配、捆绑、下移到各层级（医保基金）统筹单位。

4. 兼顾政府卫生支出供需双方适度均衡，特别关注低收入人群

解决政府卫生支出供需分配不均衡问题，需循序渐进，逐步完善政府卫生支出供需统筹兼顾机制。首先，政府应在医疗卫生服务"供方"市场，引入竞争和监督机制（法律形式下的第三方介入[203]），根据"供方"提供的医疗卫生产品或服务的数量、质量和全民偏好机制（用脚投票）[204]，以合同竞争[205]等形式购买医疗卫生产品和服务，其中，对基本医疗卫生和公共卫生产品/服务实行政府指导定价[206]。其次，在成本核算[207]基础上，构建公立医院（政府卫生支出）补偿机制，加强卫生资源配置（医院之间、医院内部）的有效监督管理，并对基层医疗卫生机构按"事权"进行卫生预算拨款。最后，通过技术帮扶等形式，提高低收入和高患病风险人群的家庭经济收入，将"经济输血"变为"技术造血"[208]，同时，对社会医疗保障制度推行"预付制"[209]，在医保缴费和补偿比例等方面对低收入和患病高风险人群实行特殊优待，尤其提高（多种类）重大疾病、老年人口等的医保基金专项补助水平。

5. 统筹区域协调发展，缩小政府卫生支出城乡差距

统筹区域协调发展，中央政府应通过立法规范"扶贫项目""卫生对口援助"等横向转移支付形式，形成"横纵交错"的长效转移支付机制，引导卫生财政资金的"跨区域"流动。

缩小政府卫生支出城乡差距。首先，打破户籍限制，实现"城

乡一体化"公共服务供给机制，使城乡居民均等享有政府卫生支出及相关产出（医疗卫生资源和健康）。其次，增加农村居民收入，从卫生政策制定上倾向农村，提高农村居民医保住院报销比例极为重要。最后，在政府卫生支出医疗资源配置方面，应改变"重城轻乡"格局，将承担农村"健康守门人"的乡镇卫生院和村卫生室（承担基本医疗卫生服务职能），纳入中央政府卫生筹资和转移支付中，给予其更多财政支持；同时，减少并压缩农村政府卫生支出的公用支出规模，提高基层卫生人员经费占比，加强人员培养、输送和培训（如村医），从根本上缩小政府卫生支出城乡差距。

6. 完善政府卫生支出结构层级分配，形成合理防治支出比例

首先，各级政府尤其是中央政府，应明确其基本医疗卫生服务和公共卫生服务的责任意识和主导地位，并建立多元化畅通筹资渠道、充足且可持续的政府卫生支出长效机制。其次，调整政府卫生层级支出结构，明确支出着重点，将政府卫生支出重点向基层医疗卫生机构和"预防性"公共卫生服务倾斜。最后，在完善分级诊疗制度的基础上，强化基层卫生财政"基本医疗卫生服务和预防性公共卫生服务"的预算拨款机制，并予以法律强制执行，促进医疗卫生资源和服务下沉。

结构层级方面，在保障三级医疗卫生机构人员和业务经费充足的基础上，加大对卫生技术人员业务能力的财政支出力度，并按照医疗卫生服务的实际市场价值，合理测算三级医疗卫生机构运营成本，根据医院级别和服务性质给予相应卫生财政补助。同时，关注基层医疗卫生服务，在强化基层"硬实力"（仪器设备）的前题下，加大对"软实力"（人员技术）的卫生财政支持力度，逐步构建结构层级医疗卫生资源互助机制。并且通过基层"医疗—预防"服务包等形式，明确基层卫生服务类型，并以"职称晋升、优劳优酬、培训和引进"等制度形式，提高基层卫生技术人员的数量和质量。

在功能层级方面，应适度调整中央和地方政府对医疗卫生服务的财政支出比例，加大医疗卫生服务中基本医疗卫生服务的经费支出，提高服务可及性。同时，对转移支付（尤其是专项转移支付）中"预防性"公共卫生服务项目的基本范畴进行重新界定，重点针对（突发性）公共卫生事件的监测预警、事前预防和事后处置等。其中，"监测预警"卫生支出应由中央政府全额财政拨款，而"事前预防"支出按"属地原则"由地方政府给予财政补助，且中央政府给予适当转移支付，因"事后处置"支出未在地方政府财政预算之中，所以应由各级政府按合理比例共同承担。另外，加强卫生健康教育，通过对个人、家庭和社区进行健康教育，提高人群健康意识（预防疾病、促进健康），改变不健康的行为和生活方式，引导合理就医，使"用脚投票"更具理性判断。

7. 完善政府卫生资源区域规划，提高政府卫生支出的健康生产率

首先，在保证各区域实际医疗卫生资源"需求"数值上下限的基础上，按照区域卫生资源实际"需要"，引导政府卫生支出"跨区域"流动，促进卫生资源区域均等化。其次，通过政府卫生支出绩效考核，来约束、规范地方政府的卫生行为，进而确定中央政府卫生财政转移支付规模和各级政府卫生预算总额。绩效考核应充分考虑地方政府利用卫生财政"投入"，所"产出"的卫生资源配置、人群健康水平、各"结构层级"提供的医疗卫生产品/服务质量和（公众）卫生服务需求的有效满足程度等。再次，卫生财政支出主要源于税收，按照"取之于民、用之于民"的税收性质，建立并健全政府卫生支出"审计"监督监管机制尤为重要。以"结果"为导向，对政府卫生支出资金使用状况，采取"代理会计"事前审核（核定任务、收支和绩效）、事中控制、注册会计事后审计的监管模式，并通过政府卫生支出审计报告和财务报告等形式，自觉接受媒体、公众等的社会监督。

12.4　研究局限与展望

受研究能力和数据可得性等主客观因素限制，本书尚存在一些不足和需改进完善之处。

一是，在医疗保障支出超支失衡风险研究中，受数据限制，全国（省）各类医保收支及运行数据不可得，本书只能采用潍坊市居民医疗保障支出相关数据，进行风险分析，样本数据相对较少，对研究结论的外推性有一定影响。同时，在政府卫生支出城乡分配均等性风险分析中也面临同样问题，由于31个省政府卫生支出城乡分配数据不可得，本书采用政府卫生支出卫生资源产出：每千人口床位数和每千人口卫生技术人员数作为替代指标，近似测算和识别政府卫生支出城乡分配均等性风险。虽然数据替代具有可得性、合理性、文献可参照性和较强的结论解释性，但仍为次优选择。本书将针对该部分数据和文献，进行后续跟踪和研究。

二是，受篇幅限制，在政府卫生支出可持续性和充足性风险研究中，尚未在当前经济发展状况下，对政府卫生支出适宜规模进行量化测算，而该部分又具有很重要的实践意义。因此，这将是笔者下一步研究的重点。

12.5　小结

卫生事业的公益性，决定政府需要进行卫生干预，而政府卫生支出作为干预的手段和途径，对解决"看病贵、看病难""因病致贫、因病返贫"和"提高人群健康水平"等具有重要作用。如政府卫生支出在规模、结构和效率方面存在风险，必将产生一系列健康和福利公平性问题，影响卫生事业和国民经济发展。

本章基于上述章节对政府卫生支出风险的理论和实证研究，得出相应结论：政府卫生支出在医疗保障支出、供需分配、城乡分配、层级分配、区域分配、资源配置和健康生产效率等方面存在风险，并寻找到风险成因及影响因素。对政府卫生支出风险机制进行了9个方面的分析和讨论，同时针对相应的讨论，提出了7条规避风险的政策建议，并对整个研究进行了局限性分析和未来展望。

参考文献

［1］国际初级卫生保健大会.阿拉木图宣言（1978 年）.［EB/
OL］.https：//baike.baidu.com/item/阿拉木图宣言/12238.

［2］周玉萍.中国健康保险制度研究［D］.武汉：武汉大学，
2013.

［3］World Health Organization. The World Health Report 2000：
Health system：Improving Performance［R］. Geneva：World Health Or-
ganization，2000：144-150.

［4］中共中央 国务院.中共中央国务院关于深化医药卫生体制
改革的意见（2009）.［EB/OL］.http：//www.gov.cn/test/2009-04/08/
content_1280069.htm.

［5］中共中央 国务院.医药卫生体制改革近期重点实施方案
（2009—2011 年）.［EB/OL］. http：//www.gov.cn/zwgk/2009-04/07/
content_1279256.htm.

［6］财政部，发展改革委，人力资源和社会保障部，等.关于完
善政府卫生投入政策的意见（2009）.［EB/OL］.http：//www.gov.cn/
ztzl/ygzt/content_1661057.htm.

［7］中共中央 国务院."十二五"期间深化医药卫生体制改革
规划暨实施方案（2012）.［EB/OL］.http：//www.gov.cn/zhengce/con-
tent/2012-03/21/content_6094.htm.

264

［8］国家卫生计生委卫生发展研究中心.2018中国卫生总费用研究报告［R］.北京：国家卫生计生委卫生发展研究中心，2018.

［9］刘思峰，谢乃明.灰色系统预测理论及其应用（第七版）［M］.北京：科学出版社，2015：302-346.

［10］浒光清，邹骥.系统动力学方法：原理、特点与最新进展［J］.哈尔滨工业大学学报（社会科学版）.2006，4：72-77.

［11］张仲芳.国内外政府卫生支出测算方法、口径及结果的比较研究［J］.统计研究，2008，25（4）：16.

［12］李淑霞，马唯为，李淑文.中国医疗卫生支出的公共政策研究［J］.中国卫生经济，2002，21（7）：17-18.

［13］代英姿.医疗卫生需求与公共卫生支出［J］.辽宁大学学报（哲学社会科学版），2005，33（4）：128-134.

［14］苗俊峰.中国公共卫生支出规模与效应分析［J］.山东工商学院学报，2005，24（2）：35-37.

［15］赵郁馨，万泉，陶四海，等.2002年中国卫生总费用测算结果与分析［J］.中国卫生经济，2004，3（23）：5-10.

［16］何平平.经济增长、人口老龄化与医疗费用增长：中国数据的计量分析［J］.财经理论与实践，2006，2（21）：90-94.

［17］李梦娜.中国政府卫生支出的最优规模［J］.当代经济，2008，15（15）：14-18.

［18］KEELER E，NEWHOUSE J. Deductibles and demand：A theory of the consumer facing a variable price schedule under uncertainty［J］. Econometric，1977，45（3）：641-655.

［19］KLEIMAN E. The determinants of national outlay on health［J］. Economics of health and medical care，1974，85-104.

［20］FUCHS V. Health care for the elderly：How much? Who will pay for it?［J］. Health affairs，1999，18（1）：11-21.

［21］ CHRISTIAN D, HANS E P. Health care expenditures in OECD countries: A panel unit root and counteraction analysis ［J］. International journal of applied econometrics and quantitative studies, 2005, 2 (2), 679-695.

［22］陈共, 王俊. 论财政与公共卫生 ［M］. 北京: 中国人民大学出版社, 2007.

［23］潘杰, 李晨赵. 影响我国地方政府卫生支出的主要因素研究: 基于省级数据的实证分析 ［J］. 中国财经信息资料, 2009, (33): 19-23.

［24］方小燕. 我国各地区政府卫生支出的差异性研究 ［D］. 长沙: 湖南大学, 2016.

［25］宋志华. 中国政府卫生支出的规模、结构与绩效研究 ［D］. 沈阳: 东北大学, 2009.

［26］何长江. 政府公共卫生支出行为影响因素的实证分析 ［J］. 财经科学, 2011, (4): 94-100.

［27］刘乐帆. 我国政府卫生支出最优规模研究: 经济增长的视角 ［D］. 长沙: 湖南大学, 2011.

［28］傅勇, 张晏. 中国式分权与财政支出结构偏向: 为增长而竞争的代价 ［J］. 管理世界, 2007, (3): 4-12.

［29］王晶晶. 广东省政府医疗卫生支出效率研究 ［D］. 广州: 暨南大学, 2016.

［30］程晓明. 医疗保险学 ［M］. 上海: 复旦大学出版社, 2010.

［31］姚岚, 熊先军. 医疗保障学 ［M］. 北京: 人民卫生出版社, 2013, 68.

［32］邓洪夫. 医保基金结余表象下的潜在风险分析 ［J］. 中国医疗保险, 2010, 10: 28-30.

［33］徐宁, 张亮, 姚金海, 等. 提高我国社会医疗保险基金统筹

层次研究进展及述评 [J]. 中国卫生经济, 2014, 6: 33-36.

[34] 任志强. 提升医保统筹层次路在何方 [J]. 中国社会保障, 2015, 3: 73-74.

[35] 齐新业, 吴群红, 丁玎, 等. 基于 ProModel 的基本医疗保障制度仿真模型构建及验证分析 [J]. 中国卫生统计, 2017, 34 (4): 673-675.

[36] 丁玎, 吴群红, 齐新业, 等. 基于 ProModel 系统仿真的卫生政策管理应用框架分析 [J]. 中国卫生统计, 2016, (6): 1060-1062.

[37] 马桂峰, 盛红旗, 张婷, 等. 社会医疗保险基金收支平衡与风险评估研究 [J]. 中国卫生经济, 2017, 36 (7): 25-27.

[38] 李亚青. 新型农村合作医疗财政补贴增长的精算分析 [J]. 财经科学, 2016, (3): 90-102.

[39] 李亚青. 社会医疗保险财政补贴增长及可持续性研究: 以医保制度整合为背景 [J]. 公共管理学报, 2015, (1): 70-83, 156.

[40] 仇雨临. 人口老龄化对医疗保险制度的挑战及对策思考 [J]. 北京科技大学学报 (社会科学版), 2005, (1): 30-32.

[41] 孟庆跃. 医疗保险支付方式改革对费用控制的影响分析 [J]. 卫生经济研究, 2002, (9): 18-21.

[42] HUANG Y, LIU Y, YANG X, et al. Global budget payment system helps to reduce outpatient medical expenditure of hypertension in China [J]. Springer plus, 2016, 5 (1): 1-7.

[43] 李晓斌. 医疗保险运行中的道德风险与控制 [J]. 中国卫生事业管理, 2009, 26 (6): 382-383.

[44] 霍琛琛. 医疗保险中道德风险及有效规避 [J]. 劳动保障世界: 理论版, 2013, (10): 38.

[45] 吴传俭. 道德风险与我国社会医疗保险基金安全问题分析 [J]. 中国卫生经济, 2005, (11): 47-48.

[46] 郭永松, 马伟宁. 论医疗保险中的道德风险及对策 [J]. 中国医学伦理学, 2004, 17 (2): 40-41.

[47] 谭宇. 深圳市医疗保险费用分析及预测 [D]. 武汉: 华中科技大学, 2013.

[48] 蔡文泳, 方积乾, 王心旺. 基于灰色马尔可夫模型的新型农村合作医疗体制基金风险预测 [J]. 中国卫生统计, 2014, 31 (1): 2-5.

[49] 吴彬, 罗仁夏, 曹建平. 福建省城镇职工医保统筹基金运行状况及风险预测 [J]. 中国卫生经济, 2014: 39-41.

[50] 李镒冲, 李晓松, 陈滔. ILO 筹资模型与核密度估计方法在社会健康保险精算的应用研究 [J]. 中国卫生统计, 2010, (3): 243-246.

[51] 王晓燕. 我国社会医疗保险费用的合理分担与控制研究: 基于系统动力学的视角 [M]. 北京: 经济管理出版社, 2010: 133.

[52] 钟邃. 城镇职工基本医疗保险统筹基金风险预警系统的探索性研究 [D]. 成都: 四川大学, 2007.

[53] 陈明霞. 社会保障基金风险预警研究 [D]. 大连: 大连理工大学, 2009.

[54] 路云, 许珍子. 社会医疗保险基金运行平衡的预警机制研究 [J]. 东南大学学报 (哲学社会科学版), 2012 (6): 37-39, 133-135.

[55] 张晓, 胡汉辉, 刘蓉, 等. 医疗保险基金支付风险管理分析及预警体系的构建: 基于政策目标、基金平衡与费用控制的思考 [J]. 中国医疗保险, 2012, (6): 17-20.

[56] 高广颖, 梁民琳, 沈文生, 等. 新型农村合作医疗基金预警系统模型的建立研究 [J]. 中国卫生经济, 2015, (2): 56-59.

[57] 邓大松, 杨红燕. 老龄化趋势下基本医疗保险筹资费率测算 [J]. 财经研究, 2003, 29 (12): 39-44.

[58] 曾益. 中国城镇职工基本医疗保险基金可持续发展研究

[J].财经论丛, 2012, (5): 59-65.

[59] 刘兴会.上海城镇职工基本医疗保险基金风险评估体系研究 [D].上海:上海工程技术大学, 2015.

[60] 齐悦力.山东省职工基本医疗保险基金收支精算预测研究 [D].济南:山东财经大学, 2015.

[61] 龚向光.加大公共卫生投入改革公共卫生筹资体制 [J].中国卫生经济, 2003, 22 (12): 13-15.

[62] 乐虹,唐圣春,陈迎春.东中西部地区农村卫生发展比较 [J].中国卫生经济, 2006, 25 (3): 17-19.

[63] 谭华伟,张培林,阳光基,等.基于供需视角的我国政府卫生支出区域均等化研究 [J].卫生软科学, 2017, 31 (6): 7-11.

[64] 袁菁华.卫生公平:全面小康社会的公共政策选择 [J].卫生经济研究, 2004, (6): 19-21.

[65] 冯占春,侯泽蓉,郑舒文,等.我国城乡卫生投入公平性的影响因素及其对策 [J].中华医院管理, 2006, (10): 657-660.

[66] 俞卫.医疗卫生服务均等化与地区经济发展 [J].中国卫生政策研究, 2009, (6): 1-7.

[67] 孙晓鸥,王成新.中国医疗卫生领域的公平性分析以及政策建议 [J].商业经济, 2006, 26 (10): 38-39.

[68] 顾昕.公共财政转型与政府卫生筹资责任的回归 [J].中国社会科学, 2010, (2): 103-120.

[69] 刘军民.关于政府购买卫生服务改革的评析 [J].华中师范大学学报 (人文社会科学版), 2008, (1): 35-42.

[70] 李玲.医改不仅是民生更是增长动力 [J].中国经济, 2011, (4): 1-5.

[71] 林巧珠,张文昌.政府投入兼顾医疗服务供方和需方的可操作性研究 [J].中国卫生事业管理, 2009, (7): 443-445.

[72] 毛晖,姬艳飞.中国公共卫生财政投入状况分析 [J].山东经济,2008：82-87.

[73] 刘民权,李晓飞,俞建拖.我国政府卫生支出及其公平性探讨 [J].南京大学学报（哲学·人文科学·社会科学),2007,44（3）：23-33.

[74] 林菊红.论中国公共卫生费用支出 [J].中国物价,2003,（7）：30-33.

[75] 阎坤,于树.转轨背景下的公共支出结构失衡 [J].经济研究参考,2004,（80）：10-13.

[76] 陈春辉,周金玲.卫生分级财政制度的国际比较及中国存在的问题 [J].卫生经济研究,2009,（4）：21.

[77] 张启良,刘晓红,程敏.我国城乡收入差距持续扩大的模型解释 [J].统计研究,2010,（12）：51-56.

[78] 肖海翔.政府卫生支出效率及其改进研究 [D].长沙：湖南大学,2012.

[79] 李齐云,刘小勇.财政分权、转移支付与地区公共卫生服务均等化实证研究 [J].山东大学学报（哲学社会科学版）,2010,（5）：34-46.

[80] 刘军民.卫生投入的政府责任及结构优化 [J].卫生经济研究,2008,（6）：3-7.

[81] 吴石,刘兵.医疗卫生资源配置均衡性实证分析：基于2001—2008年陕西省数据 [J].长安大学学报,2011,13（2）：63-67.

[82] 李淑霞,马唯为,李淑文.中国医疗卫生支出的公共政策研究 [J].中国卫生经济,2002,21（7）：17-18.

[83] 赵颖波,王建伟,尹畅,等.基于洛伦兹曲线和基尼系数的我国卫生资源配置公平性研究 [J].中国医院,2018,（2）：22-25.

[84] 王俊.政府卫生支出有效机制的研究：系统模型与经验分

析 [M]. 北京: 中国财政经济出版社, 2007, 193-210.

[85] 申一帆, 胡善联, 黄炯烈, 等. 1980—2001 年广州市医疗资源配置和利用效率分析 [J]. 中华医院管理杂志, 2004, (6): 361-365.

[86] GROSSMAN M. The demand of health: A theoretical and empirical investigation [M]. New York: Columbia University Press for NBER, 1972.

[87] 张亮, 胡志. 卫生事业管理学 [M]. 北京: 人民卫生出版社, 2013.

[88] ATUN R, AYDM S, CHAKRABORTY S, et al. Universal health coverage in Turkey: Enhancement of equity [J]. Lancet, 2013, 382 (9886): 65-99.

[89] BOKHARI F A, GAI Y, GOTTRET P. Government health expenditures and health outcomes [J]. Health Econ, 2007, 16 (3): 257-273.

[90] AKINKUGBE O, MOHANOE M. Public health expenditure as a determinant of health status in lesotho [J]. Soc work public health, 2009, 24: 131-147.

[91] 张宁, 胡鞍钢, 郑京海. 应用 DEA 方法评测中国各地区健康生产效率 [J]. 经济研究, 2006, 41 (7): 92-105.

[92] 孙菊. 中国卫生财政支出的实证分析 [M]. 北京: 中国社会科学出版社, 2010.

[93] GROSSMAN M. On the concept of health capital and the demand of health [J]. Political economy, 1972, 80 (2): 223-255.

[94] SANTIAGO H, GAOBO P. Efficiency of public spending in developing countries: an efficiency frontier approach [J]. SSRN electronic journal, 2005: 36-45.

[95] GRUBAUGH S G, REXFORD E S. Comparing the perform-

ance of health care systems: An altermative approach [J]. South economic journal, 1994, 60: 1030-1042.

[96] ROLF F, SHAWNA G, et al. Productivity growth in health-care delivery [J]. Medical care, 1997, 35 (4): 354-366.

[97] PABLO G, GEORGE S. Health financing revisited [M]. Washington: The World Bank Publication, 2006: 55-56.

[98] 王俊, 昌忠泽. 中国宏观健康生产函数: 理论与实证 [J]. 南开经济研究, 2007, (2): 20-42.

[99] 韩华为, 苗艳青. 地方政府卫生支出效率核算及影响因素实证研究: 以中国 31 个省份面板数据为依据的 DEA-Tobit 分析 [J]. 财经研究, 2010, (5): 4-15, 39.

[100] 贾智莲, 卢洪友. 财政分权与教育及民生类公共品供给的有效性: 基于中国省级面板数据的实证分析 [J]. 数量经济技术经济研究财经研究, 2010, (6): 20-28.

[101] SAMUELSON P A. The pure theory of public expenditure [J]. The review of economics and statistics, 1954, 36 (4): 387-389.

[102] 奥尔森. 集体行动的逻辑: 公共利益和团体理论 [M]. 陈郁, 郭宇峰, 李崇新, 译. 北京: 人民出版社, 2018.

[103] 马歇尔. 经济学原理 [M]. 周月刚, 雷晓燕, 译. 北京: 中国城市出版社, 2010.

[104] 庇古. 福利经济学 [M]. 金镝, 译. 北京: 华夏出版社, 2007.

[105] 张图南. 图解萨缪尔森经济学 [M]. 西安: 陕西师范大学出版社, 2011.

[106] 布坎南, 塔洛克. 同意的计算 [M]. 陈光金, 译. 北京: 中国社会科学出版社, 2000.

[107] 鲍莫尔. 福利经济及国家理论 [M]. 郭家麟, 郑孝齐, 译. 北京: 商务印书馆, 2013.

［108］斯密. 国富论［M］. 富强, 译. 北京：北京联合出版社, 2014.

［109］凯恩斯. 就业、利息和货币通论［M］. 金华, 译. 上海：立信会计出版社, 2017.

［110］张雷宝. 公债经济学：理论·政策·实践［M］. 杭州：浙江大学出版社, 2000.

［111］郭庆旺, 赵志耘. 财政理论与政策［M］. 北京：经济科学出版社, 2002.

［112］勒纳. 控制经济学［M］. 郑东蓉, 译. 台北：台湾银行经济研究室, 1969, 257.

［113］杜尔劳夫, 布卢姆. 新帕尔格雷夫经济学大辞典［M］. 2版. 樊纲, 译. 北京：经济科学出版社, 2016.

［114］朱勇, 徐广军. 现代增长理论与政策选择［M］. 北京：中国经济出版社, 2000.

［115］马克思. 马克思主义政治经济学［M］. 北京：中国人民大学出版社, 2003.

［116］陈晓律. 英国福利制度的由来与发展［M］. 南京：南京大学出版社, 1996.

［117］罗森. 财政学［M］. 平新乔, 译. 北京：中国人民大学出版社, 2000.

［118］王桂胜. 福利经济学［M］. 北京：中国劳动社会保障出版社, 2007.

［119］斯蒂格利茨. 经济学［M］. 张帆, 黄险峰, 译. 北京：中国人民大学出版社, 2005.

［120］李特尔. 福利经济学评述［M］. 陈彪如, 译. 北京：商务印书馆, 2014.

［121］费雷曼. 罗尔斯［M］. 张国清, 译. 北京：华夏出版社, 2013.

[122] 庇古. 福利经济学 [M]. 朱泱, 张胜纪, 吴良健, 译. 北京: 商务印书馆, 2006.

[123] 熊彼特. 从马克思到凯恩斯十大经济学家 [M]. 宁嘉风, 译. 北京: 商务印书馆, 1965.

[124] 姚明霞. 福利经济学 [M]. 北京: 经济日报出版社, 2005.

[125] 贝克. 风险社会 [M]. 何博闻, 译. 南京: 译林出版社, 2004.

[126] VEENHOVEN R. Why Social Policy Needs Subjective Indicators. Social Indicators Research, 2002, 58 (1-3): 33-45.

[127] PETER T. New risks, new welfare: The transform action of the European welfare state [M]. Oxford University Press, 2004.

[128] SCRUGGS L, ALLAN J. Welfare-state decommodification in 18 OECD countries: A replication and revision [J]. European social policy, 2006, 16 (1): 55-72.

[129] 景天魁. 福利社会学 [M]. 北京: 北京师范大学出版集团, 2010.

[130] 高立法, 虞旭清. 企业全面风险管理实务 [M]. 北京: 经济管理出版社, 2009.

[131] 马宜斐, 段文军. 保险原理与实务 [M]. 北京: 中国人民大学出版社, 2015.

[132] 吴群红, 杨维中. 卫生应急管理 [M]. 北京: 人民卫生出版社, 2013.

[133] 克里姆斯基. 风险的社会理论学说 [M]. 徐元玲, 孟毓焕, 徐玲, 译. 北京: 北京出版社, 2005.

[134] 皮金. 风险的社会放大 [M]. 谭宏凯, 译. 北京: 中国劳动社会保障出版社, 2010.

[135] 程晓明. 卫生经济学 [M]. 北京: 人民卫生出版社, 2005: 105-108.

［136］刘远明. 健康价值、行为与责任［M］. 北京：中国广播电视出版社，2009：3.

［137］吴俊培. 财政支出效益评价问题研究［J］. 财政研究，2003，1：15-17.

［138］王延中. 转型时期的卫生问题与健康公平［J］. 中国工业经济，2005（12）：56-63.

［139］谭华伟，张培林，刘宪，等. 中央转移支付对地方政府卫生支出的影响机制及实证分析［J］. 中国卫生经济，2017，3（36）：16-20.

［140］杨玲，时秒. 中国政府卫生支出健康绩效实证研究：基于2010年省际数据分析［J］. 中国地质大学学报（社会科学版），2015，13（3）：127-133.

［141］刘茜，李博，王耀刚. 中国政府卫生支出绩效的熵权 TOP-SIS 评价研究［J］. 中国卫生事业管理，2017，（10）：721-734.

［142］杜欣. 中国政府卫生财政支出的健康绩效分析［D］. 沈阳：辽宁大学，2016.

［143］杨欣波. 中国卫生总费用与卫生资源配置研究［D］. 北京：中国人民大学，2008.

［144］黄芬. 中国卫生总费用与卫生资源配置研究［D］. 南宁：广西医科大学，2015.

［145］孙菊. 中国卫生财政支出的健康绩效及其地区差异：基于省级面板数据的实证分析［J］. 武汉大学学报（哲学社会科学版），2011，64（6）：75-80.

［146］陈燕婷. 中国卫生财政支出的健康产出效应研究［D］. 上海：复旦大学，2013.

［147］陈刚，李树. 中国地方政府的社会性支出：效率及其决定因素［J］. 南方经济，2010（10）：3-17.

[148] 刘海. 中国财政公共卫生支出区域均等化研究 [D]. 长沙: 湖南师范大学, 2012.

[149] 吴昊. 政府医疗卫生支出效率及影响因素分析 [D]. 成都: 西南交通大学, 2015.

[150] 张婷. 政府卫生支出对健康福利的影响 [D]. 西安: 西北大学, 2018.

[151] 李桥. 政府卫生对城乡收入差距的影响研究 [D]. 重庆: 西南政法大学, 2012.

[152] 吕南南. 政府卫生支出对城乡居民消费结构影响的动态分析 [D]. 太原: 山西财经大学, 2013.

[153] 杨森. 新医改背景下政府卫生投入存在的问题与对策研究: 以广西县级公立医院为例 [D]. 南宁: 广西医科大学, 2013.

[154] 张祎. 系统动力学模型在辽宁卫生总费用推算中的应用研究 [D]. 大连: 大连医科大学, 2013.

[155] 郑琪瑶. 我国政府卫生支出效率分析 [D]. 杭州: 浙江财经大学, 2014.

[156] 仵富涛. 我国政府卫生支出及其对居民健康影响的研究 [D]. 成都: 西南财经大学, 2014.

[157] 张欣. 我国政府卫生支出的经济增长效应研究 [D]. 合肥: 安徽大学, 2014.

[158] 丁李路, 孙强. 我国卫生总费用影响因素通径分析 [J]. 山东大学学报 (医学版), 2015, 53 (12): 86-89.

[159] 李梦斐, 李佳佳, 李士雪. 我国居民个人卫生支出比重影响因素的区域分类研究 [J]. 中国卫生经济, 2015, 34 (5): 64-66.

[160] 刘叔申. 我国公共卫生支出的绩效评价 [J]. 财贸经济, 2007, 6: 69-75.

[161] 蒋雯静. 我国各省及直辖市卫生系统绩效评价的研究

[D]. 长沙：中南大学，2011.

[162] 卞琳琳. 卫生总费用及控制研究[D]. 镇江：江苏大学，2010.

[163] 骆达，李鹏，杨文秀. 天津市2008年医疗费用个人负担比例研究 [J]. 卫生经济研究，2010，4：20-22.

[164] 臧其东. 四川省公共医疗卫生财政支出效率研究 [D]. 成都：西南财经大学，2013.

[165] 韩静舒. 受益归宿视角下的基本公共支出均等化研究 [D]. 北京：中央财经大学，2016.

[166] 吕虹雨. 基于DEA法的山西省各地市民生财政支出绩效实证研究 [D]. 太原：山西财经大学，2016.

[167] 黄转苦. 海南省医疗卫生资源配置的公平性研究 [D]. 海口：海南师范大学，2016.

[168] 任其超. 国外政治激励对政府卫生支出的影响研究 [D]. 济南：山东大学，2013.

[169] 赵鹏飞. 公共卫生支出与国民健康及经济发展的关系研究：基于中国数据的实证分析 [D]. 北京：北京交通大学，2012.

[170] 陈天祥，方敏. 公共卫生支出、健康结果与卫生投入政策：基于189个国家和地区的面板门槛分析（1995—2011年） [J]. 浙江大学学报（人文社会科学版），2016，46（1）：91-107.

[171] 高正斌. 甘肃省医疗卫生财政支出效率研究 [D]. 兰州：西北师范大学，2016.

[172] 黄琨. 财政分权、政府行为和公共卫生支出关系研究 [D]. 上海：复旦大学，2011.

[173] 黄丽平. 包容性发展视角下的政府规模优化 [D]. 南昌：南昌大学，2016.

[174] 束洪波. 安徽省政府医疗卫生支出效率研究 [D]. 合肥：安徽大学，2016.

[175] 赵郁馨, 陈瑛, 万泉, 等. 2004 年中国卫生总费用测算结果与卫生筹资分析 [J]. 中国卫生经济, 2006, 25 (3): 5-9.

[176] 张毓辉, 万泉, 王秀峰. "十三五" 时期中国卫生总费用监测预警研究 [J]. 卫生经济研究, 2017, 1: 8-13.

[177] 王春丽, 刘兴荣. 基于间接 DGM (1, 1) 模型的我国人均卫生总费用预测分析 [J]. 卫生经济研究, 2011, 4: 33-34.

[178] WORLD HEALTH ORGANIZATION. Health financing strategy for the Asia Pacific region (2010—2015). [EB/OL]. https://max.book118. com/html/2018/0525/168656405. shtm.

[179] ANTÓNIO A, AUBYN M S. Non-parametric approaches to education and health expenditure efficiency in OECD countries [J]. Applied economics, 2005, 227-246.

[180] 吕炜, 王伟同. 政府服务性支出缘何不足: 基于服务性支出体制性障碍的研究 [J]. 经济社会体制比较, 2010, 25 (1): 12-23.

[181] 盘章宇. 财政分权改革对公共医疗供给影响的经验研究: 基于省级面板数据 [J]. 卫生经济研究, 2010, (12): 15-18.

[182] 李郁芳. 中国地方政府医疗卫生支出效率及影响因素研究 [J]. 海南大学学报 (人文社会科学版), 2015, (5): 41-48.

[183] 王箐. 财政分权、政府竞争与非经济性公共物品提供: 以人均政府卫生支出为例 [C]. 2012 年度 (第十届) 中国法经济学论坛论文集, 2012.

[184] 国家统计局. 2017 中国统计年鉴 [M]. 北京: 中国统计出版社, 2017.

[185] 仇蕾洁, 马桂峰, 张雪文, 等. 山东省不同类型社区卫生服务站医疗资源配置效率评价研究 [J]. 中国卫生经济, 2017, 418 (12): 72-75.

［186］杜杰. 关于税收财政返还的思考［J］. 辽宁财税, 1999,（4）: 9.

［187］顾家梁. 关于税收返还核算的思考［J］. 银行家, 1994,（12）: 2.

［188］里格尼. 贫与富: 马太效应［M］. 秦文华, 译. 北京: 商务印书馆, 2013.

［189］莱德尼娃. 俄罗斯社会的潜规则: 后苏联时代政治与商业领域中的寻租行为［M］. 王学东, 译. 吉林: 吉林出版集团有限责任公司, 2009.

［190］仲伟周, 王斌. 寻租行为的理论研究及实证分析［M］. 北京: 科学出版社, 2010.

［191］赵阳. 财政转移支付中因素法的运用［J］. 财经问题研究, 1999,（6）: 47-48.

［192］中共中央国务院. "十三五"深化医药卫生体制改革规划（2017）.［EB/OL］. http://www.gov.cn/zhengce/content/2017-01/10/content_5158488.htm.

［193］全国人民代表大会及常务委员会. 中华人民共和国教育法.［EB/OL］. http://www.moe.gov.cn/s78/A02/zfs__left/s5911/moe_619/201512/t20151228_226193.html.

［194］周绿林. 我国医疗保险费用控制研究［M］. 镇江: 江苏大学出版社, 2013.

［195］徐宁, 张亮, 姚金海, 等. 提高我国社会医疗保险基金统筹层次研究进展及述评［J］. 中国卫生经济, 2014,（6）: 33-36.

［196］郑功成. 让医保制度在深化改革中走向成熟、定型［J］. 中国医疗保险, 2014,（7）: 9-11.

［197］国家卫生健康委员会. 中国卫生健康统计年鉴（2019）

[M]. 北京：中国协和医科大学出版社，2019.

[198] 国家卫生健康委员会. 中国卫生健康统计年鉴（2018）[M]. 北京：中国协和医科大学出版社，2018.

[199] 张晓，高璇，丁婷婷. 提高统筹层次的现实路径分制度分阶段分区域推进 [J]. 中国医疗保险，2010，(4)：11-13.

[200] 人力资源社会保障部，财政部，卫生计生委. 关于进一步做好基本医疗保险异地就医医疗费用结算工作的指导意见. [EB/OL]. http://www.gov.cn/xinwen/2014-12/25/content_2796340.htm.

[201] 于保荣. DRGs、按病种支付与点数法支付 [J]. 中国卫生，2018，393 (5)：45.

[202] 方豪. 卫生筹资公平性测算研究：家庭灾难性卫生支出分析 [D]. 安徽：安徽医科大学，2004.

[203] 王丹若，冯泽永，陆昌敏，等. 在社区卫生服务中引入第三方介入机制的探索 [J]. 医学与哲学（A），2008，(9)：68-69.

[204] 彭波，王玲，李健. 市场机制下患者"用脚投票"的风险与解决路径 [J]. 卫生经济研究，2016，(3)：6-10.

[205] 赵慧云. 合同制治理视角下的社区卫生服务政府购买研究：以长沙市 A 区为例 [D]. 长沙：中南大学，2012.

[206] 蒋帅. 我国医疗服务价格形成机制及定价模型研究：基于激励规制理论的视角 [D]. 武汉：华中科技大学，2018.

[207] 刘雅娟. 补偿机制改革背景下公立医院成本管理策略研究 [J]. 中国医院管理，2018，38 (10)：39-42.

[208] 崺怡. 贫困县卫生规划增量博弈下的政策变通与政策执行 [J]. 中国卫生政策研究，2017，10 (11)：72-76.

[209] 邵蓉，唐吉锋，施孝金，等. 总额预付制下医保费用管理措施对医疗服务行为影响 [J]. 中国医院管理，2016，(7)：19-22.

［210］王伶.基于健康公平的辽宁省医疗卫生资源配置研究
［D］.沈阳：东北大学，2013.

［211］任苒.城乡卫生资源配置的差异及发展思考［J］.中国卫
生人才，2014，（6）：16-17.

［212］刘金伟.城乡卫生资源配置的"倒三角"模式及其成因
［J］.调研世界，2006，（3）：22-24.

附 录

表 A　SD 模型主要变量和函数关系

模型变量	方程表达式	单位
一档参保人口数	参保总人口×一档占比（Time）	人
一档筹资总额	一档参保人口数×一档筹资标准（Time）	元
二档参保人口数	［1－一档占比（Time）］×参保总人口	人
二档筹资总额	二档筹资标准（Time）×二档参保人口数	元
一档占比	｛［（2015，0）－（2020，1）］，（2015，0.861），（2016，0.742），（2017，0.628），（2018，0.628），（2019，0.6），（2020，0.6）｝	Dmnl
出生率	｛［（2015，0）－（2020，0.1）］，（2015，0.012 55），（2016，0.017 89），（2017，0.017 54），（2018，0.019 071），（2019，0.020 733），（2020，0.022 54）｝	Dmnl
人口死亡率	｛［（2010，0）－（2020，0.01）］，（2015，0.006 67），（2016，0.007 05），（2017，0.007），（2018，0.006 9），（2019，0.006 97），（2020，0.007 05）｝	Dmnl
其他收入	0	元
出生人口	常驻人口数×出生率（Time）	人

表 A（续）

模型变量	方程表达式	单位
常驻人口数	INTEG（出生人口-死亡人口，9.277 2e +006）	人
死亡人口	常驻人口数×人口死亡率（Time）	人
二档筹资标准	{［（2010，0）-（2020，2000）］，(2015，200)，(2016，240)，(2017，280)，(2018，310)，(2019，340)，(2020，380)}	元
一档筹资标准	{［（2014，0）-（2020，1 000）］，(2015，107.73)，(2016，130)，(2017，150)，(2018，180)，(2019，200)，(2020，220)}	元
门诊慢病三级次均费用增加率	{［（2015，-0.06）-（2020，1）］，(2015，0.018 3)，(2016，0.075)，(2017，0.1)，(2018，0.1)，(2019，0.1)，(2020，0.1)}	Dmnl
三级次均费用增加率	{［（2015，-0.06）-（2020，1）］，(2015，-0.051)，(2016，0)，(2017，0.01)，(2018，-0.01)，(2019，0.01)，(2020，-0.01)}	Dmnl
门诊慢病三级补偿支出	门诊慢病三级补偿比例（Time）×门诊慢病三级发生费用	元
门诊慢病一级人次	INTEG（门诊慢病一级人次增加量，77 271）	次
门诊慢病一级人次增加量	门诊慢病一级人次增加率（Time）×门诊慢病一级人次	次
门诊慢病一级次均费用	INTEG（门诊慢病一级次均费用增加量，262.65）	元
门诊慢病一级次均费用增加量	门诊慢病一级次均费用增加率（Time）×门诊慢病一级次均费用	元
门诊慢病一级补偿比例	{［（2015，0）-（2020，1）］，(2015，0.533)，(2016，0.564 4)，(2017，0.586 9)，(2018，0.59)，(2019，0.6)，(2020，0.6)}	Dmnl

表A(续)

模型变量	方程表达式	单位
门诊慢病三级人次增加率	{［(2015, 0)－(2020, 1)］, (2015, 0.564 7), (2016, 0.214), (2017, 0.1), (2018, 0.1), (2019, 0.1), (2020, 0.1)}	Dmnl
门诊慢病三级发生费用	门诊慢病三级次均费用×门诊慢病三级人次	元
门诊慢病二级人次	INTEG (门诊慢病二级人次增加量, 139 275)	次
门诊慢病二级人次增加量	门诊慢病二级人次增加率 (Time) ×门诊慢病二级人次	次
门诊慢病二级次均费用	INTEG (门诊慢病二级次均费用增加量, 744.23)	元
门诊慢病一级次均费用增加率	{［(2015, －0.2)－(2020, 0.2)］, (2015, 0.1029), (2016, 0.065), (2017, 0.05), (2018, 0.05), (2019, 0.05), (2020, 0.05)}	Dmnl
门诊慢病二级次均费用增加量	门诊慢病二级次均费用增加率 (Time) ×门诊慢病二级次均费用	元
门诊慢病二级补偿比例	{［(2015, 0)－(2020, 1)］, (2015, 0.538), (2016, 0.5 357), (2017, 0.541 5), (2018, 0.54), (2019, 0.55), (2020, 0.55)}	Dmnl
门诊慢病一级发生费用	门诊慢病一级人次×门诊慢病一级次均费用	元
门诊慢病二级补偿支出	门诊慢病二级补偿比例 (Time) ×门诊慢病二级发生费用	元
门诊慢性病补偿总额	门诊慢病一级补偿支出+门诊慢病三级补偿支出+门诊慢病二级补偿支出	元
门诊慢病二级次均费用增加率	{［(2015, －0.1)－(2020, 0.1)］, (2015, －0.0611), (2016, －0.074), (2017, －0.08), (2018, －0.09), (2019, －0.1), (2020, －0.1)}	Dmnl

表A(续)

模型变量	方程表达式	单位
门诊慢病三级次均费用增加量	门诊慢病三级次均费用×门诊慢病三级次均费用增加率（Time）	元
门诊慢病一级补偿支出	门诊慢病一级补偿比例（Time）×门诊慢病一级发生费用	元
门诊慢病三级人次	INTEG（门诊慢病三级人次增加量，38 637）	次
门诊慢病二级人次增加率	{［（2015，0）-（2020，2）］，（2015，1.005 4），（2016，0.393），（2017，0.3），（2018，0.2），（2019，0.1），（2020，0.1）}	Dmnl
门诊慢病三级人次增加量	门诊慢病三级人次增加率（Time）×门诊慢病三级人次	次
门诊慢病二级发生费用	门诊慢病二级次均费用×门诊慢病二级人次	元
门诊支出	普通门诊补偿总额+门诊慢性病补偿总额	元
门诊慢病三级次均费用	INTEG（门诊慢病三级次均费用增加量，1 135.99）	元
门诊慢病三级补偿比例	{［（2015，0）-（2020，1）］，（2015，0.574），（2016，0.580 9），（2017，0.586 8），（2018，0.59），（2019，0.59），（2020，0.6）}	Dmnl
三级次均费用增加率	{［（2015，-0.06）-（2020，1）］，（2015，-0.051），（2016，0），（2017，0.01），（2018，-0.01），（2019，0.01），（2020，-0.01）}	Dmnl
三级次均住院费用增加量	三级次均住院费用×三级次均费用增加率（Time）	元
普通门诊补偿总额	卫生室门诊补偿费用+卫生院门诊补偿费用	元
个人筹资总额	一档筹资总额+二档筹资总额	元
基金筹资	个人筹资总额+政府补助总额	元

表A(续)

模型变量	方程表达式	单位
年度大病支出总额	INTEG(大病支出增加量, 2.082 85e+008)	元
基金结余	基金收入-基金支出	元
大病支出增加率	([(0, 0)-(4 000, 80)], (2015, 0.315 1), (2016, 0.2), (2017, 0.2), (2018, 0.2), (2019, 0.1), (2020, 0.1))	Dmnl
基金支出	住院支出+年度大病支出总额+门诊支出	元
基金收入	其他收入+基金筹资	元
大病支出增加量	年度大病支出总额×大病支出增加率(Time)	元
域外次均住院费用	INTEG(域外次均费用增加量, 29 908.4)	元
三级住院人次	INTEG(三级住院人次增加量, 155 972)	次
二级住院人次	INTEG(二级住院人次增加量, 420 926)	次
一级住院人次	INTEG(一级住院人次增加量, 321 256)	次
三级次均住院费用	INTEG(三级次均住院费用增加量, 13 324.6)	元
一级次均住院费用	INTEG(一级次均住院费用增加量, 2 473.61)	元
二级次均住院费用	INTEG(二级次均住院费用增加量, 6 892.85)	元
域外住院人次	INTEG(域外住院人次增加量, 6 243)	次
卫生院人均门诊费用	INTEG(卫生院人均门诊费用增加量, 75)	元
乡镇卫生院人均门诊次数	INTEG(卫生院人均门诊次数增加量, 0.58)	次

286

表A(续)

模型变量	方程表达式	单位
卫生院人均门诊次数增加量	卫生院人均门诊次数增加率×乡镇卫生院人均门诊次数	次
卫生院人均门诊次数增加率	0.3	Dmnl
乡镇卫生院门诊总次数	参保总人口×乡镇卫生院人均门诊次数	次
卫生院人均门诊费用增加率	-0.01	Dmnl
卫生院门诊补偿费用	乡镇卫生院门诊总次数×卫生院人均门诊费用×卫生院门诊补偿比例	元
卫生院门诊补偿比例	0.46	Dmnl
卫生院人均门诊费用增加量	卫生院人均门诊费用增加率×卫生院人均门诊费用	元
政府补助总额	政府补助(Time)×参保总人口	元
政府补助	{ [(2015,0) - (2020,800)],(2015,380),(2016,420),(2017,450),(2018,490),(2019,530),(2020,580) }	元
参保总人口	常驻人口数×年度参保率(Time)/100	人
年度参保率	{ [(2010,0) - (2020,80)],(2015,70.279 2),(2016,70.016 1),(2017,69.571 7),(2018,70.01),(2019,70.08),(2020,70.09) }	Dmnl
二级医院住院补偿支出	二级补偿比例(Time)×二级医院住院费用	元
二级医院住院费用	二级次均住院费用×二级住院人次	元
域外就医补偿支出	域外就医费用×域外住院补偿比例(Time)	元
域外就医费用	域外次均住院费用×域外住院人次	元

表A(续)

模型变量	方程表达式	单位
一级医疗机构补偿支出	一级补偿比例（Time）×一级医疗机构住院费用	元
一级医疗机构住院费用	一级住院人次×一级次均住院费用	元
三级医院住院费用	三级次均住院费用×三级住院人次	元
三级医院住院补偿支出	三级补偿比例（Time）×三级医院住院费用	元
三级补偿比例	｛〔（2015，0）－（2020，1）〕，（2015，0.42），（2016，0.411 8），（2017，0.4），（2018，0.4），（2019，0.4），（2020，0.4）｝	Dmnl
三级住院人次增加率	｛〔（2015，0）－（2020，1）〕，（2015，0.197 6），（2016，0.197），（2017，0.05），（2018，0.05），（2019，0.05），（2020，0.05）｝	Dmnl
三级住院人次增加量	三级住院人次增加率（Time）×三级住院人次	次
二级住院人次增加率	｛〔（2015，0）－（2020，1）〕，（2015，0.140 2），（2016，0.097），（2017，0.1），（2018，0.1），（2019，0.1），（2020，0.1）｝	Dmnl
二级住院人次增加量	二级住院人次增加率（Time）×二级住院人次	次
域外住院人次增加率	0.1	Dmnl
域外住院人次增加量	域外住院人次增加率×域外住院人次	次
二级次均住院费用增加量	二级次均费用增加率（Time）×二级次均住院费用	元
二级次均费用增加率	｛〔（2015，0）－（2020，0.1）〕，（2015，0.004），（2016，0.005），（2017，0.002），（2018，0.003），（2019，0.002），（2020，0.002）｝	Dmnl

表A(续)

模型变量	方程表达式	单位
二级补偿比例	{［（2015，0）－（2020，1）］，（2015，0.509），（2016，0.512 4），（2017，0.518），（2018，0.58），（2019，0.6），（2020，0.6）}	Dmnl
域外次均费用增加率	0.02	Dmnl
域外次均费用增加量	域外次均费用增加率×域外次均住院费用	元
域外住院补偿比例	{［（2015，0）－（2020，1）］，（2015，0），（2016，0），（2017，0），（2018，0），（2019，0），（2020，0）}	Dmnl
一级补偿比例	{［（2015，0）－（2020，1）］，（2015，0.641），（2016，0.776 5），（2017，0.694），（2018，0.7），（2019，0.7），（2020，0.7）}	Dmnl
住院支出	域外就医补偿支出+二级医院住院补偿支出+三级医院住院补偿支出+一级医疗机构补偿支出	元
一级住院人次增加率	{［（2015，0）－（2020，1）］，（2015，0.19），（2016，0.108），（2017，0.15），（2018，0.17），（2019，0.2），（2020，0.2）}	Dmnl
一级住院人次增加量	一级住院人次增加率（Time）×一级住院人次	次
一级次均住院费用增加量	一级次均费用增加率（Time）×一级次均住院费用	元
一级次均费用增加率	{［（2015，0）－（2020，0.1）］，（2015，0.054），（2016，0.042），（2017，0.05），（2018，0.05），（2019，0.05），（2020，0.05）}	Dmnl
门诊慢病患者人次数	INTEG（门诊慢病患者人次数增加量，0.039 1）	人
卫生室人均门诊次数	INTEG（卫生室人均门诊次数增加量，1.37）	次

表A(续)

模型变量	方程表达式	单位
卫生室人均门诊次数增加率	0.3	Dmnl
卫生室人均门诊次数增加量	卫生室人均门诊次数增加率×卫生室人均门诊次数	次
卫生室人均门诊费用	INTEG（卫生室人均门诊费用增加量，32）	元
卫生室人均门诊费用增加率	−0.1	Dmnl
卫生室人均门诊费用增加量	卫生室人均门诊费用增加率×卫生室人均门诊费用	元
门诊慢病补偿比例	｛［（2015，0）－（2020，1）］，(2015, 0.547)，(2016, 0.616)，(2017, 0.547)，(2018, 0.6)，(2019, 0.6)，(2020, 0.6)｝	Dmnl
卫生室门诊补偿比例	0.55	Dmnl
人均门诊慢病次均费用	INTEG（人均门诊慢病费用增加量，657.72）	元
人均门诊慢病次均费用增加率	−0.02	Dmnl
门诊慢病患者人次数增加率	｛［（2015，0）－（2020，1）］，(2015, 0.854)，(2016, 0.397)，(2017, 0.224)，(2018, 0.2)，(2019, 0.2)，(2020, 0.2)｝	Dmnl
人均门诊慢病费用增加量	人均门诊慢病次均费用×人均门诊慢病次均费用增加率	元
门诊慢病患者人次数增加量	门诊慢病患者人次数×门诊慢病患者人次数增加率（Time）	次
卫生室门诊总次数	参保总人口×卫生室人均门诊次数	次
卫生室门诊补偿费用	卫生室门诊总次数×卫生室人均门诊费用×卫生室门诊补偿比例	元
FINAL TIME	2020	Year

表A(续)

模型变量	方程表达式	单位
INITIAL TIME	2015	Year
SAVEPER	TIME STEP	Year [0,?]
TIME STEP	1	Year [0,?]

注：人口出生率、死亡率、城乡居民一档参保比例2019—2020年数据，均通过灰色预测模型预测获得。